中華文化思想叢書

中國佛教與傳統文化

下冊

方立天　著

目次

第十一章
佛教與中國文學

　　隨著佛典的**翻譯**和流傳，僧人與文人名士交往的增多，寺院講經方式的普及，佛教對中國古代文學的各方面灌注著愈來愈大的影響力。魏晉以來中國文學的各個領域，無論是詩歌、散文，還是後來發展起來的小說、戲曲，都呈現出與先秦、兩漢文學的不同面貌，其重要的、直接的原因之一，就是佛教經典的文體和佛教理論的價值觀念、生活觀念、生命觀念以及佛教宣傳方法的衝擊、滲透、感染和影響。

　　佛教為中國文學帶來了新的文體、新的意境、新的命意遣詞方法，也就是帶來了形式和內容兩方面的重大變化。在形式方面，佛教對於律體詩和俗文學（包括講唱文學、通俗小說、戲曲等）的產生有著直接的作用；在內容方面，主要是增添兩種新成分，帶來兩種新變化。第一，中國文學如《詩經》等原重人事，莊子散文富於玄思，達觀任運，順應自然，漢賦重描繪山川風物，而佛教不同，主張就人生而觀其無常苦空，就宇宙而知其變轉幻化，從而為文人開拓了新意境。唐代以來的一些文學作品，批判宇宙人生，對自然人事多作超越的批評，宣揚彰善癉惡、因果報應的佛教主旨。第二，中國固有文學較少富於幻想力，很少超時空、超現實的幻想，偏重於寫實的描述，即使是一些列仙傳、神仙傳，也顯得簡單拘謹；佛教不同，它富有上天下地毫無拘束的幻想力，不受時空的限制，什麼十八層地獄，三十三層天，三千大千世界，無邊無際，表現了濃烈的浪漫色彩，影響所及，極大地推動了中國浪漫主義文學的發展。

第一節　佛教翻譯文學的形成及其影響

　　從漢末到西晉，安世高、支婁迦讖、竺法護等人採取直譯的方法翻譯佛經，「辯而不華，質而不野」（《高僧傳・安世高傳》）。東晉以來，佛經翻譯家逐漸創造了一種融冶華梵的新體裁——翻譯文學，為中國文學史開闢了新園地。姚秦時譯經大師鳩摩羅什譯出大量的佛典，他主譯的《維摩詰所說經》、《妙法蓮華經》、《摩訶般若波羅蜜經》和《大智度論》等，譯文弘麗優美，語意顯明曉暢。其中《維摩詰所說經》敘述大乘居士維摩詰有疾，釋迦牟尼佛遣諸弟子前往探問，多數弟子因畏維摩詰的神通辯才，不敢前往，唯有舍利弗和文殊師利敢去，於是維摩詰為他們現身說法，應機化導，顯示種種神通和辯才無礙的本領，宣揚大乘佛教義理。從文學欣賞的角度看，這是一部絕妙的小說。《妙法蓮華經》雖以宣揚眾生都能得到和佛一樣的智慧，人人皆能成佛為主旨，但是經文譬喻較多，有不少優美的寓言。題為房融筆受的《大佛頂如來密因修證了義諸菩薩萬行首楞嚴經》[1]，宣揚通過由低到高的修行階次，達到諸佛國土的教義，生動形象。這三部經典為歷代文人所喜愛，常被人們作為純粹的文學作品來研讀，對文學界影響很大。佛馱跋陀羅等譯《大方廣佛華嚴經》，文瀾壯闊，宏偉瑰奇。曇無讖譯《佛所行讚經》，敘述釋迦牟尼佛一生的故事，是一部韻文形式的傳記。《大方廣佛華嚴經》和《佛所行讚經》這兩部書是佛經譯本中文學色彩極為濃厚的代表作，在文學史上影響也不小。中國漢魏以來，散文和韻文日益走上駢儷的道路，此時佛經翻譯家以樸實平易的白話文體譯經，但求易曉，不加藻飾。這種新文體對於改變當時中國文學的文體方向起了重要的作用，並深刻地影響了爾後文學的發展。

1　簡稱《首楞嚴經》、《楞嚴經》，有人疑為唐人偽撰。

　　印度佛經重形式上的佈局和結構，如《佛所行讚經》、《佛本行經》、《普曜經》是長篇故事，《須賴經》是小說體作品，《維摩詰所說經》、《思益梵天所問經》是半小說體、半戲劇體的作品，這些形式、體裁在中國唐代以前基本上是沒有的，上述佛典的譯出，對於後代彈詞、平話、小說、戲曲的產生和繁榮，有著啟迪、鼓舞和推動的作用。

　　印度佛教重視利用古代南亞次大陸的大量寓言故事，作為「喻體」，附會上自己的教義為「喻依」，來解說和宣傳自己的教義。佛教經典中，除了散在大部頭經典中的許多故事以外，僅以「譬喻」為名的，就不下六種。其中以《百喻經》[2]最有條理。此經為南齊求那毗地譯，二卷。列舉譬喻故事近百條[3]，以宣傳佛教教義，勸喻人們信佛。這部寓言性質的佛教文學作品，文筆樸素簡練，故事生動有趣，佳喻很多，若果剔除其說教部分，實也具有移情益智的作用。魯迅先生曾將其當做思想史上的資料進行研究，從中汲取有益的營養，並捐款刻印，以廣流傳。從文學發展史來看，《百喻經》等寓言故事的譯出，為我國的寓言創作注入了新的血液，從而對我國後世的寓言文學產生了積極的影響。

第二節　佛教推動音韻學的前進、律體詩的產生和詩歌的發展

　　佛教對於中國詩歌的影響是十分巨大的：一方面是伴隨佛教而傳入印度聲明論[4]，導致了南朝音韻學上四聲的發明和詩歌格律上八病的制定，從而推動了唐以來格律詩新體裁的開創；另一方面是佛教的

2　《百喻經》，全稱《百句譬喻經》，也簡稱《百譬經》。

3　《百喻經》號稱「百喻」，實際上只有98喻。

4　聲明論：古代印度學者研究的一種學問，近於語言學中的訓詁和詞彙學。

思想，尤其是般若學空宗理論和禪宗思想，給詩歌的內容以強烈的刺激、滲透，豐富了詩歌的意境，使詩歌的面貌更為多姿多彩。

一　四聲、八病和格律詩

中國古代詩歌也是注重音節的，《尚書‧虞書‧舜典》說：「詩言志，歌永言，聲依永，律和聲。」《詩》三百篇就是詩樂合一的。古代作家也逐漸重視對聲律問題的探討，魏李登就曾作過韻書《聲類》（已佚），但是，畢竟長期來並沒有音韻規則可循。晉宋以來，居住在建康的一批善聲沙門和審音文士，交往密切。齊梁時代文學家沈約、王融，以及與沙門曇濟過從甚密的周顒，在梵聲的影響下，把字音的聲調高低分為平上去入四聲，用於詩的格律。沈約等人發明聲律論，既吸取了我國以往音韻學研究的成果，同時也是直接受了佛經轉讀和梵文拼音的影響的結果。著名歷史學家陳寅恪先生對這個問題作了專門的分析和論述，他說：

> 據天竺圍陀之聲明論，其所謂聲 Svara 者，適與中國四聲之所謂聲者相類似。即指聲之高低言，英語所謂 Pitchaccent 者是也。圍陀聲明論依其聲之高低，分別為三：一曰 Udāttd，二曰 Svarita，三曰 Anudātta。佛教輸入中國，其教徒轉讀經典時，此三聲之分別當亦隨之輸入。至當日佛教徒轉讀其經典所分別之三聲，是否即與中國之平上去三聲切合，今日固難詳知，然二者俱依聲之高下分為三階則相同無疑也。中國語之入聲皆附有 k，p，t 等輔音之綴尾，可視為一特殊種類，而最易與其他之聲分別。平上去則其聲響高低相互距離之間雖有分別，但應分別之為若干數之聲，殊不易定。故中國文士依據及摹擬當日

轉讀佛經之聲，分別定為平上去之三聲。合入聲共計之，適成
四聲。於是創為四聲之說，並撰作聲譜，借轉讀佛經之聲調，
應用於中國之美化文。此四聲之說所由成立，及其所以適為四
聲，而不為其他數聲之故也。（《四聲三問》，見《陳寅恪文集
之二·金明館叢稿初編》）

沈約撰有《四聲譜》（已佚），並提出八病之說，強調做詩應避忌八項
音律上的弊病：平頭、上尾、蜂腰、鶴膝、大韻、小韻、旁紐、正
紐。沈約一派人的詩歌創作，體裁短小，十分重視聲律，史稱「永明
體」，《南齊書·陸厥傳》說：

永明末，盛為文章。吳興沈約、陳郡謝朓、琅邪王融以氣類相
推轂。汝南周顒，善識聲韻。約等文皆用宮商，以平上去入為
四聲，以此制韻，不可增減，世呼為「永明體」。

「永明體」標誌著我國詩歌從比較自由的「古體」走向格律嚴整的
「近體」的重要轉折。雖然四聲、八病之說為詩歌創作規定了許多不
必要的禁忌，容易注重形式而忽視內容，助長追求雕飾、綺靡柔弱的
傾向。但是注意詩歌的格律還是有積極意義的，它把詩歌的音節美提
高到首要地位，有了人為韻律，使人們有可遵循的律詩格式，這對於
古體詩向律體詩的轉變產生了重要影響。

二　般若與詩，禪與詩

中國詩壇，在魏代中期以來，玄學思想成為詩歌的基調，出現了
所謂「玄言詩」。後來玄言詩一度消歇，至東晉時代又重新興起。與

此同時，佛教般若學也得到廣泛的流傳，大乘空宗的一切皆空的思潮給詩人的詩歌創作以巨大的影響，一些佛教學者就在玄言詩的土壤上，散播新的種子，結出了新的果實，形成了一種優游自得、寂靜恬適的詩境，由此在中國詩歌史上出現了佛學滲入詩歌領域的新局面。這些詩作或融合玄學，或結合山水，或獨說佛理，表現出佛教詩歌命意構思的新特色。東晉時代著名的佛教般若學學者支道林（支遁），也是當時最重要、最傑出的佛教詩人。他的作品很多，現保存於丁福保編《全晉詩》的尚有詩 18 首。支道林深通莊學，對《莊子‧逍遙遊》有獨特高超的見解。他的詩結合老莊思想和山水自然，文采沖逸，才藻新奇，極得文人的讚賞。當時玄言詩的著名作家孫綽、許詢、王羲之等人都跟支道林交遊，共探玄理，深受影響。晉宋之際的大詩人謝靈運（康樂），也是對佛學有精湛研究的學者。他極善於刻畫自然景物，所作詩大都描寫浙江、江西的山水名勝。他繼支道林的路子，進一步把山水和佛理結合起來，在刻畫山水個性的作品中，移入一種怡然自得的意境。謝靈運在淡乎寡味的玄言詩流行的情況下，轉而著意山水景物的描寫，這對於玄言詩的消歇和山水詩的盛行起了重要的作用。如果說，支道林是開結合老莊山水創作詩歌之先的話，那麼，謝靈運則是詩歌創作上「莊老告退，山水方滋」的轉關人，他開文學史上山水詩的一派。此外，單說佛理的，有支道林的《詠懷詩》、王齊之的《念佛三昧詩》、慧遠的《廬山東林雜詩》和《廬山諸道人遊石門詩》、謝靈運的《淨土詠》、梁武帝蕭衍的《淨業賦》等，在玄言詩、山水詩之外，另成機杼。

　　唐代禪宗興起和唐詩蔚為一代文學精華幾乎同時，歸趣根本不同的宗教與文學相得益彰，這其間存在著相互聯結的內在因素和並行興衰的變化軌跡。禪和詩都需要內心體驗，都重視象喻和啟發，都追求言外之意。禪宗這種宗教實踐和詩歌創作實踐的某些類似性，提供了

二者相互溝通的橋梁。禪宗自南朝竺道生唱導佛性論、頓悟論逐漸演
變而成，唐詩則由南朝「永明體」和山水詩緩慢蛻變而來。在唐代，
一些著名詩人談禪、參禪，做詩表達禪趣、禪理，禪師也和詩人酬
唱、吟詩，表達人生的理想、境界，從而表現出禪對詩的單向的強烈
滲透和深入浸染，為唐代詩歌創作打開了新路。禪對詩的影響主要有
兩個方面：一方面是以禪入詩，即把禪意、禪味引入詩中；另一方面
是以禪喻詩，即以禪宗的觀點（禪理）論詩。以禪喻詩涉及文學理
論，留待下面再論。

　　以禪入詩，為唐詩注入特有的禪趣。如王維（701-761，一作
698-759），字摩詰，平生奉佛，索服長齋，仰慕和崇拜維摩詰居士。
他是唐代著名詩人、畫家，兼通音樂。當時有所謂詩仙李白，詩聖杜
甫，而王維則被稱為「詩佛」。王維的詩篇主要是山水詩，通過田園
山水的描繪，宣揚隱居生活和佛教禪理。如《鹿柴》：「空山不見人，
但聞人語響。返景入深林，復照青苔上。」（《輞川集》）遠山的人語
襯托著山的空寂，黃昏時分落日微光返照在深林裡的青苔上，象徵著
世界的無常。這是依據禪宗的「返照」、「空寂」的義理，通過描繪鹿
柴深林中傍晚的景色，表現寂滅無常的心境。又如《辛夷塢》：「木末
芙蓉花，山中發紅萼。澗戶寂無人，紛紛開且落。」（同上）芙蓉
花，此指辛夷花。詩是說在幽深的辛夷塢山谷裡，辛夷花盛開怒放，
又紛紛凋謝。這是通過寫花自開自落的情景，表現作者的內在精神世
界——一種任運自在的恬淡、空靈的心境，也正是禪宗的人生處世態
度的形象表述。和王維同一類型的詩人如孟浩然、韋應物、柳宗元
等，他們的詩歌作品也都義本經論，語言較為典雅，佛理與情景交
融，閃耀出一種似有若無的禪光佛影。另一種類型是用通俗詩，也就
是以通俗語言表述佛理禪機的，有王梵志、寒山子、拾得等人。王梵
志（約 590-660），原名梵天，唐代著名詩僧。他寫了大量的詩篇，在

民間廣泛流傳，影響深遠。如「梵志翻著襪，人皆道是錯。乍可剌你
眼，不可隱我腳。」「城外土饅頭，餡草在城裡。一人吃一個，莫嫌
沒滋味。」（《王梵志詩校輯》卷6）他以平實質樸、通俗淺近的語
言，表達了否定世俗見解，尋求超脫心境的佛教思想，長期來為禪師
們所引用。寒山子，一稱寒山，唐代著名詩僧，有詩300餘首。寒山
子曾與友僧拾得居姑蘇（蘇州）城外寒山寺。他的詩作明白如話，機
趣橫溢。如《茅棟野人居》詩說：「茅棟野人居，門前車馬疏。林幽
偏聚鳥，溪闊本藏魚。山果攜兒摘，皋田共婦鋤。家中何所有，唯有
一床書。」（《寒山子詩集》）表現了作者清幽冷淡的心境。又如《一
住寒山萬事休》詩說：「一住寒山萬事休，更無雜念掛心頭；閑於石
壁題詩句，任運還同不繫舟。」（《寒山子詩集》）抒寫了任運自在的
禪趣境界。寒山詩深受白居易、王安石等人的推崇，影響久遠。如白
居易的《讀禪經》：「須知諸相皆非相，若住無餘卻有餘；言下忘言一
時了，夢中說夢兩重虛。空花豈得兼求果？陽炎如何更覓魚？攝動是
禪禪是動，不禪不動即如如。」（《白居易集》卷32）詩文飽含禪
味，語言通俗直露，接近於寒山一派。

　　宋代禪宗繼續流行，禪僧也多有學包內外、吟詠風騷的好尚。一
些文人奉佛參禪，或與名僧相交往，如蘇軾、王安石、黃庭堅、陸
游、楊萬里等人，做詩多摻雜佛理，甚至取材於禪宗語錄。宋代以禪
入詩比唐代更加執著理境，多夾議論。如蘇軾（1037-1101），自號東
坡居士，詩詞極富禪味，《和子由澠池懷舊》說：「人生到處知何似？
應似飛鴻踏雪泥；泥上偶然留指爪，鴻飛那復計東西！老僧已死成新
塔，壞壁無由見舊題。往日崎嶇還知否？路長人困蹇驢嘶！」[5]這首
禪詩所體表的人生無常、虛空悲涼的心境，正是禪宗所提倡的。又如

5　《蘇軾選集》，10頁，濟南，齊魯書社，1981。

《題西林壁》說：「橫看成嶺側成峰，遠近高低各不同。不識廬山真面目，只緣身在此山中。」[6]從橫看側看山形不同，悟出世界萬物因主體觀察角度不同而結果相異的道理，體現了禪宗的「徹悟言外」的教義。再如王安石（1021-1086），中年後傾心佛教，晚年捨宅為寺。他的《懷鐘山》詩說：「投老歸來供奉班，塵埃無復見鐘山！何須更待黃粱熟，始覺人間是夢間？」（《臨川先生文集》卷 31）表達了人生如夢的消極空虛的心態。又如《柘岡》詩說：「萬事紛紛只偶然，老來容易得新年；柘岡西路花如雪，回首春風最可憐。」（同上書，卷 30）詩中流露了人生空漠的時代感傷。再如黃庭堅（1045-1105），號山谷道人。出於蘇軾門下，而與蘇軾齊名，世稱「蘇黃」。他也是禪宗黃龍派晦堂祖心禪師的入室弟子，還和祖心禪師的兩大弟子靈源惟清禪師、雲岩悟新禪師互相參究，交誼甚深。他的《奉答茂衡惠紙長句》詩說：「羅侯相見無雜語，苦問『偽山有無句？』春草肥牛脫鼻繩，菰蒲野鴨還飛去！」（《山谷先生詩集‧外集》卷 12）禪師把自己的心比作牛，起初必須在鼻孔上拴上繩子才不會亂跑，日後馴了，就連繩子也用不著了。那時的心就如同野鴨一樣，可以自由自在地飛了。這是黃氏對自己參禪悟境的生動描繪，也是他的立身處世態度的形象表述。

第三節　佛教導致說唱文學──變文、寶卷、彈詞、鼓詞的相繼產生

在中國古代文學史上，佛教對於說唱文學和小說的影響，比對詩歌的影響還要顯著、巨大。自南北朝以來，佛教為了進一步在民間吸

6　同上書，86頁。

引信徒，擴大影響，開始推行經文的「轉讀」、「梵唄」的歌唱和「唱導」三種宣傳教義的方法。「轉讀」，也叫「唱經」、「詠經」，即誦讀佛經，使人聽懂。「梵唄」，佛教歌讚，是用聲音感人。「唱導」，宣唱開導，講經說法。這些方法是把佛教深入地傳到民間去的路子。由於有誦讀、講說、歌唱、讚歎，有說有唱，說唱結合，因此不僅開佛教俗歌的風氣，而且有變文之作，繼之有寶卷、彈詞、鼓詞等出現。我國古代的變文、寶卷、彈詞、鼓詞等通俗文學中的說唱文學，都是直接導源於佛教的。

變文是佛教對中國通俗文學發生影響的關鍵一環。凡將佛本生故事繪成彩畫者，稱為「變現」，後來發展為唱佛經故事，這種唱出之文，稱為「變文」。唐代流行一種叫做「轉變」的說唱藝術，「轉」是說唱，「變」是變易文體。表演時，一邊隱示圖像，一邊說唱故事。其圖稱為「變相」，其說唱故事的底本稱為「變文」。變文的起源，與佛教經典文體和六朝時代佛教通俗化的方式直接相關。佛經文體有三類：一長行（契經），直說義理的散文；二重頌（應頌），是重述長行所說的詩歌；三伽陀（偈頌），不依長行而獨起直敘事義的詩歌。為了反復闡明佛理，佛經多半是長行與重頌、偈頌兼用的。重頌和偈頌是能用梵音歌唱的，但譯成漢文以後，因限於字義，不能歌唱了。於是有人製作「梵唄」，用印度的聲律製成曲調來歌唱漢文的偈頌。「天竺方俗，凡是歌詠法言皆稱為唄。至於此土，詠經則稱為『轉讀』，歌讚則號為『梵唄』。」（《高僧傳》卷 13《經師篇》）詠經和歌讚是宣傳佛經的兩種方式，由經師擔任。此外，還有「唱導」，和經師不同，不是以諷詠佛經為主，而是以歌唱緣事為主。到了梁陳時代，經師和唱導便合流了。中唐以後，由於民間的口語有了轉變，諷詠佛經原文人們很難聽懂，於是又將經文譯成唐代的俗語，這就成為變文了。由於佛經文體是長行和重頌兼用，這樣變文自然也是散文和韻文

二體交織，說唱同時了[7]。當時寺院僧侶為了採取通俗化的傳教方式向民間點染浸透，經常舉行以變文為話本的通俗說唱，即所謂「俗講」。俗講由兩人住持，先由都講高唱一段經文，隨後由俗講法師加以詳說。他們吸取中國民間說唱的特色，增加故事化的成分，採用韻散結合、有說有唱的方式演說經文，音樂性、故事性都很強，藉以吸引聽眾，達到開導人心的目的。

中國原有的文學體裁是單純的，駢文是駢文，散文是散文。變文則不同，它吸取印度散韻重疊的表現形式，又滲透以中國民族形式的詩文載體，夾雜了民間歌曲的因素，唱白並用，講的部分用散文，唱的部分用韻文，邊唱邊講，唱多講少。變文的有說有唱、詩文合體的形式，引起了墨客騷人的仿效。變文這種嶄新的文學樣式，開我國說唱文學之先河。

變文的故事本於佛經，講唱佛經故事，宣揚佛教義理。重要的有寫維摩詰居士與文殊師利等共論佛法的《維摩詰經變文》，寫目連上窮碧落下黃泉、遍歷地獄尋救母親的《大目乾連冥間救母變文》，寫舍利弗和六師鬥法的《降魔變文》等，這些變文對後代小說的創作啟示很大。變文的內容不斷發展，由說唱佛教故事擴大到中國歷史傳說和民間故事，以及當時人或歷史人物的專題故事。如出現記伍子胥棄楚投吳，歷盡艱辛，終於為父兄報仇雪恨的《伍子胥變文》；記唐代沙州起義軍將領張義潮（張議潮）乘吐蕃內亂，領導沙州各族人民起義，驅逐吐蕃守將，佔領附近瓜、伊等十州土地的《張義潮變文》；寫王昭君出塞和番的《王昭君變文》；寫董永賣身為奴，路遇天女的《董永變文》；寫孟薑女萬里尋夫，哭倒長城的《孟姜女變文》等。這些變文，宗教內容逐漸減少，民間故事、英雄故事和歷史故事的內

7　變文的形式有三類：只唱不說；只說不唱；有說有唱，此類占多數。

容逐漸增多，而且記敘曲折，情節生動，故事性強，文字通俗明暢，韻散結合，情趣盎然。這種民間通俗文學的新形式，不僅保存了古代長期流傳的膾炙人口的傳說故事和流行口語，而且開創了一代較為自由的新文風。

變文為人民所喜愛，卻不能登大雅之堂。北宋真宗趙恒皇帝明令禁止變文流行，佛教寺院裡講唱變文之風由此熄滅。但是它在民間又以其他方式重蘇。直接繼承變文的是後來演變而成的以唱為主的寶卷，受變文的間接影響而演變成的有以唱為主的彈詞、鼓詞、諸宮調，以及以講為主的講史、小說的話本等。

寶卷形成於宋代，盛行於明清。以用七字句、十字句的韻文為主，間以散文。題材以佛教故事居多，宣揚因果報應思想。今存《香山寶卷》，傳為北宋普明禪師的作品。此外，如《魚籃寶卷》、《目連三世寶卷》等，都是宣傳佛教故事的。明清以來，以民間故事為題材的寶卷日益流行，有《梁山伯寶卷》、《土地寶卷》、《藥名寶卷》等，共 200 多種。寶卷後來發展成為一種曲藝。

彈詞形成於元代，盛行於明清。表演者大都 1-3 人，有說有唱。樂器多數以三弦、琵琶或月琴為主，自彈自唱。著名的有蘇州彈詞、揚州彈詞等，均用當地方言說唱。鼓詞，由一人自擊鼓、板演唱，有的也用三弦等樂器伴奏。也流行於明清明代，但和彈詞流行於南方不同，鼓詞主要流行於北方。著名作品如賈鳧西（應寵）《木皮散人鼓詞》，書中述歷代興亡治亂，諷刺數千年來昏庸腐朽的統治，語言通俗生動，富有民間文學特色。

諸宮調起源於北宋，流行於宋、金、元時代。也以唱為主，以講為輔，只是唱的部分音調比較複雜，不再以梵音為主，而是以當時流

行的曲調代之。也就是取同一宮調[8]的若干曲牌聯成短套，首尾一韻；再用不同宮調的許多短套聯成數萬言的長篇，雜以說白，以說唱長篇故事。現存有金人（佚名）作《劉知遠》的殘篇，董解元作《西廂記》，以及元王伯成作《天寶遺事》的殘篇輯本。諸宮調對元雜劇的形成影響頗大。

第四節　佛教為古典小說提供故事情節和思想內容

　　中國先秦時代小說不受上層社會所重視，《漢書・藝文志》說它是「街談巷語，道聽塗說」，只為小人所喜愛，是君子所弗為的，所以先秦的小說作品已經不傳。從六朝又開始出現志怪志人之作，以後是唐人傳奇講史[9]，宋人話本小說，元明以來章回小說，小說逐漸登上文學舞臺，與詩歌分庭抗禮。小說是敘事性的文學體裁之一，它以人物形象的塑造為中心，通過完整的故事情節和具體環境的描寫，廣泛而深刻地反映社會生活。我國古代一些小說在體裁結構、故事來源、藝術構思和思想傾向等方面都受到佛教的影響。

　　前文講到，唐代佛教僧侶創造變文，用「俗講」的方式來說唱佛經，同時也說唱世俗故事，這影響了唐人的「說話」。「說話」是一種說唱藝術，「話」是故事，「說話」就是演講故事，唐人的「說話」，後來發展為宋代「說話人」在說書場所「說話」。說故事的底本叫做「話本」。話本分為「講史」和「小說」兩類。前者多用淺近文言，

8　宮調：音樂術語。我國稱宮、商、角、變徵、徵、羽、變宮為七聲，其中以一聲為主，就可構成一種調式。凡以宮聲為主的調式稱為「宮」（即宮調式），而以其他各聲為主的則稱為「調」，統稱「宮調」。

9　現代文學界通常認為，中國古代的神話傳說、街談巷語、志怪志人之作，以及傳奇講史等，是小說發展的先河。

初具長篇規模，後者多半為白話短篇。宋人說經話本《大唐三藏取經詩話》，全書分上中下 3 卷，共 17 章，缺首章。敘述唐三藏玄奘和猴行者（白衣秀才，智勇雙全，神通廣大）西天取經，戰勝種種困難，勝利而還的故事。初具長篇章回小說的雛形。由話本小說進一步發展為章回小說，分回標目，故事連接，段落整齊，成為明清時代長篇小說的主要形式。著名長篇小說《三國演義》、《水滸傳》、《西遊記》、《封神演義》、《金瓶梅詞話》、《紅樓夢》和《儒林外史》等，就是明清時代章回小說的代表作。章回小說因著重說故事，所以基本上用散體，同時又用「詞曰」或「有詩為證」，保存韻體。

佛教為我國古代志怪小說和神魔小說提供故事來源，啟發藝術構思。我國上古文學作品注意「辭達」，風格質樸，不利於小說的創作和發展。佛教典籍不同，它廣取譬喻，以寓言、故事來說明教義，往往把佛理融化在華麗奇妙的文藝形式裡，取得形象教化的成效。佛教典籍的直接流傳，有利於打破中國小說的博物、逸聞、笑話等傳統題材的束縛，為小說創作打開廣闊的天地。六朝時佛道兩教盛行，形成了侈談鬼神、稱道靈異的社會風氣，從而產生了許多志怪小說。如干寶的《搜神記》、顏之推的《冤魂志》、吳均的《續齊諧記》等，就是具有代表性的作品。有些作品，如王琰的《冥祥記》、劉義慶的《幽明錄》，還集中宣揚佛教神像的威靈和信佛茹素的好處。魯迅先生說：

> 還有一種助六朝人志怪思想發達的，便是印度思想之輸入。因為晉，宋，齊，梁四朝，佛教大行，當時所譯的佛經很多，而同時鬼神奇異之談也雜出，所以當時合中印兩國底鬼怪到小說裡，使它更加發達起來。[10]

---

10 《魯迅全集》，第9卷，308頁，北京，人民文學出版社，1981。

魯迅先生還根據唐段成式《酉陽雜俎》的說法，指出陽羨鵝籠書生故事，是和印度思想相關的。實際上就是吸取三國吳康僧會譯《舊雜譬喻經》十八條中「壺中人」的故事演化而成的。

再如明吳承恩的《西遊記》，是在民間流傳的唐僧玄奘取經故事和有關話本、雜劇的基礎上，演變而成的浪漫主義的神魔故事小說。小說敘述孫悟空神通廣大，勇猛無敵，大鬧天宮，降妖伏魔的故事。書中所記菩提祖師於半夜傳法術給孫悟空，就是從佛典所載禪宗五祖弘忍半夜三更傳衣缽給六祖慧能的傳說蛻變而來。小說中孫悟空大鬧天宮、豬八戒招親和流沙河沙僧故事，都起源於佛教的典籍或《玄奘法師傳》的有關記述。[11]《大方廣佛華嚴經》寫善財童子五十三參，奇幻多變，豐富多彩，給《西遊記》的八十一難故事，開導了先路。《降魔變文》描寫舍利弗和六師鬥法，有聲有色，對《西遊記》敘述各種鬥爭產生過啟迪作用。《西遊記》通過孫悟空大鬧天宮、戰勝各種妖魔的故事，表現出蔑視天神世界及其秩序的反抗精神，以及對邪惡勢力進行頑強鬥爭的堅強意志。但是小說又寫孫悟空十萬八千里的筋斗也翻不出如來佛的手心，最後「歸正」，成就「正果」，宣揚佛的威力，表現出佛教思想的深刻烙印。

又如《封神演義》，演述商末政治紛亂和周武王伐商的歷史故事。書中敘述的三十六路伐西岐，也同樣受了《大方廣佛華嚴經》和《降魔變文》的啟示。全書有不少佛仙鬥法的描寫，其中有的人物塑造就直接採擷於佛典，變佛而為仙。如哪吒的原型就是佛教四大天王中北方毗沙門天王的三太子「那吒」，是一個護法神。佛典《北方毗沙門天王隨軍護法儀軌》說：「爾時那吒太子……白佛言：『我護持佛

---

11 詳陳寅恪：《西遊記玄奘弟子故事之演變》，見《陳寅恪文集之三・金明館叢稿二編》，上海，上海古籍出版社，1980。

法』。」禪宗《五燈會元》卷二說:「那吒太子,析肉還母,析骨還父,然後現本身,運大神力,為父母說法。」而《封神演義》和《西遊記》等,就把「那吒」變成了「哪吒」,而且是塑造得相當成功的人物之一。《封神演義》描寫哪吒打死龍王太子,玉帝批准龍王來拿他父母,他為了表示所做的事與父母無關,毅然剖腹、剜腸、剔骨肉,還於雙親而死。死後,其魂魄經太乙真人的法術點化,變為身長一丈六尺的蓮花化身,並幫助薑子牙興周滅商,屢立戰功。顯然,哪吒這一人物及其故事情節是從佛典演化而來的。

佛教對於古典小說的思想滲透、影響也是嚴重的。如《三國演義》,描述東漢末年和三國時代封建統治集團之間的矛盾和鬥爭,是著名的歷史小說。但小說開卷題詞是:「滾滾長江東逝水,浪花淘盡英雄。是非成敗轉頭空:青山依舊在,幾度夕陽紅。白髮漁樵江渚上,慣看秋月春風。一壺濁酒喜相逢:古今多少事,都付笑談中。」表現出人生虛幻的思想。《金瓶梅詞話》,描述市儈、商人、暴發戶西門慶勾結官府,蹂躪婦女,為非作歹,由發跡到滅亡的醜惡史。暴露了流氓惡霸的橫行霸道,荒淫無恥。並以西門慶的一生起落,形象地說明欲海無厭的可悲下場。但又把人生的命運歸結為生前命定,宣揚因果報應的迷信思想。再如小說《紅樓夢》,是我國長篇小說中現實主義作品的頂巔,具有高度的思想性和卓越的藝術性,但也受佛教消極思想的影響。小說以夢開始,以夢終結。書中描述兒女愛情,纏綿悱惻,榮華富貴,洋洋大觀,其結局是零落枯槁,窮困潦倒,分崩離析,人財兩空,宣揚人生如夢的虛無主義思想。

此外,我國自元雜劇表演形式出現,才有合樂歌、舞蹈(身段)、科白的正式戲劇。元雜劇不僅取材於傳奇和小說,有的還直接引入佛教的故事。元雜劇分為 12 科,其中「神頭鬼面」就包括了佛教的題材。如鄭廷玉的《布袋和尚》、吳昌齡的《唐三藏西天取經》

等都很著名。明代雜劇《觀世音修行香山記》、《目連救母勸善戲文》等，也都是戲曲中深受佛教影響的明顯例證。

第五節　佛教對古代文學理論批評的影響

佛教不僅對我國古代文學創作產生過重大影響，而且也影響了我國古代文學理論批評。佛教提倡的思辨方法、直覺方法，與文學創作的理論思維有某種默契之處；佛教重視超脫客觀環境的牽累，追求清淨的精神境界，這與文學作品的審美價值、人們的審美認識，也有某種相通之處。因此，佛教的某些學說深刻地影響了古代文學理論批評，其犖犖大端有以下四點：

一　從「言語道斷」說、「頓悟」說到「妙悟」說

佛教作為宗教，提倡信仰證悟，認為只有神祕的直覺才能證得佛教的最高真理。《菩薩瓔珞本業經‧因果品》說：「一切言語道斷，心行（即心念）處滅。」《維摩詰所說經‧入不二法門品第九》說：「乃至無有文字語言，是真入不二法門。」佛教的最高真理（「真如」）是言語之道斷而不可言說的，心念之處滅而不可思念的，也就是不能通過語言文字、理性思維、邏輯思維所能表述和把握的。中國佛教學者十分重視此說，姚秦時僧肇專門作《般若無知論》，強調「聖智幽微，深隱難測，無相無名，乃非言象之所得」。「聖智」即佛教的最高智慧是無形相無名稱的，是達到解脫的根本途徑。後來禪宗更是強調只能用比喻隱語來使人參悟，體證「真如」。

和言語道斷說的神祕主義方法論密切相聯繫的是，僧肇的同學竺道生撰寫專文（今佚）提倡頓悟說。慧達《肇論疏》對此有簡明的論

述:「第一竺道生法師大頓悟云,夫稱頓者,明理不可分,悟語照極。以不二之悟,符不分之理。理智恚(此字不明,有疑為『悉』字)釋,謂之頓悟。」認為真理玄妙一體,不可分割,證悟真理,與真理合一,既沒有中間狀態,也不能分階段達到。謝靈運和道生有交往,他十分讚賞道生的學說,作《與諸道人辨宗論》,進一步闡發道生的理不可分義,宣揚頓悟成佛說。前文已述,慧能禪宗更是大力宣揚頓悟成佛說,被稱為「頓教」。慧能認為,所謂成佛就是對人人自身具有本性的覺悟,由此「迷來經累劫,悟則剎那間」(敦煌本《壇經》)。眾生對本性由迷到悟的轉變在一剎那間,一念相應,覺悟到本性就是佛。禪宗還認為,一切事物都體現了「真如」,眾生從一切事物中都能證悟「真如」,成就「正果」。

在佛教言語道斷說和頓悟說思想的影響下,唐代詩僧皎然,是謝靈運十世孫,他作《詩式》,專門討論詩歌的體制和作法。文說:「康樂公(謝靈運)早歲能文,性穎神澈及通內典,心地更精。故所作詩,發皆造極。得非空王之道助邪?……曩者嘗與諸公論康樂為文,直於情性,尚於作用,不顧詞彩,而風流自然。」(《詩式・文章宗旨》)宣揚遠祖謝靈運的詩作「發皆造極」,是由於得「空王之道助」,「直於情性」,「不顧詞彩」,強調言語道斷和頓悟是直達詩人最高境界的不二法門。幼年曾受皎然賞識的詩人劉禹錫也說:「梵言沙門,猶華言去欲也。能離欲則方寸地虛,虛而萬景入,入必有所泄,乃形乎詞。」(《劉夢得文集》卷 7《秋日過鴻舉法師寺院便送歸江陵並序》)重視去欲和想像。唐末司空圖(837-908)作《二十四詩品》(簡稱《詩品》),繼承和發展劉勰、皎然的思想,提出「象外之象、景外之景」的作品形象特色,追求可以意會而不可以言傳的「韻外之致」、「味外之旨」,即作品的弦外之音,把韻味和含蓄作為詩歌的首要藝術特徵。後來南宋文學批評家嚴羽,號滄浪逋客,作《滄浪詩

話》，文說：「大抵禪道惟在妙悟，詩道亦在妙悟。……惟悟乃為當
行，乃為本色。」（《滄浪詩話・詩辨》）認為「悟」是學詩、做詩的
根本途徑，不能以文字為詩，以才學為詩，以議論為詩。又說：「盛
唐諸人惟在興趣，羚羊掛角，無跡可求。故其妙處透徹玲瓏，不可湊
泊，如空中之音，相中之色，水中之月，鏡中之花，言有盡而意無
窮。」（同上）「興趣」，即美感。認為詩歌是抒情的，應當通過有限
的文字給人以無盡的啟示，追求意在言外的深遠意境，這是佛教言語
道斷說在詩歌創作方面的運用和發展。嚴羽的「妙悟」說，約略體會
到形象思維和邏輯思維的區別，強調詩要有形象思維，要有審美判
斷，這是對文學理論的一個重要貢獻。清代王士禎（1634-1711），號
漁洋山人，作有《帶經堂集》，進一步繼承司空圖、嚴羽等人的理
論，提出「神韻」說。「神韻」是指詩文的風格韻味。嚴羽強調「興
會神到」，追求「得意忘言」，以淡泊閑遠的風神韻致為詩歌的最高境
界。「神韻」的特徵是含蓄深遠、意餘言外，被認為是詩家「三昧」
的一種重要的藝術準則。王士禎提出妙悟而外，尚有神韻，這也是對
古代詩論的一個貢獻，它的缺陷是，帶有引導詩歌脫離社會生活，追
求虛無縹緲境界的傾向。

二　「現量」說

　　妙悟說、神韻說的超脫現實的傾向，引發出詩論界的另一種以佛
教因明學論詩的主張，這主要是明末清初的思想家王夫之（1619-
1692）的「現量」說。佛教因明學包括了關於思維方式的理論，其中
有現量和比量的論述。現量是對事物形象的直覺，指感性認識；比量
是由比度事物共相，即應用邏輯推理方法而獲得的理性認識。現量是
客觀事物影像的直接反映，具有現實性、形象性。王夫之將現量說應

用於闡發詩歌理論，強調詩歌的現實性，他說：

> 「僧敲月下門」，只是妄想揣摩，如說他人夢，縱令形容酷
> 似，何嘗毫髮關心？知然者，以其沉吟「推」、「敲」二字，就
> 作想也。若即景會心，則或「推」或「敲」，必居其一，因景
> 因情，自然靈妙，何勞擬議哉？「長河落日圓」，初無定景；
> 「隔水問樵夫」，初非想得。則禪家所謂「現量」也。(《夕堂
> 永日緒論‧內編》)

認為做詩要「即景會心」合乎「現量」的要求。因情因景，自然靈
妙，不宜憑空推敲。如王維的詩句「長河落日圓」、「隔水問樵夫」，
都是不費推敲，即景會心所得。王夫之認為現量講求真實，比量如有
不當，便會陷入錯誤認識。王夫之用現量說來說明詩歌創作和審美活
動的要求和特徵，為詩論提供客觀主義的理論基礎，有助於克服詩歌
創作脫離現實的傾向。

三 「境界」說

　　唐宋以來的文學評論著作，十分重視「境」和「境界」的理論。
這裡所謂境一般指客觀存在，所謂境界是指文學作品中所描繪的生活
圖景和表現的思想感情融合一致而形成的一種藝術境界，也就是「意
境」。「境」和「境界」是我國先秦典籍中常見的概念，後來傳入的佛
教典籍對「境」和「境界」更是作了詳盡的理論闡發。佛教通常把物
質現象和精神現象都稱為境，境是囊括一切現象的總稱。境界通常有
兩種含義，一是指六識所辨別的各自物件，如眼識以色塵（「境」）為
其境界。唐圓暉著《俱舍論頌疏論本》卷 2 說：「功能所托，各為境

界。如眼能見色，識能了色，喚色為境界，以眼識於色有功能故也。」這是強調由主體的感覺器官和思維器官所接觸的物件已被感知者，才能稱為境界。這樣的境界具有感性、直觀性、可知性的特徵。再是指造詣、成就。如《無量壽經》說：「斯義弘深，非我境界。」佛教的這種境界觀和文學理論批評有相通、共同之處，所以為文學理論家所攝取、運用。唐僧皎然《詩式》有《取境》一目，謂「取境之時，須至難、至險，始見奇句」，強調取境的重要和艱巨。他做詩云：「詩情緣境發」，主張主觀感情和客觀環境的統一。唐代許多作家也都用「境」字說詩詞。近代學者王國維（1877-1927）作《人間詞話》，標舉「境界」說。他說：「詞以撞界為最上。有境界則自成高格。」「境非獨謂景物也。喜怒哀樂亦人心中之一境界。故能寫真景物真感情者，謂之有境界。否則，謂之無境界。」提倡「不隔」，要求言情必沁人心脾，寫景必豁人耳目。王國維以喜怒哀樂為人心中之境界，就來自佛家的觀點。不過王氏的「境界」說不僅攝取了佛家的理論，也是吸收了西方叔本華等人的美學思想的產物。

四　「以禪喻詩」

中國佛教諸宗派中，以禪宗對於文學理論，尤其是詩論、詞論影響最大。宋代時以禪喻詩成為風氣，詩禪之喻幾乎成為流行的口頭禪。一些詩僧和文人紛紛以禪家的一套禪理來論述詩的創作、欣賞和評論，而且長期爭論不休，影響深遠。

（一）在創作上──以禪論詩

以禪論詩是用禪家的說法來論述做詩的奧妙。上面講到嚴羽的妙悟說，就是用禪家參禪的特別穎慧的悟性來說明為詩之道的。此外，

吳可（吳思道）和龔相（龔聖任）的各三首《學詩》詩，也是用禪家
的妙諦來論述做詩的典型說法。吳可《學詩》三首，詩曰：

> 學詩渾似學參禪，竹榻蒲團不計年。
> 直待自家都了得，等閒拈出便超然。
> 學詩渾似學參禪，頭上安頭[12]不足傳。
> 跳出少陵[13]窠臼外，丈夫志氣本沖天。
> 學詩渾似學參禪，自古圓成[14]有幾聯？
> 春草池塘一句子，驚天動地至今傳。（《詩人玉屑》卷1引）

龔相《學詩》三首是吳可《學詩》三首的和韻作，詩曰：

> 學詩渾似學參禪，悟了方知歲是年。
> 點鐵成金猶是妄，高山流水自依然。
> 學詩渾似學參禪，語可安排意莫傳。
> 會意即超聲律界，不須煉石補青天。
> 學詩渾似學參禪，幾許搜腸覓句聯。
> 欲識少陵奇絕處，初無言句與人傳。（同上書）

吳可《學詩》第一首是根據禪家參禪要求悟入的說法，揭示了學習詩
歌創作的過程。強調做詩要經過長期的修養，下大工夫，一旦「自家
都了得」，即有了「了悟」，就可信手拈來便成超然自如的詩。第二首
是根據禪宗的眾生心性本覺、排斥外在權威的宗旨，強調詩人主體的

---

12 「頭上安頭」：指重複因襲。
13 「少陵」：指杜甫。杜甫詩中嘗自稱「少陵野老」。
14 「圓成」：圓滿成就。此指極高的詩歌境界。

參悟，自求創作，反對因襲他人，要求跳出「詩聖」杜甫的窠臼，打破「頭上安頭」的局限。佛家重修行的「圓成」，禪宗以為一切事物中都體現了「真如」。吳可《學詩》第三首就是據此而標舉「圓成」，並主張一切事物中也都有詩。所以謝靈運的「池塘生春草」(《登池上樓》) 佳句，從常見的池塘春草裡看到詩意，從而具有強烈的藝術魅力，久為人們所傳誦。龔相的三首《學詩》詩，同吳可的觀點一樣，也是根據禪宗的語言文字不能傳達佛理，要參禪求悟的說法，強調「點鐵成金」還要點鐵，應當體會高山流水中的詩意，不用點鐵，破除聲律，認識杜甫詩的「奇絕處」。吳可和龔相強調「了悟」在詩歌創作中的作用，應當承認是有可取之處的。

（二）在欣賞上 —— 如禪悟詩

禪宗標榜不立文字，教外別傳，單傳心印，主張依靠自身的參悟去領會佛理，把握佛法。一些文人也主張像參禪一樣來參詩，欣賞詩歌。范之實（范溫）《潛溪詩眼》說：

> 識文章者，當如禪家有悟門。夫法門百千差別，要須自一轉語悟入。如古人文章，直須先悟得一處，乃可通其他妙處。

認為說禪和做詩沒有差別，悟詩如同悟禪，主張以參禪的態度和方法去讀詩、賞詩，不執著於詩歌的語言文字本身，尋求詩歌語言文字之外的無窮意味和無盡韻致。應當肯定，這是符合詩歌欣賞規律的。

（三）在評論上 —— 以禪比詩

嚴羽在《滄浪詩話・詩辨》中還用禪家的派別來比擬、衡量歷代詩歌的高下，文說：

> 禪家者流，乘有大小，宗有南北，道有邪正。學者須從最上
> 乘，具正法眼，悟第一義。若小乘禪，聲聞辟支果，皆非正
> 也。論詩如論禪：漢魏晉與盛唐之詩，則第一義也。大曆[15]以
> 還之詩，則小乘禪也，已落第二義矣。晚唐之詩，則聲聞辟支
> 果也。

「正法眼」，指對佛法的正確認識。聲聞辟支果屬於小乘，這裡把聲聞辟支果獨立於小乘之外，是錯誤的。嚴羽以禪為喻，認為漢魏晉盛唐、大曆以還和晚唐是詩歌的三個等級，猶如禪家的大乘、小乘、聲聞辟支果三個等級一樣。雖然嚴氏意在通過比附，強調盛唐以前和大曆以後詩歌的差別，但是也表明了以禪比詩的局限。

第六節　佛教為我國文學語言寶庫增添新的詞彙

隨著印度佛教著作的翻譯和流傳，佛教典籍中不少優美的典故和具有藝術美的新詞語，被引進了我國六朝尤其是唐以後的文學作品，其中源於佛教的成語，幾乎占了漢語史上外來成語的 90%以上。印度和中國佛教的新詞語豐富了我國文學語言的寶庫，有的甚至成為人們常用的穩定的基本詞彙。

從佛教用語演化成為日常用語的，如世界、如實、實際、實相、覺悟、剎那、淨土、彼岸、因緣、三昧、公案、煩惱、解脫、方便、涅槃、婆心、迴向、眾生、平等、現行、相對、絕對、知識、唯心、悲觀、泡影、野狐禪、清規戒律、一針見血、一切皆空、一超頓悟、

---

15 「大曆」：唐代宗年號（766-779）。

一念萬年、一彈指間、三生有幸、三頭六臂、不二法門、不生不滅、
不即不離、五體投地、功德無量、丈六金身、恒河沙數、隔靴搔癢、
拖泥帶水、大吹法螺、大慈大悲、生老病死、六根清淨、心猿意馬、
本地風光、得未曾有、唯我獨尊、騎驢覓驢、不可思議、冷暖自知、
僧多粥少、味同嚼蠟、快馬加鞭、皆大歡喜、表裡不一、百尺竿頭、
苦中作樂、菩薩心腸、曇花一現、大千世界、「苦海無邊，回頭是
岸」、「放下屠刀，立地成佛」、「種瓜得瓜，種豆得豆」等。源於佛教
的常用典故有火宅、化城、諸天、一絲不掛、三十三天、三千世界、
五十三參、天龍八部、千手千眼、觀河皺面、天女散花、天花亂墜、
當頭棒喝、醍醐灌頂、極樂世界、拈花微笑、羅剎鬼國、現身說法、
眾盲捫象、百城煙水、井中撈月、香南雪北、泥牛入海、口吸西江、
香象渡河、借花獻佛、呵祖罵佛、痴人說夢、蒸沙成飯等。

　　上述種種語言現象表明，佛教新詞語豐富了漢語的表現力，方便
了人們的思想交流，在文化生活和社會生活中起了積極的作用。

　　綜上所論，可以看出，佛教與中國文學的溝通、聯繫，表面上看
來是雙向的，實際上主要是佛教對中國文學的單向滲透、影響，這是
不同於佛教與中國倫理、哲學的關係的。佛教與中國倫理、哲學的關
係，更多的是中國哲學，尤其是中國倫理對佛教的浸染、作用，相對
地說佛教對中國哲學，尤其是對中國倫理的影響、補充則要少一些。
佛教為中國文學帶來了獨特的人生觀、世界觀、價值觀和宗教情趣，
但是也為中國文學帶來新的文體和新的意境，而後一方面的實際作用
要大得多，可以說佛教對中國文學的貢獻超過其消極作用，佛教在中
國文學史上有較多的值得肯定和批判繼承的合理因素。

第十二章
佛教與中國藝術

　　中國古代藝術源遠流長，其間自漢魏以來，由於受到佛教的新鮮刺激和強大影響，中國藝術的各個領域更加異彩紛呈，並進入了一個嶄新的階段。如果沒有佛教藝術，漢魏以來的中國藝術就不僅遠為遜色，而且某些領域甚至會成為一片空白。

　　藝術是佛教宣傳的最有效的手段和方式之一。佛教宣傳調動藝術上的形象思維，通過佛、菩薩等的藝術形象，以期引起人們的驚奇、畏懼、崇敬和信仰，這就需要採取藝術誇張的手法，把佛、菩薩等的形象加以極度的神祕化、理想化，如所謂釋迦牟尼佛的三十二相、八十種好，以使人們對佛產生無限莊嚴偉大的神祕感和美感。寺院佛塔的建築也要力求宏偉莊嚴，精美華麗，並與周圍的山水藝術相協調，形成以寺院建築為中心的整體藝術環境，佛教宣傳還以梵唄淨音使聽眾產生音樂藝術的快感，進而收到感化人心的宗教效果。在中國各地的名山勝地、岩洞石窟、叢林古剎之中，金碧輝煌的寺廟建築、千姿百態的塑像、新奇多彩的繪畫、悅耳動聽的音樂，使佛教藝術日益成為漢魏以來民間的重要審美對象和信仰中心，成為東方宗教藝術寶庫中的璀璨明珠。

　　據《魏書・釋老志》載，佛教繪畫、塑像、建築是和佛教經典一併在漢代傳入中國的。漢明帝時，從印度帶來的佛像置於最早建立的洛陽白馬寺中，並在佛寺畫千乘萬騎繞塔三匝圖於壁，標誌著我國佛像、佛寺、壁畫三大藝術之始。此後，佛教藝術逐漸發展，史載丹陽

人笮融，在徐州廣陵間，「大起浮屠寺，上累金盤，下為重樓，又堂閣周回，可容三千許人，作黃金塗像，衣以錦彩。每浴佛，輒多設飲飯、布席於路，其有就食及觀者，且萬餘人。」(《後漢書》卷 73《陶謙傳》) 魏晉南北朝，是中華文化大融合的時代，中華民族文化與印度文化、漢族文化與少數民族文化相互融合、陶冶，推進了中國藝術的發展。這其間佛教藝術的作用是非常巨大的。北方佛教重修持，立寺建塔，造像刻碑，蔚然成風。南方佛教重義理，詩歌、繪畫、書法、佛寺建築盛極一時，與北方的石窟藝術交相輝映。一般地說，南北朝時期的佛教藝術，一方面繼承了漢代藝術的傳統，造型簡練、線條奔放、用色大膽；另一方面又吸取了印度佛教藝術的風采，取得了重大成就。但在外來的宗教題材及現成模式同民族藝術傳統的結合上，此時的佛教藝術還顯得比較生硬勉強。自北周以來，佛教藝術的形象、題材、風格開始發生明顯的變化，並逐漸地向燦爛的唐代藝術過渡。

唐代是中國古代藝術史上的黃金時代，佛教建築、雕像、繪畫藝術，燦爛輝煌，登峰造極。唐代佛教藝術把幻想的宗教世界和現實生活結合起來，並把外來藝術的精華水乳交融地融入本民族的傳統藝術之中，自樹風格，產生新的佛教藝術。此時的佛像形貌壯麗，溫雅敦厚，富於人情味。整個佛教藝術較之印度佛教藝術更博大雄麗，表現出盛唐的典麗輝煌的氣魄，與初期傳入的佛教藝術相比，面貌已大大不同了。唐以後，佛教的雕塑、繪畫等藝術由盛轉衰、沿流而下，佛教藝術的變化也未能脫出唐代的主流。但是，元代時傳入內地的藏傳佛教所塑佛像的面相、姿態、台座以及塔姿諸式，都呈現出新形式，豐富了佛教藝術寶庫。

第一節　佛教建築──佛殿、佛塔和經幢

佛教建築藝術集中體現在佛寺建築上面。中國佛寺建築早期以佛塔為主，至隋唐時代漸以佛殿為中心了。這樣佛教建築主要可分為佛殿建築和佛塔建築兩大類，此外還有經幢等建築。

一　佛殿建築

本書第六章，曾就寺院建築的歷史演變和結構作過簡要的介紹，這裡僅從建築藝術的角度再略作補充。

唐代木結構寺院大殿，屋頂有出挑的柱頭斗拱，斗拱主要由斗形木塊和弓形肘木縱橫交錯層疊構成，逐層向外挑出形成上大下小的托座。斗拱不僅可使屋簷出挑較大，而且兼有裝飾效果。屋頂有鴟尾為飾，形式多樣。柱礎有蓮瓣，精美異常。頂棚上有藻井，做成方形、圓形或多邊形的凹面，上有各種花紋、雕刻和彩畫。殿前有臺階，兩側有回廊、石欄杆、柱，雕飾精美。整個殿宇是一個完整的藝術品。宋代以來佛寺建築雖有變化，但仍不失唐代的風格。我國佛寺除石窟寺外，多為木建築，由於採用木結構建築和固有傳統藝術相結合，形成了新的風格，從而在建築史上放出了新的異彩。

二　佛塔建築

佛塔既是建築藝術，又是雕塑藝術，是集兩種藝術於一體的佛教建築物。我國佛塔的建築，其分佈之廣、數量之多、規模之大、層級之高、造型之美，在古代建築中是首屈一指的，在世界上也是罕見的。佛塔猶如一顆顆璀璨的寶石，一朵朵絢麗多姿的奇葩，點綴於藍

天白雲、青山綠水之間，為山河增輝，為景物添彩。有的塔，從遠處看高聳雲霄，塔尖、塔影成為風景輪廓線上最突出的標誌和特徵。在佛教寺院建築中，佛塔往往給人們以最深刻的印象，它具有引起人們對故鄉和祖國的思念與情感的藝術魅力。

佛塔，因造型精美，並用金、銀、瑪瑙等加以裝飾，裡面藏有舍利，故又俗稱為「寶塔」。塔起源於印度，原指墳塚，梵文為 Stūpa，音譯為窣堵波、佛圖、浮屠等，意譯為圓塚、方墳、靈廟等。後來窣堵波略去了「窣」字，為堵波，也叫塔婆，最後省去「婆」字而簡稱為「塔」了。在我國，塔被理解為猶如宗廟，所以也曾被稱為「塔廟」。

「窣堵波」，原為古印度的墳墓。釋迦牟尼故世後，佛教徒轉向埋葬佛骨的窣堵波頂禮膜拜，窣堵波從此成為僧侶崇拜的對象。窣堵波通常由台（台基）、覆缽（臺上半球部分）、平頭（一稱「寶篋」，祭壇，方箱形）、竿、傘（竿、傘，表示崇敬）五部分組成。後為了便於僧侶們在修行過程中能隨時禮佛，便在居住的石窟的中堂後壁上刻出佛塔。這種刻有佛塔的石窟被稱為「支提」，意譯為廟或塔廟。這種石窟中的塔，可以稱為支提式塔。窣堵波埋有舍利，是舍利窣堵波，可以稱為舍利塔。支提式塔和舍利塔是印度佛塔的兩種形式。後來印度佛教密宗興起，又出現了一種金剛寶座式塔，由中央大、四隅小的五座塔組成，以供奉金剛界五部的五方佛。

佛教初傳，也帶來了印度窣堵波的形象。秦漢時期，我國流行神仙迷信，以為神仙就住在雲霧縹緲的天空高處，「仙人好樓居」，所以秦始皇、漢武帝都修建過高樓臺榭，以迎候仙人下凡。在這種神仙思想的強大影響下，佛塔一移植進來，就與我國的建築文化傳統相結合，形成樓閣型塔的新形式。如東漢中葉在徐州建造的浮屠祠塔，就是「下為重樓閣道」，頂上「垂銅槃九重」（《三國志‧吳書‧劉繇

傳》）。所謂「重樓」，就是多層木結構的高樓；所謂「銅槃」，也稱「金盤」，就是傘蓋，也稱「相輪」、「剎」[1]，是佛塔頂部的裝飾：多重圓環形的鐵圈，每重又有內外兩道圈，中間小圈套在塔心柱上端。這種樓閣型的塔，下為我國固有的樓閣，上為印度的窣堵波。這也是後來南北朝木塔的基本式樣。由於中國樓閣建築的方形平面與印度窣堵波的圓形平面的矛盾，加以中國木結構的形式又難以做成圓形平面，所以唐代的建築匠師就創造性地採用了介乎正方與圓形之間的八角形平面，並成為最常見的平面形式。相應的材料也由木結構改為磚砌。元明清時代，塔的形狀更發展為十二邊形、圓形、十字形以及內圓外方、外圓內方等多種，材料則發展到石、土、銅、鐵、琉璃等多種，從而顯得更加多姿多彩。

　　印度支提式塔傳入中國後，逐漸發展成為石窟寺，原來石窟內後部的塔則發展為塔柱或中心柱。印度密宗的金剛寶座式塔也傳入我國，在明代以後多有建造。

　　中國佛塔通常平面以方形、八角形居多，層數一般為單數，單數稱為陽數，含有傳統的吉祥的意思。塔的類別可以從不同角度區分：從建築材料可分為木塔、磚塔和石塔等；從塔的層級來說，可分為單層塔和多層塔；從造型上觀察，可分為樓閣式塔、密簷塔、瓶形塔（喇嘛塔）、金剛寶座塔等，下面略作重點介紹。

　　木塔、磚塔和石塔：木塔是我國原有的重樓形式的做法，但層數加多了。如元魏時建造的洛陽永寧寺塔就是最大的木塔，高 333 米，百里以外便能看見，但建成不久就被焚毀了。大體上說，隋代以前多木塔，有人估計歷史上木塔在千座以上。因為木塔不耐久，同時砌磚技術又不斷提高，所以唐代以後實行改革，多用磚砌塔了。宋代還出

1　「剎」，另也指寺前幡杆。

現用鐵色琉璃磚砌成的「鐵塔」，建於北宋慶曆四年（西元 1044 年）
的河南開封祐國寺的「鐵塔」，全部採用特製的「鐵色琉璃」做磚
石，使佛塔更加煥發出光彩。建於五代後周末年（西元 960 年）的杭
州靈隱寺石雙塔，高雖僅十米，卻有九層，匠師們大膽地用石料進一
步表現出木結構的形式，使塔的造型更為豐富了。

單層塔：塔身為單層方形出簷，上為方錐形或半圓球形屋頂。多
為高僧所採用，作為墓塔。今存建於隋代的山東歷城縣神通寺的「四
門塔」，就是單層塔的優秀典型。「四門塔」塔身為大塊青石砌成，四
面各闢一半圓形拱門，形制簡樸渾厚，是我國現存最早的石塔，也是
現存的第二古塔。又如河南嵩山會善寺淨藏禪師墓塔，為單層八角磚
塔，建於唐天寶四年（西元 745 年），為我國最早的一座八角形塔。
這些單層塔都充分體現了中國建築的氣息。

樓閣式塔：在各種佛塔中，最能代表中國塔特色的是樓閣式塔。
早期的樓閣式塔都是木構的，後來才出現磚石構的樓閣式塔。此種塔
內部有樓層可登，且與外觀樓層相等或更多。塔上有許多仿木構造，
如每層塔身上的門窗、柱子，塔簷上的檁枋、椽子、飛頭等。西安大
雁塔是樓閣式塔的優秀典型。該塔為唐玄奘所建，淳樸、平實、大
方。在塔各層的表面上，巧奪天工的匠師們以極其細膩的手法，把磚
石處理成木結構的樣子，表現出高超的技藝和獨特的匠心。

密簷式塔：因在較高的塔身上加以層層的密簷，故名。密簷式塔
和樓閣式塔同為最常見的塔形。它一般不用柱梁斗拱等裝飾，而以呈
現優美的輪廓線條見長。由於上部塔簷層層相疊，幾乎看不出層樓。
它的第一層塔身特別高大，門窗、柱子和佛龕、佛像等雕飾都集中在
這裡，是整個塔身的重點。著名的如河南嵩山嵩嶽寺塔，建於北魏孝
明帝神龜二十年（西元 520 年），是我國現存最古的佛塔。塔共 15 層，
平面為十二角形，每角用磚砌出一根印度式樣的柱子，柱頭、柱腳都

用蓮花裝飾。整個塔的輪廓乃至每層簷下的曲面都呈拋物線形，非常柔和，華麗動人。這座高達 40 米的建築全部用磚砌成，是我國磚砌技術突進的一個標誌。再如，遼代建造的北京天寧寺塔，是八角形密簷塔，這種類型曾被廣泛採用。此外，建於金代的洛陽白馬寺塔，更是風格獨具，塔身下有高大的台基，第一層塔身較矮，以上各層簷的密度較疏。

瓶形塔：元代時，窣堵波從尼泊爾又一次傳入我國，大事興建，成為佛塔中數量較多的一種類型。如北京妙應寺（白塔寺）的塔就是其中的代表作。此塔由尼泊爾工藝師阿哥尼設計，於元世祖忽必烈至元九年（西元 1271 年）建成，是我國內地最古老的瓶形塔。北京北海白塔和山西五臺山塔院寺塔也是這一類型的塔。這類塔的結構如瓶形，下面有很大的須彌座，座上為覆缽形的「金剛圈」，再上是罈子形的塔身，叫「塔肚子」，再上是被稱為「塔脖子」的須彌座，更上是圓錐形或近似圓柱形的「十三天」和它頂上的寶蓋、寶珠等。因喇嘛教建塔常用這種形式，故又稱「喇嘛塔」、「藏式塔」。明清時，這種塔成了喇嘛、高僧死後墓塔的主要形式，俗稱「和尚墳」。這種塔基本上保存了墳塚的形式，印度塔式的格調很濃。

金剛寶座塔：因供奉金剛界五部的主佛（五方佛），故名。這種塔是在一個很大的台座上立五座塔或七座塔，組成一個完整的塔群。塔下面的金剛寶座很大，表面上分為五層，下面還有一層須彌座。每層上面都用柱子作成佛龕，樸實雄偉。塔的座子上佈滿了五方佛像的浮雕，精巧美觀。這一類塔在我國現存的有北京西直門外五塔寺（真覺寺）塔、北京碧雲寺金剛寶座塔院、雲南昆明管渡鎮五塔等十多處。

三 經幢建築

幢是一種帶有宣傳性和紀念性的藝術建築。印度幢的形式是在紀念佛的建築物的玉垣（周垣）上刻各種浮雕，也有的是在塔前方左右各樹一石，宛如中國長方形的碑，石面上刻法輪、飛天，輪下刻人物和動物的浮雕。我國唐至遼宋時代，建幢之風盛行，有為建立功德而鐫造的陀羅尼經幢，也有為紀念高僧而建的墓幢。

我國的經幢多係石雕，也有少數鐵鑄的，高度不等，圓柱形或六角、八角形，多為八角形。一般由基座、幢身和幢頂三部分組成，幢身刻陀羅尼經文，基座和幢頂則雕飾花卉、雲紋等圖案以及菩薩、佛像，十分華麗。著名的如唐代末葉建造的山西五臺山佛光寺經幢，樸素莊嚴，是重要的藝術精品。河北趙縣城內的趙州陀羅尼經幢，係北宋時建造，全部用石料疊砌而成，高約 18 米，是我國現存石經幢中最高的一座。幢下為方形石基，台基上是八角形束腰式須彌座，經幢一至三層刻有陀羅尼經，其餘各層滿布佛教人物、動物、花卉等圖案。幢頂以銅質火炎寶珠為剎，輪廓莊嚴清秀，展現了宋代造型藝術的高度成就。又如雲南昆明地藏寺經幢，為大理中期所立，高 8 米半，八角七層。第一層刻四金剛及梵文，以上各層刻佛像。雕工極精，是研究雲南少數民族歷史文化和雕刻藝術的重要文物。鐵鑄的幢，著名的如建於宋代的湖南常德市德山乾明寺鐵幢，高 4 米餘，重 3000 餘斤，圓柱形，用白口生鐵鑄成。鐵幢基座部分鑄有佛像、金剛力士和龍虎、蓮花瓣等紋飾，幢身鑄有經文等，優雅精美。

第二節　佛教雕塑[2]

佛教雕塑是指寺院和石窟中雕刻、塑造的尊像，以及各種金、石、玉、木、陶、瓷等雕刻的器皿或藝術品，其中以栩栩如生的木雕泥塑尊像最為典型[3]。佛教雕塑是佛教藝術的集中體現，主要保存在歷代所開鑿的洞窟之中，石像不易朽爛，大像不易被盜走，石窟可以久存不壞，由此也形成了洞窟藝術。

在佛教傳入以前，中國雕塑藝術已達到很高的水準。近年在遼西出土的文物中，有 5000 年前的彩塑女神頭像，造型優美生動，其眼珠是用綠色磨圓玉片鑲嵌而成，顯得雙目炯炯，神采飛揚。此外還有玉雕豬龍、玉雕鴟鳥等。這表明我國 5000 年前就具有了高超的雕塑藝術。到了西漢時代更有大型雕刻，如陝西興平茂陵西南的霍去病墓前的臥馬、躍馬、伏虎、臥牛等石刻，風格簡樸雄健、渾厚有力，形象生動，富有藝術性。佛教傳入中國以後，也給中國雕塑藝術以強大的擊撞、刺激，並極大地豐富了中國雕塑藝術的寶庫。

中國佛教雕塑藝術，大體上經歷了一個吸取印度佛教雕塑，到與中國傳統雕塑藝術相融合，再到中國化的過程。這可以從敦煌、雲岡、龍門等著名的石窟藝術中，看出其藝術風格的演變。

中國佛教雕塑大約始於東晉時代，如戴逵父子就是著名的雕塑家，雕塑佛像極為精美。相傳戴逵曾為會稽山陰靈寶寺作木雕無量壽佛和脅侍菩薩，初步完成後隱於幕後，聽取反應，反覆修改，三年才最後完工。這是高度重視雕像的藝術性，以使群眾感到親切，易生信仰的生動一例。石窟佛像的開鑿始於苻秦建元二年（西元 366 年），沙

2　本節的評述參照了常任俠《佛教與中國雕刻》一文。

3　佛教雕塑中石刻經幢也很重要，前文已述，此處從略。此外，還有佛教的造像碑，圖文並茂，也有重要的史料和藝術價值。

門樂僔在甘肅敦煌鑿一石窟雕造佛像。後來敦煌莫高窟又發展出一種泥塑藝術。泥塑因塗有色彩，也稱彩塑。敦煌莫高窟的彩塑，係以泥和夾紵作成造像，再加色彩，這是中國雕塑藝術中最特殊的一種，是中國古代雕塑家的一項創造。彩塑的形式多種多樣，相當於淺浮雕、高浮雕等，是雕塑和繪畫相結合的一種藝術。莫高窟的彩塑，異常精美壯麗，可謂曠古絕今之傑作。由於泥塑木雕的藝術較之金石雕刻更能得心應手地施展雕塑家的天才和妙技。因此，自唐宋以來，各地寺廟都盛行泥塑木雕，洞窟石刻造像逐漸被代替，這也是中國佛教雕塑藝術的一大演變。

早期的佛教造像，大多以印度佛教藝術為母範，往往直接取法於印度傳來的佛教圖像，印度氣息甚濃。如大同雲岡的石佛洞，西部曇曜五洞佛像宏大，高達數丈，莊嚴巍峨，其造像風格與印度犍陀羅藝術[4]和笈多藝術[5]頗相近似。中部六美人洞的樂舞伎六美人，是印度古美人的面影，美人微笑長跪帷幕中，婉麗肥碩，是犍陀羅式的姿勢。中部藻井上的飛天，肥短如小兒，與印度笈多雕像近似。至於西部小洞多系北魏晚期雕造，飛天削肩瘦長，衣帶飄逸，與中部飛天的形象全然不同，體現了中國化的風格。隨著北魏從大同遷都到洛陽，龍門石窟也相繼開鑿，至唐高宗、武后而達到頂點。龍門石窟造像軀幹頎長，肌膚豐潤，比例勻稱，形貌典麗，垂眸微笑，溫雅敦厚，富於人

4　犍陀羅藝術：犍陀羅國創始者，原為西元1世紀入主其地的大月氏人（住敦煌附近），後疆域擴大，建都今巴基斯坦的白沙瓦城。這裡曾為希臘人長期佔領，留下了希臘風格的雕塑藝術。犍陀羅人吸取古希臘末期的雕刻手法，並加以發展，形成了表現雄健、華麗、優美以及人體肉感美的藝術特色。

5　笈多藝術：印度笈多王朝（約320—535）時佛教藝術（如阿旃陀石窟）有很大發展，其特點是，佛像彎曲的頭髮變為珠寶帽式，腰部由粗壯變為苗條，眼瞼下垂，表現安寧靜謐的氣氛。衣服由寬敞變為合身，由多層變為單層，衣紋變為新月形，富律動美。

情味。奉先寺的大佛就是其中最典型的形態，也是唐代雕刻的頂點。龍門石窟造像與早期雲岡石窟造像相比，更顯示出中國傳統的優秀民族作風和民族風格。

　　中印佛教雕塑藝術的區別，主要表現在造像的形式上，尤其是面相、花紋、服裝等方面。這種形式上的差異又隨著時代的變遷而表現出不同的特點。常任俠先生在《佛教與中國雕刻》中指出：印度是熱帶，所以佛像衣著單薄，而且多偏袒右臂，裸露胸膛。如雲岡第 17 窟至第 20 窟的本尊，衣服從左肩斜披而下，至右腋下，衣服的邊緣搭在右肩上，右胸和右臂都裸露在外。衣褶為平行、隆起的粗雙線。這是「偏袒右臂式」。雲岡第 8 窟和第 20 窟的左右夾侍則是「通肩式」，寬袖的薄薄的長衣緊貼身上，隨軀體的起伏，形成若干平行弧線，領口處為披巾，自胸前披向肩後。這兩種衣服式樣，在早期佛教造像中十分流行，大概是從印度傳來的式樣。後來逐漸演變為中國的服裝式樣，如雲岡第 16 窟的本尊是「冕服式」，衣服為對襟，露胸衣，胸前有帶系結，右襟有帶向左披在左肘上，衣服較厚重，衣褶距離較寬，作階段狀。這是從印度式樣到中國式樣的過渡。唐代以後，佛像更加中國化了。雕塑家選取美與健康的造型，使造像表現出美與力量。如六朝面相多是豐圓的，後期又較為瘦長，唐代則是頰豐頤滿。衣服和配飾較北朝複雜和華麗得多，具有溫暖的觸覺感。實際上，唐代的佛教造像是在中國文化傳統精神支配下，將外來的佛像式樣統一化，從而以中國化的形式表現出來了。

　　佛教雕塑對中國傳統雕塑的影響是，在內容上由以表現人和動物為主題，變為著重表現佛、菩薩的宗教信仰崇拜；在技巧上由簡明樸直發展到了精巧圓熟；在風格上由雄偉、挺秀轉為莊嚴、富麗。佛教雕塑雖然帶來了神祕的內容，但是從藝術角度來說，它畢竟是極大地推動了中國雕塑藝術的前進。

第三節　佛教繪畫

　　佛教繪畫是佛教引發信仰熱忱、擴大宣傳影響的一種重要工具。佛畫可以形象地傳播佛教教義，也可以供佛教信徒禮拜敬奉，還可以備寺院殿堂莊嚴之用。佛教學者往往以佛畫為宣揚佛道的第一方便。大乘佛教經典特別強調繪畫佛像的功德。如《賢劫經‧四事品》說：「作佛形像坐蓮華上，若摸畫壁繒氈布上，使端正好，令眾歡喜，由得道福。」《賢愚經‧阿輸迦施土品》還具體說，釋迦如來過去世中，曾請人畫八萬四千如來像，分送各國，令人供養。由於這樣的功德，生後形相端正殊妙，有三十二相，八十種好，並且自致成佛，涅槃之後，還當得八萬四千諸塔果報。由於佛經宣傳繪畫佛像可以成佛，這種明確的許諾和直接的鼓勵，使佛教繪畫藝術得到了極大的發揚。

　　在佛教畫像傳入中國之前，中國繪畫已有獨立的發展，如漢代繪畫就已形成了樸直古勁的風格。在佛教繪畫藝術傳入中國之後，在魏晉南北朝時期，中國畫家吸取佛教繪畫的技術，推進了繪畫藝術的發展。至隋唐時，南北統一，畫家們進一步融合了民族傳統，使佛教繪畫創作達到頂峰。宋以後隨著佛教由盛轉衰，佛教繪畫也漸趨衰落了。

　　史載，佛教初傳時也從印度帶來了佛畫。在佛畫的影響下，漢明帝曾令人畫佛，「明帝令畫工圖佛像，置清涼台及顯節陵上。」（《魏書‧釋老志》）這大概是中國畫家自作佛畫的濫觴。漢代擅長作佛教畫的畫家不多，到了魏晉南北朝時期，善於佛教畫的名畫家相繼出現。六朝時代，佛畫更是繪畫的中心，凡能繪畫的，都能作佛畫。最早的有東吳畫家曹不興，他根據來中國傳教的康僧會帶來的佛教畫本摹寫，畫像身體比例十分勻稱。西晉時著名畫家有張墨和衛協。衛協曾繪七佛畫，人物不敢點睛，時有「畫聖」之稱。漢代繪畫，比較簡略，衛協繪畫漸趨細密，他的藝術手段曾左右了一時的風習。東晉時

大畫家顧愷之，也是擅長佛畫的突出的大作手。他畫像注重點目晴，說「傳神寫照，正在阿堵（這個，此指眼珠）中」，提出「以形寫神」論。相傳顧氏在建康（南京）瓦棺寺壁上繪維摩詰居士圖，光彩耀目，轟動一時。南朝宋陸探微，學顧愷之畫法，筆跡周密，筆勢連綿不斷。南朝梁代張僧繇，擅長佛畫，繼承中印度壁畫的風格，用淺深渲染的手法，分出明暗的陰影，富於變化，筆墨簡練，自成樣式，有「張家樣」之稱。北齊曹仲達，來自中亞，他繪佛教畫，衣服緊窄，多為印度笈多藝術式樣，具有特殊風格，創立了「曹家樣」。

　　唐代佛畫，特別是壁畫的發展，可謂空前絕後盛極一時。當時壁畫多出於名家之手，如吳道子，集諸畫家之大成，為古代佛畫第一人，有「畫聖」之稱。他曾在長安、洛陽寺觀作佛道宗教壁畫 300 餘間，繪畫筆跡磊落，洗練勁爽，勢狀雄峻，生動而有立體感。因用狀如蘭葉或蒓菜條的筆法來表現衣褶，有飄舉之勢，人稱「吳帶當風」。又因用焦墨勾線，略加淡彩設色，也稱「吳裝」。後世把他和張僧繇的畫法並稱「疏體」，以區別於顧愷之和陸探微勁緊連綿的「密體」。吳道子的畫風，對後來人物畫的影響很大。唐代中葉以來，佛教禪宗盛行，禪宗直指人心，提倡頓悟，輕視形式，不重佛像，佛畫漸趨衰微。禪宗的超然襟懷，任運曠達的人生哲學，又最易和自然自在、蕭疏清曠的山水融為一體。唐代大詩人、大畫家王維，耽於禪悅，性喜山水。他的濃淡墨色的山水畫，富有詩意，被後人稱為「畫中有詩」。他改變了中國以往傳統山水畫的風格，開創了超然灑脫、高遠淡泊的畫風，對後來中國畫的發展影響很深。唐代佛畫內容比過去更豐富，色彩也比較絢爛，表現的境界也更為寬闊，在中國繪畫史上佔有重要的地位。此後，佛畫更多地融合了中國傳統的技法，逐漸不同於印度風格；而且畫家的興趣也不在佛畫方面，而轉向山水花鳥，這樣也就逐漸與佛教內容相脫離，逐漸變為追求美的純藝術了。

　　綜觀中國佛教繪畫，大體上可以分為像和圖兩大類。像主要是佛像、菩薩像、明王像（佛、菩薩的憤怒像）、羅漢像、鬼神像（天龍八部像）和高僧像等。圖有佛傳圖（繪畫釋迦牟尼一生的教化事蹟）、本生圖（繪畫釋迦牟尼在過去為菩薩時教化眾生的種種事蹟）、經變圖（描繪某一佛經的全部或部分內容）、故事圖和水陸圖（懸掛在水陸法會殿堂上的宗教畫）等。其中特別值得重視的是經變圖和水陸圖的內容。經變是中國佛教藝術的一項創造，它促進了繪畫藝術技巧和樣式的發展，又擺脫了佛傳和佛本生故事的範圍的限制，開闢了更廣闊的反映現實生活與創造新的形象的天地。如著名的「維摩詰變」，是依據《維摩詰所說經》繪製的圖畫，描繪了維摩詰居士與文殊師利等辯論的生動場面，表現了維摩詰居士的無礙辯才。顧愷之作維摩詰居士像，正是在崇尚清談的魏晉玄學的影響下，表現博學善辯的典型人物形象。又如，唐代淨土宗流行，相應地淨土變相在寺院壁畫中也表現得很多。在淨土變相中，畫家們把西方極樂世界描繪得非常壯麗：七寶樓臺、蓮池樹鳥、香花伎樂，一派富麗堂皇、秀麗莊嚴的景象，這和佛教的苛嚴戒律、苦行禁欲大相徑庭，正是唐代宮廷生活和人民願望的曲折反映。佛教傳入中國以後，凡是與儒家倫理觀念相吻合的故事、繪畫，都得到廣泛的流傳。如「睒子本生」故事，記述迦夷國王入山游獵，誤射正在山中修行的睒子，睒子臨終時，仍念念不忘雙目失明的父母無人奉養，後來果然獲得天神的藥救，死而復生。這則宣傳孝道的故事是南北朝時極為流行的佛畫題材之一，它還常與傳統的孝子故事混雜在一起，被編入《孝子傳》等圖書裡。水陸圖一般分上堂和下堂兩部分，上堂有佛像、菩薩像等，下堂有諸天像、諸神像、儒士神仙像、城隍土地像等，是集佛道畫的大成。下堂中諸天和諸神像大部雜有道教畫，是佛道合流的藝術表現。從中國佛教繪畫中，可以看出中國佛教思想的演變軌跡。

　　佛教繪畫在中國繪畫史上的地位是顯著的、重要的。它不僅在形象上創造了許多典範作品，新創別開生面的形式，而且豐富了繪畫的題材。這些題材的內容無疑是宗教性的，對人民產生過消極的影響和作用，這是應當明確的。但是也應當指出，在佛教繪畫的宗教內容中，也表現了特定的積極精神，這就是藝術家們以豐富的想像力，通過佛畫表現了生活中的歡樂與苦難、情感與希望，表現了人們的堅強、鎮定、忍耐、犧牲的寶貴品格。如「維摩詰變」，表現了以熱烈的辯論，追求「真理」的精神；「降魔變」則表現了以堅定的力量，去克服困難，鎮服邪惡的信念。

第四節　佛教音樂

　　音樂通過有組織的樂音所形成的藝術形象表達人們的思想感情，具有強大的藝術感染力。我國古代儒家十分重視音樂，《樂經》被奉為六經之一。《孝經》說：「移風易俗，莫善於樂。」《禮記·樂記》和荀子《樂論》也都強調音樂的怡情悅性、陶冶心靈、教化人民、改善民心的作用。秦漢統治者設音樂官署「樂府」，武帝時的樂府掌管朝會宴饗、集會遊行時所用的音樂，兼采民間詩歌和樂曲。我國在佛教傳入中國以前，就廣泛流行宮廷音樂和民間音樂。佛教傳入中國以後，雖然八戒中有「歌舞觀聽戒」的約束，但是為了投合中國人民對文化生活、藝術欣賞的要求，為了宣傳佛教和募集佈施（化緣）的需要，也十分重視佛教音樂。中國佛教音樂家們經過長期的摸索和實踐，逐漸地熔歷史悠久的宮廷音樂、宗教音樂、民間音樂於一爐，形成了以「遠、虛、淡、靜」為特徵的佛教音樂，並成為民族音樂的一部分。

　　佛教音樂是伴隨著佛教從印度經西域傳入中國內地的。這些傳入

的佛曲和中原地區的語言及音樂傳統不相適應，不能配合用漢語譯出
或創作的歌詞，為了解決這個矛盾，僧人採用民間樂曲或宮廷樂曲，
來改編傳入的佛曲，或者是直接創造新佛曲，由此也就形成了中國的
佛教音樂。後來，一些專長歌唱的僧人，一方面不斷地吸收傳入的佛
曲，尤為重要的是，另一方面又不死守佛教的舊曲調，善於創新，不
斷地補充新的佛曲，從而使中國佛教音樂獲得不斷的發展。

　　前面已提到，梵唄是模仿印度的曲調創為新聲用漢語來歌唱的。
這種讚歎歌詠的唱腔，富有豔逸的音韻，旋律性強。史載，南朝齊竟
陵文宣王蕭子良，曾「招致名僧，講論佛法，造經唄新聲」（《南齊
書》卷 40《竟陵文宣王子良傳》）。所謂「經唄新聲」，就是佛教樂曲。
梁武帝蕭衍是虔誠的佛教信徒，也是佛教音樂家，他曾製作《善哉》、
《神王》、《滅過惡》、《斷苦輪》等十篇歌詞，「名為正樂，皆述佛
法」（《隋書・音樂志上》）。這些宣揚佛法的歌詞，可以配佛曲演唱。
北朝也流行佛教音樂，如北魏佛教很盛，佛寺眾多，「梵唱屠音，連
簷接響」（《魏書・釋老志》）。「屠音」即「浮屠」（佛教）之音，就是
佛教音樂。寺院經常演奏佛教音樂，是南北朝佛教的普遍現象。

　　隋代宮廷設置「七部樂」和「九部樂」。七部樂名是國伎、清
商、高麗、天竺、安國、龜茲、文康的音樂。後改清商為清樂，又增
加疏勒、康國兩部，為九部樂。七部樂和九部樂中有少數民族樂舞，
也有外來樂舞。天竺樂有舞曲《天曲》，《天曲》就是佛曲。這表明有
些佛曲已在社會上流行，並為宮廷燕（宴）樂所採用。九部樂後為唐
代所沿用，並增加高昌樂，為「十部樂」。隋代還出現了「法曲」。法
曲由「法樂」發展而成。因系用於佛教法會的音樂，故名「法樂」。
法樂是原西域各族音樂傳入中原地區，與漢族的清商樂相結合的產
物。這種以清商樂為主、吸收佛教音樂因素的法樂，後來發展為隋代
法曲。樂器有鐃、鈸、鐘、磬、幢簫、琵琶等；演奏時，金石絲竹先

後參加，然後合奏。唐代法曲又摻雜道曲而發展到極盛。唐玄宗酷愛法曲，曾命梨園弟子學習，廣為演唱。

　　唐代佛教空前興盛，佛教音樂也日趨繁榮，並完成了全面華化。都市中有些著名的大寺院既是宗教活動的基地，也是百姓娛樂活動的遊藝場所。唐代的「戲場」就多聚集在寺院裡。僧人經常舉行俗講活動，演唱變文，還演出歌舞小戲、雜技幻術之類。在眾多的藝僧中湧現出不少高手，其中唐德宗時的段本善就是最突出的一個。相傳，德宗貞元年間長安舉行盛大演出，時號稱長安「宮中第一手」的著名琵琶演奏家康崑崙在東市彩樓演奏，獲得極大的成功。此時一位盛裝的女郎出現在西市彩樓上，她將崑崙所彈《羽調綠腰》移入更難奏的《風香調》中彈出，激昂輝煌，崑崙驚服，拜請為師。這位女郎就是扮成女伎的和尚段本善。這表明了唐代寺院中燕樂技藝的修養、琵琶演奏藝術，已達到出神入化的高度。詩人元稹在《琵琶歌》中曾高度讚揚段本善的上足弟子李管兒，說：「管兒還為彈《六么》，《六么》依舊聲迢迢。猿鳴雪岫來三峽，鶴唳晴空聞九霄。」由此也可以想像段本善高超的藝術修養和風格。又如唐長慶年間俗講僧文敘，善於採用樂曲演唱變文，聲調宛暢動人：「聚眾譚說，假託經論所言，……愚夫冶婦，樂聞其說聽者填咽，……教坊效其聲調，以為歌曲。」（唐‧趙璘《因話錄》卷 4）文敘表演的說唱音樂曲調成為當時教坊作曲藝人學習的典範。

　　唐代佛教藝僧還極善於吸收、利用民間音樂來宣傳佛教，為佛教服務。如唐貞元年間淨土宗名僧少康，「所述《偈》、《讚》，皆附會鄭衛之聲，變體而作。非哀非樂，不怨不怒，得處中曲韻。譬猶善醫，以飴蜜塗逆口之藥，誘嬰兒之入口耳。」（《宋高僧傳》卷 25《少康傳》）這表明中國佛教音樂主要是取材於民間而獲得發展的。

　　北宋以來，搜集整理和傳播民間音樂的工作，從官府藝人轉到民

間藝人手裡。民間藝人組成了自己的團體，也有了固定的表演場所，稱為「瓦子」或「瓦肆」。從此佛教寺院裡的戲場也就逐漸轉移到瓦子裡了。但是有的大寺院還有戲臺，也舉辦廟會，仍有音樂活動。佛教音樂仍然繼續吸收民間樂曲和外來樂曲，來充實自己。元代盛行南北曲[6]，為此後佛教的歌贊所採用。明永樂十五年至十八年（西元 1417-1420 年），僧人編成《諸佛世尊如來菩薩尊者名稱歌曲》50 卷，就採用了中國內地的古典樂曲和流行樂曲 300 多首。在明王朝的宣導下，京城一些寺院都有管樂，如智化寺的管樂擁有單個曲調 100 多個。常用樂器為管兩個、笙兩個、笛兩支、雲鑼兩副，再加上鼓、鐺子、鐃、鈸、鉿子（小鈸）等打擊樂器。自 1446 年建寺之日起，智化寺音樂就以十分嚴格的師徒相傳方式保存下來，至今已有 28 代傳人。該寺演奏音樂曲調既有悲愴的宗教色彩，典雅的宮廷情調，也有濃郁淳樸的民間音樂的韻味。近年北京成立佛教音樂團，佛教音樂隨著發掘、整理工作的開展，而得以恢復，並開始向歐洲介紹，獲得普遍好評。

佛教音樂對於某些人信奉佛教起了感染、誘發和潛移默化的作用。古代廣大人民的文化生活貧乏枯燥，常借寺院的節目活動、廟會、戲場演戲，獲得藝術欣賞和藝術活動的機會，佛教音樂對活躍人們的文化生活起了積極的作用。與此相聯繫，佛教寺院在一定程度上是民間音樂的集中者、保存者、傳授者和提高者，佛教音樂對於保存和發展民間音樂起了有益的作用。

佛教藝術是為宣揚佛教服務的，但是，藝術也並不完全是宗教的奴僕。無數有名無名的藝術家在描繪、塑造藝術形象時，總是要滲透進自己對生活的認識、態度和感情，體現人間的審美理想，反映在神權禁錮下人的主體意識的朦朧覺醒，從而表現出人間的光明，給人們

---

6 南北曲：南方和北方的戲曲、散曲所用各種曲調的合稱。

以新鮮活潑、飛躍騰動的美感。應當肯定，中國佛教藝術同樣閃爍著古代藝術家的智慧之光。坐落在深山密林或鬧市街頭的寺塔、佛像、壁畫，這些煌然大觀的藝術瑰寶，是中華民族的驕傲。

第十三章
佛教與中國民俗

　　佛教自兩漢之際傳入我國以後，2000 年來綿延不絕，不僅倫理、哲學、文學、藝術深受其影響，而且各類民間風俗也程度不同地受到它的影響。同時，中國固有的民俗也影響了佛教。民俗的範圍廣泛，種類繁多，包括生產交易、衣食住行、婚喪嫁娶、歲時節日、遊藝娛樂、信仰巫術等。我國地域遼闊，民族眾多，各地方、各民族殊風異俗，形形色色，蔚為大觀。佛教流傳的過程也是佛教信仰民俗形成的過程，這就使我國民俗增添了許多外來因素、信仰因素、迷信因素。佛教宣揚因果報應、輪迴轉世、佛國淨土、餓鬼地獄，由此而派生出或形成了陰司、閻王、鬼判、超度、拜佛、打鬼、供獻、燒香、還願、誦經、浴佛、塑佛像、造佛塔、建佛寺、趕廟會、祈求賜福免災等說法或活動，極大地開拓和擴展了我國的民間習俗，並使其帶有很大的神祕性。當然與此同時，也給人們帶來了某些生活的調節、精神的愉悅和心理的滿足。下面著重敘述一下佛教帶來的民俗變化和一些信仰民俗。

第一節　佛教節日與民間節日

　　圍繞著紀念釋迦牟尼和菩薩的佛教節日名目繁多，對我國民間風俗影響也最大，這些節日主要有臘八節、中元節、薩格達瓦節和潑水節等。

一 臘八節喝臘八粥

　　臘八節是我國春節的序幕，是一個重要的傳統節日。古代，人們常在年終時用打獵得來的禽獸祭祀天地、神靈和祖宗，以祈福延壽，祛災迎祥，被稱為「臘祭」。後來民間把冬末的十二月也稱作「臘月」。在臘月裡，人們祭祀的諸神有司嗇神、昆蟲神等八種，因此稱為「臘八」。漢代以來行祭的日子就逐漸固定在臘月初八這一天了。佛教傳入中國以後，到南北朝時期益趨隆盛，佛教界人士又把臘月祭日和佛祖釋迦牟尼紀念日統一了起來，這樣臘八節就成為了中外合璧的節日。佛教說臘月初八是釋迦牟尼成道日，在這天，各寺院都要舉行紀念儀式，並煮臘八粥以供佛。據中國佛教傳說，佛祖釋迦牟尼出家修道，實行苦行，遍行各地，有一天因饑餓勞累過度昏倒在地。一位好心的牧女看到後，就急忙把自己帶的雜糧和採摘的水果，用泉水熬成乳糜狀的粥，並親手一口一口地喂他。[1]釋迦牟尼吃了這粥湯之後，立即精神振奮，恢復了元氣，就在附近的尼連河裡洗了個澡，然後在蓽鉢羅樹（後稱菩提樹）下靜靜地沉思，終於在臘月初八這天悟道成佛。後來佛教僧侶就在「臘八」這一天誦經紀念，並效仿牧女的做法，熬粥供佛，所以臘八粥又有「佛粥」之稱。僧人在臘八節吃臘八粥的習慣，後來傳到民間，成為民間的習俗。臘八也由佛的成道節日轉化成綜合節日，臘八粥自然也成節日食品了。我國喝臘八粥的習俗，始於宋代，據宋人孟元老的《東京夢華錄》卷10載：

> 初八日，街巷中有僧尼三五人，作隊念佛，以銀、銅、沙羅或好盆器，坐一金、銅或木佛像，浸以香水，楊枝灑浴，排門教

---

[1] 按照印度佛教的原來傳說，牧女喂的是鹿奶。

化。諸大寺作浴佛會，並送七寶五味粥與門徒，謂之「臘八
粥」。都人是日各家亦以果子雜料煮粥而食也。[2]

「臘八粥」通常是以五穀雜糧再加棗、杏仁、核桃仁、栗子、花生等
為料，用微火慢慢煮熟熬爛，別具風味。民間吃臘八粥的意義與佛門
不同，是以慶賀五穀豐登、驅逐鬼邪瘟疫。這個習俗不僅在民間廣為
流傳，就連皇帝、皇后、文武百官在臘八這一天也互敬臘八粥，以示
吉祥如意。

　　明代以來還流傳著另一個有關臘八粥的故事。相傳朱元璋幼時家
境貧困，他為地主家放牛，有一次過橋時，連牛帶人一起跌落在溪水
裡，老牛折斷了腿。財主把朱元璋關在屋裡，一連三天三夜不給飯
吃。他饑餓難忍，見屋內的老鼠洞就想捉隻老鼠充饑。於是就伸手往
下掏，不料洞內是老鼠的「糧倉」，裡面有玉米、大米、豆類、芋芳
等。於是他把這些東西挖出來，放在一起煮成一鍋粥，吃起來覺得香
甜可口。朱元璋當了皇帝以後，雞鴨魚肉、山珍海味都吃膩了，在農
曆十二月初八，忽然想起過去吃過的老鼠糧煮的粥，就令太監用各種
雜糧、豆類煮粥吃。朝中文武百官也學著樣煮粥吃。此舉後來也影響
到民間。到清代，喝臘八粥更為盛行了。據清《燕京歲時記》載，明
清之際，每逢臘月初七晚上，就在坤寧宮支起能盛百十來斤米料的大
鍋，通宵熬煮，香氣撲鼻。又雍正時，將北京國子監以東的府邸改為
雍和宮，每逢臘八節，在宮內設大鍋煮臘八粥，並請喇嘛來念經，然
後把粥分贈給王公大臣品嘗食用。民間也爭相效仿，全家聚食，饋贈
親鄰。時至今日，我國北京、江浙沿海、皖中、膠東、東北、西北的
一些地區，也還保留著喝臘八粥的習慣。

2　《東京夢華錄》（外四種），61頁，北京，中華書局，1962。

　　臘月初八喝臘八粥，雖帶有宗教迷信色彩，但喝這種粥對人的身體大有裨益，而且作為一種喜慶豐收的形式也能增添人們的樂趣和活力。實際上，色香味俱佳的臘八粥已成為人們普遍喜愛的饒有風味的節令小吃了。

二　諸佛、菩薩誕日的節日活動

　　中國佛教僧侶為了強化佛教的宣傳效果，對若干佛、菩薩都確定了誕生日，寺院經常舉行並不見於印度佛典的諸佛、菩薩誕辰日的紀念儀式。如正月初一是彌勒佛誕生日，二月十九日是觀音菩薩誕生日，二月二十一日是普賢菩薩誕生日，四月初四是文殊菩薩誕生日，七月三十日是地藏菩薩誕生日，十一月十七日是阿彌陀佛誕生日。此外還有六月十九日觀音菩薩成道日，九月十九日觀音菩薩出家日等。由於寺院經常舉行這類節日活動，影響所及，觀音、彌勒、阿彌陀佛等名字、形象也就廣泛深入民間，家喻戶曉，成為過去中國民間普遍信仰的偶像，尤其是觀音菩薩更是婦孺皆知，受到「善男信女」的虔誠敬仰。過去每逢農曆二月十九日，漢族、滿族地區普遍舉行盛大的觀音廟會，以示祭祀，成為民間的信仰節日。被視為觀音菩薩道場的浙江普陀山，每逢節日更是人山人海，摩肩接踵，絡繹不絕，前來進香禮拜觀音者不計其數。國外的佛教徒有的也長途跋涉，前來朝拜。此外雲南、貴州的白族對觀音菩薩更有特殊的信仰。當地流傳著觀音菩薩這樣一個故事，據說她在古代來到大理城西蒼山中和峰下，為白族人民降伏吃人魔王羅剎，然後駕著彩雲升天而去。傳說中講到大理三月街場就有觀音菩薩當年奪回平壩時與羅剎簽約的地方。所以三月街古代也稱「祭觀音街」、「觀音街」或「觀音市」。白族人民甚至把大理四景中的蒼山雪、下關風、洱海月也和觀音菩薩信仰聯繫起來。

因此，白族人民不僅在每年農曆二月十九日要舉行盛大集會，隆重紀念觀音誕辰，焚香頂禮，而且每逢農曆四月二十五日還在上陽溪舉行觀音會，這樣觀音會也就成為當地人重大的民族信仰節日。

三　從僧自恣日到中元節

在第五章中我們已經講過，每年七月十五日的僧自恣日和四月初八的佛誕日同為佛教的兩個最大節日。《盂蘭盆經》講，在七月十五日僧自恣日時舉行「盂蘭盆會」，以百味飲食供養十方自恣僧，能使現生父母和七世父母都得以度脫苦厄。南朝時梁武帝曾帶頭在同泰寺設盂蘭盆齋。到了唐代，每年七月十五日皇家就送盆到各個官寺，獻貢各種雜物，民間也有人到寺廟獻盆、獻貢雜物。當時盂蘭盆供往往用金翠裝飾，極為奢麗。長安城內寺廟都作花臘、花瓶、假花果樹，精心點綴，並在寺院殿前陳設供養，以供觀瞻。唐代宗以來，又改為在宮中內道場舉行盂蘭盆會，設唐高祖以下七聖位，將帝名綴在巨幡上，從太廟迎入內道場，沿途百官迎拜導從，和尚誦經，非常壯觀。

到了宋代，盂蘭盆會的奢麗莊嚴和供佛及僧的意義大為減弱，而代之以薦亡的行事，即為了死去的亡人得以救度，不是以盆供僧而是以盆施鬼了。道教有天官、地官、水官的「三官」之說，「三官」也被稱為「三元」。天官賜福，該神在正月十五日生，為「上元」地官赦罪，該神七月十五日生，是「中元」。道教典籍吸取佛教教義，宣傳七月中元日，地官下降，定人間善惡。道士於是日夜誦經，能使餓鬼囚徒得到解脫。水官解厄，該神十月十五日生，為「下元」。「三元」後來都發展成為節日。佛教也採用道教中元節的說法，稱七月十五日為「中元節」，後來更俗稱為「鬼節」了。中元節由於和佛教盂蘭盆會統一起來，就與上元節成為一年兩度春秋相對應的大節日。在

七月十五日中元節這天，寺院建盂蘭盆會，募施主錢米，和尚為之誦經，薦亡度鬼。寺院還印《目連經》和《尊勝咒》出售。街市上也賣冥器、靴鞋、帽帶、紙衣等。人們還以竹竿斫成三腳，高有三五尺，上面織成燈窩形狀的「盂蘭盆」，盆上掛有紙衣、冥錢，然後燒化，以祭奉祖先。同時還把麻、穀、秫等縛在一起放在大門和中堂兩旁，以示對天地祖先的敬仰。有的還帶上果品牲禮到野外去祭奠祖墳。人們還常常集資搭戲臺演出目連救母雜劇。民間更有用紙糊成船形，又糊鬼卒放在紙船上，再焚燒，稱為放河燈、焚法船。後來民間又將中元節改在七月十四日。據傳說在宋代末年，正要過中元節的時候，元兵突然入侵，大家只好提前一天祭祖，以避兵擾。從此後也就相沿成習，都在七月十四日這一天過節了。中元節這種習俗一直延續到今天，現在雖不再舉行中元節活動，但仍保留下祭祖掃墓的舊俗。

四　薩格達瓦節和潑水節

藏族人民信奉藏傳佛教，為了紀念佛祖釋迦牟尼涅槃成佛，每逢西曆四月十五日都要舉行「薩格達瓦節」活動。整個四月要戒殺、戒肉食。四月十五日這天，拉薩的藏族人民紛紛帶上酥油茶、食品、坐墊到布達拉宮後面的龍王潭划著牛皮船，往來蕩漾，歡度節日。又在龍王潭的林卡裡搭起帳篷，盡情地徹夜歌舞。四川康定的藏族人民為了紀念釋迦牟尼成佛日，在四月初八這天，到跑馬山上遊玩，稱為「轉山節」。

雲南西雙版納傣族信仰小乘佛教，他們的新年俗稱為「潑水節」。潑水是表示送舊迎新，洗去一年的汙垢，祝福人們平安，共期消災祛病，年成豐收，幸福快樂。這個傣族的盛大節日也與小乘佛教傳統節日有關。據小乘佛教上座部的傳說，西曆四月十五日是佛祖釋

迦牟尼的誕辰，也是他的成道日和涅槃日。傣族人民按照傣曆的歲時，以西曆四月中旬的三至五天作為過新年的大節日。屆時傣族德宏地區的人要走村串寨，潑水三天。潑水節這天，人們紛紛沐浴更衣，青年們更是梳妝打扮一番，興高采烈地帶上採集來的紅花綠葉擁入佛寺。在寺院裡，他們用樹枝和野花做成花塔，又在寺院圍牆四周用沙土堆成寶塔，高三四尺，塔頂插上纏著彩紙的竹枝，每戶要堆上幾個，據說這是為家中死去的人祈禱。然後大家圍塔而坐，聆聽和尚誦經。根據佛教「佛生時龍噴香雨浴佛身」的傳說，中午時分，姑娘們各挑一擔澄碧的浸泡著香花的清水，倒進木頭做的龍身裡，再從龍口流出來澆到佛像身上，為佛洗塵（「浴佛」）。這時人們紛紛用洗過佛像的水洗雙眼，祈求保佑。接著老人們用手或樹枝灑水，彼此洗塵，互相祝福。年輕人也為老人灑水，表示致賀。然後便是男女青年走上街頭，提著水桶，端著臉盆，互相追逐嬉戲，你潑我灑，邊潑邊歌邊舞，越潑越高興，越潑越激烈，潑水聲、歡笑聲、鼓聲、鑼聲響成一片，達到潑水節的高潮。潑水節給傣族人民帶來了歡快和鼓舞。

第二節　輪回和成佛觀念與民間風俗

佛教學說在民間影響最大的莫過於因果報應、輪回轉生、修行成佛的一套說教。這些觀念對人們造成了巨大的心理衝擊，並逐漸形成了信仰民俗：篤信靈魂不滅、崇信佛和菩薩，相信鬼神的存在等，由此又形成了對佛、菩薩的崇奉膜拜，對鬼神的敬仰畏懼，以及對死者舉行的一套喪儀。

一　廟神膜拜

佛教信仰的最突出、最充分的表現就是廟神膜拜。我國許多地區，無論是在都市和鄉村，還是在山區和平原，都建有佛寺。歷史上西安、洛陽、開封、大同、太原、北京、南京、鎮江、蘇州、杭州等地都曾佛寺林立，盛極一時。如梁武帝時，僅在京都建康（今南京）就有佛寺 500 餘所，即使是在窮鄉僻壤也建有各種小型的廟宇禪寺乃至規模宏大的佛寺建築群（如五臺山）。人們以燒香拜佛、供奉果品、佈施齋僧、修建寺廟、塑像造塔、刻印佛經、許願還願、廣作法事等方式來表達對佛、菩薩的景仰崇拜。偶像崇拜蔚然成風。從而造成一些人的信仰心態，把人生的理想和價值取向引向超越現實生活的軌道。

二　喪俗的神祕化

我國古代很早就有靈魂觀念，即以為人類自身是雙重構造，人死後肉體與靈魂分開，而靈魂是不滅的。人死後的靈魂叫做「鬼」，叫做「鬼靈」。鬼靈有兩種：正常死亡或死者有後代的為善靈，非正常死亡者（「橫死」）或死者無後代的為惡靈。佛教傳入中國後，這種靈魂說更和因果報應、輪迴轉生觀念相綜合，以致人們認為人死後的靈魂，可因生前的善惡或升天為菩薩，或重新投生為人，或轉生為牛、羊、豬、狗，甚至成為餓鬼，墮入地獄。在這種輪回轉世觀念的支配下，對死者的後事處理也有種種不同的做法，增添了喪俗的煩瑣、落後，乃至神祕色彩。例如人死之日，請僧人念經。有的甚至舉行水陸法會（又稱水陸道場或水陸齋儀），為一切水陸生物供養齋食，誦經禮懺，凡四十九日，以追薦亡靈。前面第五章講到水陸法會，介紹了

它的規模儀式和沿革，提到宋以後朝野為了超度戰爭中的死難者而舉行的大規模的水陸法會。也如前面提到過的宋代蘇東坡居士就曾為亡妻王氏設水陸道場，以示追悼，祈求超度。這種習俗在民間有廣泛而深刻的影響。

第三節　佛教某些制度和佛事與民間習俗

佛教的一整套制度和重要的佛事活動，也多少給民間習俗帶來一定的影響，如火葬、放生、素食和飲茶就是一些明顯的實例。

一　火葬

我國的火葬即火化這一習俗並不始源於佛教，它是古已有之的葬俗。在我國的西北、西南少數民族地區一直盛行縱火焚屍的習俗。如先秦時代，「秦之西有儀渠之國者，其親戚死，聚柴薪而焚之，熏上，謂之『登遐』，然後成為孝子」（《墨子·節葬下》）。儀渠國即今之甘肅慶陽及涇川一帶。當時儀渠人就是實行焚屍火葬的。佛教制度規定出家僧人死後都要火葬。一般僧人在火化後，將骨灰用瓦罐裝好埋葬在寺院裡面或周圍，一些高僧大德死後還要築龕或建塔（舍利塔）埋葬骨灰。有的寺院不但火葬自己的教徒，還替一般人辦理火葬，甚至有的還以此謀利。佛教葬俗對於火葬廣泛地流行於民間也產生了一定的影響。宋、遼、金、元時代，實行火葬非常普遍，邊區和中原地區火葬已成民風。只是明清時代，由於封建統治者懸為厲禁，才漸趨衰落，但火葬也並未絕跡，尤其是由於佛教的影響，青海的土族、藏族就一直沿襲火葬的習俗。現在我們也提倡火葬，火葬又成為普遍的習俗了。

二　放生

佛教講「大悲為首」，規定「五戒」的頭一條就是「不殺生」，同時還提倡「放生」。佛教要求佛門弟子要以慈悲心常行放生，說釋放生物可以得長命的果報。據基本上反映魏晉時代思想的《列子》中的《說符篇》載：「邯鄲之民，以正月之旦獻鳩於簡子，……簡子曰：『正旦放生，示有恩也。』」可見民間放生習俗也是比較早的。南朝梁時荊州有放生亭。隋代天臺宗實際創始人智顗更是大力提倡放生，對江浙一帶的民俗影響很大。當時浙江天臺山麓就有多處大規模的放生池。後來唐肅宗還下詔全國都設放生池，當時建立的放生池有 81 所之多，畜養魚介，禁止捕捉。顏魯公撰天下放生池碑，謂：「環地為池，周天布澤，動植依仁，飛潛受護。」宋天禧中王欽若上奏以杭州西湖為祝聖放生池。宋代天臺宗著名學者知禮還提倡在佛誕辰日舉行放生會。有的寺廟建有放生池，人們來燒香拜佛時，也往往帶著自養或臨時購買的魚鳥等動物來放生，以積「功德」。這種放生的習俗一直延續到近代。

三　素食

我國古代原有每逢吉祥喜慶的日子要飲酒食肉，服喪期只吃蔬菜瓜果的風氣。蔬食也稱素食。但那時還沒有絕對不准吃肉飲酒的說法。印度佛教徒托缽乞食，對食物的葷素自然也沒有選擇的餘地。佛教傳入中國之初，我國佛教徒對食品也沒有嚴格規定。佛教律書《十誦律》有這樣說法：「我聽噉三種淨肉，何等三？不見、不聞、不疑。」也就是說，對於自己沒親眼看見、沒有親耳聽到和沒有懷疑是殺生的三種淨肉，佛教徒都可食用。後來，南朝的虔誠佛教信徒梁武

帝蕭衍大力提倡僧徒禁止肉食。他根據《涅槃經・四相品》等大乘經文，撰寫文章，反復地、多方面地闡述斷禁食肉的必要性和重要性。他強調說：「眾生所以不可殺生，凡一眾生，具八萬戶蟲，經亦說有八十億萬戶蟲，若斷一眾生命，即是斷八萬戶蟲命。」（《廣弘明集》卷 26《與周舍論斷肉敕》）他認為食肉就是殺生，是違背「不殺生」戒條的。他還提出，對於飲酒食肉的僧人要加以嚴懲：「唯最老舊者，最多門徒者，此二種人最宜先問。何以故？治一無行小僧，不足以改革物心。治如是一大僧，足以驚動視聽。」（同上書，《斷酒肉文》）強調處置喝酒吃肉的大和尚，以收禁斷酒肉的成效。由於蕭衍的大力提倡，就改變了我國漢代以來僧人食三淨肉的習慣，對後來僧侶的生活帶來了深遠的影響。由於僧人常年素餐，還有美味的素席，這樣素肴的創造又對民間飲食習慣產生了一定的影響。有的人每月初一和十五素食，也有的老年人平常就愛好素食，素食風尚持久不衰。以豆製品為主的美肴佳饌、別有風味的多種素食，也豐富了我國人民的食品結構，提高了民族的物質文化水準。

四　飲茶

　　長期以來我國民間就有飲茶的習慣，佛教更是大力提倡飲茶。寺院種茶和飲茶風氣，又進一步促進民間飲茶習俗的普及。

　　坐禪是佛教僧徒宗教修持生活的重要環節。坐禪要求靜坐斂心，集中思維，專注一境，以達到身心「輕安」、觀照「明淨」的狀態。靜坐必須雙足交盤而坐，端身正念，頭正背直，不得散心動搖、傾斜委倚，更不能昏沉做夢、臥床睡眠。特別是坐禪時間要長達三個月之久，長時間的靜坐，勢必產生疲勞困倦，這就需要清心提神。而且佛教還有過午不食的規定，午後也需要補充飲料。佛教還規定不得飲酒

刺激神經,不得食用葷腥食品。這樣,具有興奮大腦、消除疲乏功效
的茶葉,就成為有助於坐禪、補充過午不食,而又完全符合教義戒規
的最理想的飲料。

我國佛教僧人最初是吸取民間將茶葉摻和香料、果料一同飲用的
方法,將茶葉和橘、桂、薑等香料一同煮成飲料,叫做「茶蘇」。唐
代禪宗盛行,禪寺非常講究飲茶。茶葉也不再和香料混合同煮飲用,
而是單獨煮飲。寺院專設「茶堂」,是禪僧討論佛理、招待施主賓
客、品嘗名茶的地方。法堂西北角設置「茶鼓」,擊鼓以召集眾僧飲
茶。禪僧坐禪時,每焚完一炷香,就要飲茶,以提神益思。寺院有
「茶頭」,專事燒水煮茶,獻茶待客。有的寺院門前還有「施茶僧」,
為遊人惠施茶水。佛教寺院的茶,稱為「寺院茶」。寺院茶又分若干
名目,如供奉佛、菩薩、祖師的叫「奠茶」,按照受戒年限先後飲茶
叫「戒臘茶」,眾僧飲茶叫「普茶」,等等。禪僧早起洗臉盥漱後,先
飲茶再禮佛,飯後又先飲茶再作佛事。有的禪僧一天要吃四五十碗
茶。飲茶成為禪僧日常生活中不可缺少的重要內容,成為禪僧的普遍
習慣和特殊嗜好。

佛教寺院提倡飲茶,也重視種植茶樹,採製茶葉。許多寺院都建
有茶園,種植和製作名茶。如碧螺春(碧蘿春)茶,產於江蘇洞庭山
碧蘿峰,沸湯清澈鮮綠,原名為「水月茶」,就是洞庭山水月院山僧
首先製作的。烏龍茶的始祖福建武夷山的「武夷岩茶」,在宋元以來
以武夷寺僧製作的最佳。明代僧人製作的「大方茶」,是安徽南部
「屯綠茶」的前身。現在我國的許多名茶,最初都產於寺院。相傳,
具有特殊保味功能的紫砂陶壺,也是明代江蘇南部宜興金沙寺的一位
老僧創製的。唐代陸羽,嗜茶且精於茶道,後世視為「茶神」。所著
《茶經》是世界上最早的一部茶葉專著。陸氏雖不是佛教徒,但他出
身於寺廟,一生的行跡也沒有脫離過寺廟。《茶經》是他遍遊各地名

山古剎，親自採茶、製茶、品茶，並廣泛吸取僧人的有關經驗，加以總結的成果。

　　佛教寺院的飲茶習慣，對民間飲茶風俗產生重大影響。唐代封演在《封氏聞見記》卷 6《飲茶》中說：「（唐）開元中，泰山靈岩寺有降魔師大興禪教，學禪務於不寐，又不餐食，皆許其飲茶。人自懷挾，到處煮飲。從此轉相仿效，遂成風俗。」寺僧飲茶風氣，蔓延而成為北方民間的普遍風俗。宋代著名的浙江余杭徑山寺，經常舉行由僧人、施主、香客共同參加的茶宴，進行品嘗、鑒評各種茶葉品質的「鬥茶」活動，還發明了把幼嫩芽茶碾成粉末，用開水沖泡的「點茶法」，也就是沖泡茶葉的方法。這對於民間飲茶習慣的進一步普及有著重大的作用。隨著佛教從中國傳入朝鮮半島，茶葉也帶到當地寺院，並在民間形成和流行飲茶的風俗。我國茶葉在漢代時就傳入日本。後來在南宋時，浙江余杭徑山寺當時號稱「東南第一禪院」，盛行以「茶宴」接待進香的客人。「茶宴」有一套烹點茶具、品飲方法和禮儀程式。日本來華留學僧人在歸國時就將徑山「茶宴」方法帶了回去，並與日本的鄉土民情結合，演化為今日的「茶道」。[3]

3　此據《日本茶道源于浙江余杭徑山》補說，載《光明日報》，1998-04-23。

第十四章
中國佛教的基本特點

　　佛教自印度傳入中國以後，在中國專制社會的土壤上生根、成長，產生了自己獨特的結構，形成了具有本民族特色的宗派體系，成為中國專制社會上層建築的一個組成部分，以及中國古代思想文化的重要內容。

　　印度佛教由小乘發展到大乘，形成了以《大品般若經》、《中論》等為主要經典的空宗（中觀宗）和以《解深密經》、《瑜伽師地論》等為主要經典的有宗（法相唯識宗），從而達到了一種思想發展的頂峰。中國佛教則不同，先後經過著名的譯經大師鳩摩羅什和唐玄奘的系統傳譯和介紹，直接紹承印度大乘空宗和大乘有宗而形成的中國三論宗和慈恩宗，開始並沒有得到獨立的發展。中觀宗的思辨形式和法相唯識宗的佛教邏輯在中國佛教思想史上並不占特別重要的地位。至於印度佛教晚期的大乘密宗，經金剛智、不空三藏師徒等在唐開元、天寶期間介紹到中國，也沒有獲得重大的發展。相反，在印度影響並不大的一些經典──《涅槃經》、《維摩經》、《法華經》、《華嚴經》、《楞嚴經》和《阿彌陀經》卻特別受到我國的歡迎，在社會上得到廣泛傳播。以其中某種經典為依據而分別創立的天臺、華嚴和淨土諸宗都得到巨大的發展。至於典型的中國佛教──禪宗，那就更不用說了。中國佛教來自印度，又有別於印度，呈現出了中國的氣象和特質。中印兩國的佛教，雖同是佛教，但在內涵和形象方面卻又迥然有所不同。

中國佛教在不同歷史階段各有其不同的特點，我們這裡所要探討的中國佛教之特點，是就中國佛教區別於印度佛教的特殊現象、特殊性質而言的，特別是就區別於印度佛教的新學說和新修養方法而言的。研究中國佛教之特點，必須闡明形成特點的社會根源和思想根源，必須結合追述中國佛教的產生、滋長、興盛、衰落的演變過程，結合中國佛教不同歷史階段的特點，綜合地揭示中國佛教作為異於印度佛教的總體性特徵，並從中國佛教的基本特點來審視外來佛教民族化的某些規律性的現象。

第一節　中國佛教基本特點產生的根源

佛教是從印度傳播來的種子，它遠涉流沙，傳到中國，在具有高度集權的專制制度、高度發展的儒道文化、極度分散的廣大小農經濟、多民族的地域遼闊的大國生根長葉、開花結果。中國佛教的根基在中國而不在印度。形成中國佛教特點的根源是綜合的、全面的，其中又可分為社會根源和思想根源兩大類。在這兩類根源中，首要的是社會根源。也就是說，中國佛教的特點首先是受中國社會特點所制約和決定的，它是中國社會經濟和政治的直接的或間接的反映。由於中國佛教的產生、興盛和衰落，是在中國專制社會這一歷史階段進行的，是和中國專制社會由發輾轉到衰落的歷史步伐相一致的，因此，探究中國佛教特點的社會根源，實質上是探索中國專制社會結構對形成中國佛教特點的影響、制約乃至決定作用。其次是思想根源，佛教作為外來宗教傳入中國，也有一個如何迎合、適應中國廣大群眾的思想、心理、感情、習慣和要求的問題。佛教傳入中國時，中國早已有發展成熟的傳統思想系統，中國佛教正是在與中國固有的思想文化的衝突與調和中不斷形成了自己的特點。在思想根源方面，還包括在印

度佛典的傳譯過程中，中國語言文化特色對於中國佛教特點形成所起的重要作用。

形成中國佛教特點的社會根源，重要的有以下幾個方面：

（1）專制主義的中央集權制度的嚴密統治。中國社會自秦漢以來，直至清代滅亡，無論在國家統一還是分裂割據的狀態下，都是專制主義的國家政權。皇帝及其所屬的官僚統治機構是統治階級——整個地主階級利益的集中體現，掌握著絕對的政治權力。這種權力是無上的、不能分割的，絕不能容許在皇帝之上有更高的教主或類似教皇的制度。皇帝的政令、決定是聖旨，是任何人包括宗教徒都絕對不能違反的。皇帝的地位不容許任何人包括宗教徒的貶低。印度佛教認為出世的僧人高於世俗人，在家父母見了出家的兒子都必須頂禮膜拜，說這不是拜兒子而是拜佛弟子。僧人見了王者也是不跪拜的。在中國則認為僧人必須向王者跪拜，如果違抗，就會遭到「刳斮之虐」和「鞭顏皴面而斬」的懲罰。由於中國皇帝具有絕對的權力，以致佛教的命運在一定程度上就掌握在世俗王權的手中。這一點，一些佛教領袖也是懂得的。如被北魏拓跋珪封為沙門統的法果，就吹捧拓跋珪「明睿好道」，是當今如來佛，沙門應當盡禮。他還說：「能弘道者人主也。我非拜天子，乃是禮佛耳。」（《魏書‧釋老志》）道安也從切身的經歷中認識到：「不依國主，則法事難立。」（《高僧傳》卷 5《釋道安傳》）這都清楚地表明世俗王權的重要性和佛教對世俗王權的依賴性。

中國專制社會的皇帝，往往出於維護專制統治的需要而提倡和扶植佛教，也同樣出於維護專制統治的需要而限制甚至毀滅佛教。綜觀中國專制社會的歷史，絕大多數最高統治者對待佛教的基本態度是，既利用佛教為自身的統治服務，又不容許佛教過分發展，也就是採取既利用又限制的政策。封建統治者利用佛教，主要是因為佛教的獨特

的因果報應、天堂地獄的說教和一套宗教修養方法，有助於渙散和泯滅人民的鬥爭意志，維護和鞏固自身的長治久安。

中國專制統治者為了控制佛教的發展，主要採取兩項措施，一是沙汰僧尼，二是設置僧官。關於第一項，即使是大力崇佛的後趙石虎和前秦苻堅也都曾下令「沙汰」或「料簡」佛僧，至於東晉安帝、南朝宋孝武帝、齊武帝和唐高祖也都曾沙汰過僧尼。所謂「沙汰」、「料簡」僧尼，就是裁減僧人、削減佛寺等限制佛教發展的措施。關於第二項，僧官的創設最早是在後秦姚興弘始年間，其目的是為了「宣授遠規，以濟頹緒」，即為了管理佛僧。在南北朝和隋唐時代也都設立僧官，由僧人擔任。同時，還逐漸在中央的官僚機構中，設立由俗人擔任的專管佛教事務的機關，進一步加強對佛教的控制。和印度佛教不同，中國佛教必須受世俗法律的治理。唐玄奘為了爭取中國僧人由僧法治理的宗教特權，曾向唐太宗提出治理僧眾可否不依俗法的請求，結果遭到拒絕。這都是王權絕對凌駕於教權之上的表現。

歷史上每當佛教勢力過分膨脹時，最高專制統治者還往往採用國家權力的強制手段，下令毀滅佛教。從北魏至後周就出現了「三武一宗」的四次廢佛事件：北魏太平真君七年（西元 446 年）太武帝廢佛、北周建德三年（西元 574 年）武帝廢佛、唐會昌五年（西元 845 年）武宗廢佛和後周顯德二年（西元 955 年）世宗廢佛。這是中國歷史上佛教勢力的發展和專制國家利益相衝突的最激烈的表現。梁武帝執政時，曾企圖把佛教抬高到國教的地位，終因受到官僚統治集團中的一部分勢力的反對而作罷，可上述四次廢佛措施均得以實行。雖然毀佛並不能完全阻止佛教的繼續發展，但是它畢竟沉重地打擊了佛教，對佛教的生存和發展產生了極其深刻的影響。事實上，佛教在經過唐武宗滅佛的決定性打擊之後，不少宗派也確實一蹶不振了。歷史表明，佛教並沒有力量反擊統治者的毀佛活動，佛教就是達到十分煊

赫的程度時，也只能蜷伏在專制主義的王權下面，為王權祝福。歷史
事實逼使上層佛教僧侶進行深刻反思，即如何從各個方面適應中國專
制統治者的需要，以確保佛教的生存。由此可以得出這樣的觀點：專
制統治者從維護專制主義的中央集權制度出發所制定的佛教政策，在
很大程度上決定了中國佛教的命運、方向、軌道和特點。

（2）以家族宗法制度為基礎的倫理關係。在歷史悠久的專制社
會中，家族宗法制度頑固有力，統治嚴密。以這種制度為基礎而產生
的倫理關係，形成了君臣、父子、夫婦、兄弟的綱常名教，成為維護
專制統治秩序的一套道德規範，是絕對不能違反、逾越和破壞的。整
個社會以「天、地、君、親、師」為崇拜的物件。而其中的「天、
地、師」三位是處於陪襯的地位，其核心是真正體現宗法制度的
「君」和「親」，正因為如此，「忠」和「孝」也就成為專制社會政治
道德領域的兩面最高旗幟，成為人們生活和行為的最高準則。中國專
制社會的這種深厚的倫理關係網絡、強大的道德觀念，是抵制佛教流
傳的核心力量，也是融化佛教信仰的消融劑。

宗法制度還給中國佛教的傳承制度帶來深刻的影響。佛教仿照世
俗宗法的繼承關係，建立了一套法嗣制度和寺院財產繼承法規。各個
宗派的師徒關係，儼如父子關係，代代相傳，形成世襲的傳法系統。
為了編制本宗的譜系和歷史，一代一代地安排本宗的祖師爺，年代久
遠的不惜憑空編造。印度佛教信仰者本來不重視也不清楚自己已往的
確切年代，中國佛教宗派卻為它編出班輩傳承的歷史，並引為本宗的
西天祖師。中國佛教宗派內部成員為獵取法嗣和廟產而互相傾軋，陷
害對手，各個宗派為了爭奪佛教的正宗地位而互相攻訐，打擊對方，
這都是宗法制在佛教僧侶中的曲折反映。

（3）政治上的統一和各民族的融合。中國專制社會和印度不
同，絕大部分歷史時期是全國政治大統一的局面，分裂割據的歷史時

期較短，特別是隋唐時代，封建王朝政治統一，軍事強大，經濟繁榮，文化發達。這種情況反映到佛教上來，也要求佛教的統一。隋唐時代中華民族的空前大融合，推動了南北文化的交流，有助於佛教擺脫過去南北差異的狀態，形成統一的佛教。隋唐時代形成的具有國際影響的佛教宗派及其判教學說，就是這種局面的直接反映。

（4）統治階級的變遷和農民起義的頻繁。佛教傳入中國時，地主階級已得到高度的發展，地主階級的政治統治已經鞏固。就地主階級成員來說，除非仕途坎坷，人生失意，或有其他特殊原因，他們中的絕大多數不可能放棄現實的政治經濟利益，棄家出世，投入佛門。佛教也難以把多數世俗地主轉化為僧侶地主。佛教有利於地主階級統治的鞏固，但是佛教寺院經濟勢力的過度膨脹，必然損害地主階級的實際利益，引起地主階級的強烈反對，其集中表現就是「三武一宗」的滅佛事件。對於地主階級成員來說，佛教信仰和宗教生活，較多的是一種奢侈品、點綴品。如兩晉南北朝時士族地主確有信仰佛教者，但也多是與玄學清談相融通，華而不實，缺乏真正的佛教本色。到了隋唐時代，地主階級上層真正信仰佛教的更少。同時，士族地主漸趨沒落，庶族地主日益興起，佛教的社會基礎發生變化，這就不能不影響和制約佛教的發展方向和形成新的特點。

中國專制社會的農民，人數眾多，如汪洋大海。他們不堪地主階級的壓迫和剝削，有的為了逃避徭役，直接投奔佛教的寺院，有的鋌而走險，多次爆發規模浩大的起義，但是起義最終都沒有成功。農民看不到現實的出路，就十分自然地轉向宗教尋求慰藉。農民文化落後，居住分散，勞動繁重，難以理解艱澀的佛教理論和掌握煩瑣的宗教修養方法，也沒有時間長期地、經常地從事宗教活動。直指心性、頓悟成佛的禪宗，口念阿彌陀佛的淨土宗，由於其簡易性，從而在農民中有著廣泛的影響。

　　至於形成中國佛教特點的思想根源，比較重要的則有以下幾個方面：

　　（1）儒家思想的正統地位。儒家思想是中國傳統思想文化的主要部分和代表，它基本上包括世界觀和政治道德理論兩部分，而後一部分更為重要。儒家的政治道德理論是中國古代統治階級思想家創立的，它適應中國土地所有制，適應專制主義的中央集權制度，適應以宗法制為基礎的社會倫理關係，總之，它符合地主階級的根本利益和要求。由於統治階級長期的提倡、宣揚，儒家的人文本位思想和道德理論，成為中國傳統思想中最具特色的內容。佛教宣揚棄家出世，等於主張無君無父，形成與中國儒家思想的尖銳對立。在中國專制宗法社會裡，各種宗教信仰如果詆毀、反對儒家的政治倫理思想，都將遭到最強烈的反對。因此，中國佛教總是向儒家妥協、調和，竭力強調佛教與儒家思想的一致性，強調佛教對儒家倫理學說的配合作用。同時，從一定意義上說，佛教就是人生道德學說，它對人類心理的細緻分析，也可以與儒家的人文中心精神相補充，使儒佛兩家的心性理論日益融合，從而成為兩家近似甚至共同的理論。

　　（2）道家思想的深刻影響。道家在中國傳統思想中的地位，僅次於儒家，也有著重要的影響，尤其是道家的哲學思想影響更為深刻。道家宣傳「道」（「無」）為本體，追求與「道」相冥合的精神境界，往往被中國早期僧人視為佛教出世主義思想的同調。中國佛教學者絕大多數在出家以前通常是先受儒家學說的洗禮，再經道家思想的熏化，然後學習、鑽研、接受佛教理論，這種知識形成的層次、程式和結構，必然深刻地左右這些僧人對佛學的理解。這種情況，兩晉南北朝時期的佛教學者尤為突出。如名僧支遁「雅尚老莊」，他注釋的《莊子‧逍遙遊》，獨步一時，深得盛譽。又如慧遠在追尋自己思想轉變過程時說：「每尋疇昔，遊心世典，以為當年之華苑也。及見

《老》、《莊》，便悟名教是應變之虛談耳。以今而觀，則知沉冥之趣，豈得不以佛理為先？」(《廣弘明集》卷 27 上) 慧遠由崇信儒家到服膺《老》、《莊》，後轉為信仰佛教，道家的潛在影響是很大的。僧肇也說：「嘗讀老子《道德章》，乃歎曰『美則美矣，然期棲神冥累之方，猶未盡善』。」這裡肯定《老子》一書是在思想上追求玄妙境界的重要引路書，只是不夠盡善盡美，不能冥除思想系累，達到精神解脫的理想指歸而已。至於東晉時代佛教般若學六家七宗用玄學──新道學的不同派別的觀點去解析「空」義，則是直接地反映了中國道家思想對外來佛學的滲透。

　　(3) 傳統宗教迷信的制約作用。在佛教傳入中國以前，中國已形成以天帝和祖先神崇拜為特徵的宗教信仰，其內容十分龐雜，包括五行、五德、五帝、鬼神、神仙、讖緯等迷信觀念，並伴隨著卜筮、占星術、望氣和風角等方術，盛行各種祭祀禮儀。在漢代又產生道教。道教由綜合古代原始巫術和神仙方術而成，它雖然缺乏系統的神學理論，但卻是漢民族的土著宗教。土生土長，在一方面體現了民族文化的特徵。佛教傳入中國初期，中國人是以固有的宗教信仰眼光來看待它的，即把佛教也看作是神仙方術的一種。而早期來華的佛教僧人，為了迎合中國的社會風尚，也在吸取中國傳統宗教信仰的某些特點，採用流行神仙方士的手法，附會宣傳，吸引群眾。後來天臺宗人慧思，甚至試圖將佛教和道教的壁壘打通，使成佛和成仙合二為一。至於現今仍保留在某些佛教寺廟裡的佛道合一的雕塑，也都表明了固有宗教信仰對中國佛教的深刻影響。

　　(4) 傳習和融匯過程中語言和思維差異引起的變化。中國佛教的來源，基本上是依靠傳譯和講習印度佛教經論為媒介的。中國僧人在獲得印度佛教典籍後，還要學習研究，加以融會貫通。在這一系列過程中，中國的漢語特點和思維特點也就直接影響到對印度佛教的理

解和接受，從而引起佛教學說的種種變化。中國的語言和思維，一方面限制了佛教思想的傳播，但另一方面，又吸收和融化了這種外來思想，從而創造了新型的中國式佛教詞彙。例如，印度佛教「如性」這一概念，其含義是「如實在那樣」，而中國因無固定的詞與之完全相當，就迻譯為「本無」，後來更譯為「真如」，視為派生萬物的本原，這與印度梵文原意和佛教思想就相距很遠了。外來佛教經過中文翻譯的傳播，而被消融於古代漢語的思維形式中，某些印度佛教的本來面貌也就消失了。鳩摩羅什已經深刻意識到這一點，他說：「但改梵為秦，失其藻蔚，雖得大意，殊隔文體，有似嚼飯與人，非徒失味，乃令嘔噦也。」（《高僧傳》卷 2《鳩摩羅什傳》）其實，這種改變也是一種創造，是綜括了中國和印度兩種相異的思想而形成的既區別於中國傳統思想又不完全相同於印度思想的學說，從而開創了一種近乎新的思想境界。

第二節　中國佛教的基本特點

綜觀中國佛教的特點，重要的有調和性、融攝性和簡易性等。

一　調和性

佛教傳入中國以後，雖然和中國固有的宗教信仰、王權思想、儒家和道家學說，有分歧、矛盾、衝突和鬥爭，但主要是採取調和的立場，而且，除了隋唐時代情況有所不同外，大體上一直是處於中國傳統思想文化的附庸地位。所謂中國佛教的調和性，是指對佛教外部的不同思想甚至不同觀點的妥協、依從、迎合、附會，自然更包括對某些類似或一致的觀點的贊同、推崇、吸取和融合。佛教對外部思想的

調和，基本上是和中國古代社會思潮的變化相適應的，因此在不同的
歷史階段又有不同的重點。

　　東漢、三國時期，佛教依附於道士、方術，可以說是佛、道調和
的時期。在秦漢之際，中國盛行神仙方術。秦始皇和漢武帝都篤信不
死之藥可求，神仙可致。這種宗教信仰的社會影響十分廣泛、深遠。
佛教初傳，佛被中國人視為和中國傳統信仰的天帝、神仙一般，佛教
被認為不過是九十六種道術之一，是求神祈福的祠祀。此時佛教禪學
的一套修行功夫，也被認為是和道家的「食氣」、「導氣」、「守一」等
養生養神的長生不死的方術相通，並依附於黃老道學和神仙方術獲得
傳播。為了在中國立足，擴大影響，一些前來傳教的外國僧人都重視
學習中國的方術信仰和讖緯迷信，作為傳教的方便手法，如佛經漢譯
的創始人安世高「七曜五行，醫方異術，乃至鳥獸之聲，無不綜達」
（《高僧傳》卷1《安清傳》），曇柯迦羅「風雲星宿，圖讖運變，莫
不該綜」（同上書，《曇柯迦羅傳》）。這都是佛教爭取中國群眾信仰所
必需的。

　　值得注意的是，當時佛教學者通過翻譯或編輯佛經，還盡力把佛
教與儒家思想調和起來，會通儒、佛。如安世高在翻譯佛經時，就自
覺不自覺地調整譯文，以免與當時中國社會政治倫理觀念相衝突。他
譯的《尸迦羅越六方禮經》1卷，「六方」，指親子、兄弟、師徒、夫
婦、主從、親屬朋友的倫理關係。原書意思是，雙方平等自由，如主
從關係，主人敬重奴僕，奴僕愛護主人，但在安世高的翻譯中就被刪
節了，以和中國社會的奴僕絕對服從主人的風尚相一致。又如三國時
譯經家康僧會輯錄有關佛經成《六度集經》，宣揚佛教的最高原則是
「為天牧民，當以仁道」。所謂「仁道」就是國安民富，君主不利己
殘民，民無饑寒，四境安寧。他還用佛教的「諸行無常」、「因果報
應」的教義說服國君信仰佛教，推行「仁道」。這個「仁道」，實質上

和孟子的「仁政」是同樣的社會政治理想。康僧會把儒家的社會政治
理想當做佛教的最高原則，並把佛教出世主義用來為推行儒家治世安
民之道服務，鮮明地體現了佛教的調和色彩，也表現了佛教適應、配
合中國專制統治的政治傾向。

　　前文已經指出，《牟子理惑論》一書也充分說明了中國固有文化
對外來佛教的迎拒情景，反映了當時中國佛教知識份子對外來佛教的
理解，是中國佛教形成和發展的重要記錄。此書的基本立場是儒、
佛、道三家調和會通，消解對立。作者論述著作的因由說，「銳志於
佛道，兼研《老子》五千文，……玩《五經》為琴簧」，創三教可以
並立的先聲。此書在論述三教關係時，大力高揚佛理，竭力為佛教辯
護。有趣的是，它在闡述佛教學說時，又常援引儒、道思想來解佛。
如說：

> 「何謂之為道？道何類也？」牟子曰：「道之言，導也，導人
> 致於無為。牽之無前，引之無後，舉之無上，抑之無下，視之
> 無形，聽之無聲。四表為大，綩綖其外，毫釐為細，間關其
> 內，故謂之道。」

印度早期佛教講的「道」，原指方法，並非老莊所講的萬物本原。佛
教追求的最高境界稱為「涅槃」，是指消除煩惱、超脫生死的解脫境
界。道家的「無為」，如老子是指「絕聖棄智」，清虛自然，與佛教的
所謂「涅槃」並不是一碼事，以「無為」來譯解「涅槃」，不免鑿
枘，但這是時代使然，而且也正是中國化佛教的表現。《牟子理惑
論》還竭力以佛教教義去迎合儒家思想，宣揚佛教的戒律與中國「古
之典禮無異」，認為佛教的善惡標準是和儒家的倫理規範相一致的。
《牟子理惑論》認為佛教和道家、儒家的基本思想相一致，但對原始

道教和神仙家持批判態度，認為一個人要長生不死成為神仙是不可能的，這又反映了佛教和道教的根本分歧。

魏晉南北朝時期，玄學頓然興起，相應地中國佛教學者也擺脫了以往視佛教為一種道術的觀念，轉而用玄學家的眼光看待佛教，認識到佛教是包含義理，即講哲學的宗教。正是在這種歷史背景下，此時佛教流傳的主要學說般若學與玄學調和起來了。當時出現的「格義」就是用中國固有的名詞、概念、範疇，特別是老莊哲學的名詞、概念、範疇比附般若學經典的名詞、概念、範疇，如康法朗和竺法雅就創造了連類比附、以章句是務的格義方法。這種純以中國傳統學術觀念譯解佛經的方法，反映了佛學對玄學的依附。至於「六家七宗」——關於般若性空理論的不同派別，就是直接受到魏晉玄學不同流派的思想影響的一種結果。魏晉玄學的中心問題，是探討本末、有無的關係問題，而般若學的理論核心也是闡發萬物的空有問題，兩者主題近似。「六家七宗」正是中國佛教學者以玄學的不同觀點去理解、闡明般若學理論而形成的學說。其中有些佛教學者還帶有濃厚的清談色彩，如即色宗代表人物支道林，生平愛好養馬養鶴、賦詩寫字，富有當時名士的風趣，並深得名士的推崇。

東晉後期佛教領袖慧遠在提倡各種佛教學說時，十分自覺地把佛教和中國固有的宗教觀念以及儒家思想全面地調和起來。印度早期佛教在靈魂觀念方面是含混的、矛盾的，但佛教傳入中國後，很快地吸取了中國的靈魂不滅的觀念，也吸收了「元氣」說，以宣揚「神不滅」論。如康僧會譯的《六度集經》卷8《察微王經》說：「魂靈與元氣相合，終而復始，輪轉無際，信有生死殃福所趣。」《牟子理惑論》在肯定鬼神觀念時也說：「魂神固不滅矣，但身在朽爛耳。」慧遠更是專門撰寫《沙門不敬王者論‧形盡神不滅》的論文，系統地闡發「神不滅」論。他特別注意引用中國古代的唯心主義觀點，如引文

子稱黃帝講的話：「形有靡而神不化，以不化乘化，其變無窮」（《文子・守樸》）來論證，也用薪火之喻來說明形盡神不滅。這都是對印度佛教的發展。慧遠宣揚「神不滅」論是為因果報應說作論證。因果報應是佛教在民間影響極大的思想，慧遠結合中國固有的聽天由命的「天命論」來宣揚：「倚伏之契，定於在昔，冥符告命，潛相回換。故今禍福之氣，交謝於六府，善惡之報，舛互而兩行。」（《三報論》）強調因果報應是必然的、不可逃脫的。慧遠還把儒家禮教與因果報應溝通起來，說：

> 因親以教愛，使民知其有自然之恩；因嚴以教敬，使民知其有
> 自然之重。二者之來，實由冥應。應不在今，則宜尋其本。故
> 以罪對為刑罰，使懼而後慎；以天堂為爵賞，便悅而後動。此
> 皆即其影響之報，而明於教，以因順為通，而不革其自然也。
> （《沙門不敬王者論》）

宣揚孝順父母，尊敬君主，是合乎因果報應的道理的。由此慧遠還直接地提出「佛儒合明」論，「內外之道，可合而明」（同上），「苟會之有宗，則百家同致」（《與隱士劉遺民等書》），更鮮明地體現了調和色彩。

　　社會的現實需要，還直接推動中國佛教學者依據中國的固有思想而提出創造性的佛教理論。晉宋之際，門閥士族等級統治益趨強化，社會極端不平等，人們關心成佛是否也有等級區別的問題。竺道生在大本《涅槃經》沒有傳入的情況下，孤明先發，首唱「一闡提亦可成佛」。後來大本《涅槃經》傳來，果然證明了這一命題。竺道生的新論是基於成佛在於悟「理」的思想，並認為一切眾生本有佛性，「一闡提」自然不能例外。這正是中國佛家的「窮理盡性」和「人皆可以

為堯舜」思想啟迪的結果。竺道生還直接用「窮理盡性」來解說《法華經》的無量義定:「窮理盡性,謂無量義定。」(《妙法蓮華經疏》)至於竺道生的「入理言思」、「得意忘象」、「忘筌取魚」的思維方法,則更是來自道家和玄學。在竺道生的佛教理論中含藏著中國儒、道的重要思想。

南朝梁武帝在年輕時深受儒家學說的陶冶,初信道教,旋又捨道歸佛,後來成為在中國歷史上唯一試圖將佛教國教化的皇帝。他雖帶頭崇奉佛教,但是又提出三教同源說,謂老子、周公、孔子都是佛祖釋迦牟尼的弟子,如來和老子、孔子是師徒關係,儒家和道教都來源於佛教。他宣傳儒、道是求世間的善,不能像佛教那樣使人成為出世的佛,但求世間的善也是重要的。他把佛教比作黑夜裡的月亮,把儒、道比作眾星,三者既有高下區別,又互相烘托,交相輝映。有時他又把釋迦牟尼、老子和孔子同稱為「三聖」。梁武帝十分重視儒家思想的作用,親自講論儒家的典籍。他作《孝思賦》,鼓吹忠孝兩全的儒家思想,建「大敬愛寺」,以報父母之恩,還以儒家的典籍如《祭義》、《禮運》、《樂記》作為捍衛佛教神不滅論的武器。實際上,梁武帝雖以佛教為三教之首,但他講的佛教是帶儒化色彩的佛教。

魏晉南北朝時期,一些著名學者也熱衷於調和佛教與儒家的關係。如晉代著名文學家孫綽曾作專論,以名僧比當時名士,有一定的社會影響。他直接把儒、佛溝通等同起來,說:「周、孔即佛,佛即周、孔,差外內名耳。」(《弘明集》卷3《喻道論》)「周、孔救弊、佛教明其本耳。」(《弘明集》卷3《喻道論》)晉宋之際的大詩人謝靈運,篤信佛教,他繼承竺道生的思想,作《辨宗論》。所謂「辨宗」,就是討論成佛或作聖的宗極之道。儒家多認為聖人不可能達到,也難以通過學習達到,而佛教則認為佛是可以達到的,是可以通過學習(漸進)達到的。謝靈運去佛教的漸進說,取佛教的能成佛

說，去儒家的不能達到聖人說，取儒家的一下子悟到宇宙的最究竟道理的觀點，調和儒、佛，進一步宣傳體認不可分的本體和頓悟成佛的主張。再如南朝顏之推作《顏氏家訓》，其中《歸心篇》宣揚「內外兩教，本為一體」，佛教的五戒和儒家的仁義五常相符，以強化世俗倫理綱常。

隋唐時期中國佛教宗派紛紛創立，競標異彩，是中國佛教的鼎盛階段。佛教宗派約可分為兩類：一類基本上是繼承印度佛教原型，結合中國傳統思想甚少，因而思想也很少變化，如吉藏創立的三論宗、唐玄奘及其弟子窺基創立的唯識宗、善無畏和金剛智及其弟子不空創立的密宗。三論宗繼承印度大乘佛教中觀學派的學說，宣揚非有非空的雙重否定的思維方式。唯識宗以煩瑣分析為特徵，它還一味恪守印度佛典的教條，硬是堅持有一類人不能成佛的主張。這兩宗都因不適應中國當時現實的需要，懂得的人越來越少，近於無形中斷。密宗的一套，尤其是樂空不二的密法，與儒家倫理思想直接抵觸，而被限制傳播，只是在中國西藏地區獲得流行。另一類是結合中國傳統思想而創立的宗派，如天臺宗、華嚴宗和禪宗。這些宗派中國化色彩很濃，禪宗尤為突出。淨土宗系繼承印度佛典的思想而創立，但在印度沒有立宗，所以也是中國特有的宗派。這四個宗派，尤其是前三個宗派，可以說是隋唐佛教的主流、中國化佛教的主體，在中國佛教史上佔有最重要的地位。

天臺宗自辟蹊徑，獨造家風，其特點是標榜方便法門，藉以調和中國固有的儒、道思想，從而創立中、印思想相結合的思想體系。

《法華經・方便品》說：

舍利弗！云何名為諸佛世尊唯以一大事因緣故，出現於世？諸佛世尊欲令眾生開佛知見，使得清淨故，出現於世；欲示眾生

佛之知見故，出現於世；欲令眾生悟佛知見故，出現於世；舍
利弗！是為諸佛以一大事因緣故，出現於世。

「佛知見」，是指佛的智慧，見解。意思是，佛「唯以一大事因緣」
出現於世間，目的就是為了教化（開、示、悟、入）眾生，使眾生都
能具備「佛知見」成為佛。天臺宗人由此推論佛教經典都是方便圓
通，是教化眾生成就佛果的手段。他們以方便法門為藉口，竭力調和
印度佛教和中國儒、道思想。天臺宗的先驅者慧思從佛教立場出發，
把神仙迷信納入佛教。他在《南嶽思大禪師立誓願文》中表示，希望
「成就五通神仙」，說：

我今入山修習苦行，懺悔破戒障道重罪。今身及先身是罪悉懺
悔。為護法故，求長壽命。不願生天及餘趣，願諸賢聖佐助我
得靈芝草及神丹，療治重病除饑渴。常得經行修諸禪，願得深
山寂靜處，足神丹藥修此願。借外丹力修內丹，欲安眾生先自
安。己身有縛能解他縛，無有是處。

發願入山修行，取得靈芝和內丹，成為神仙，再成為佛。把成仙視為
成佛的必經步驟。天臺宗人還把道教的丹田、煉氣等說法也納入自己
的止觀學說中，如智顗說：「臍下一寸名憂陀那，此云丹田，若能止
心守此不散，經久即多有所治。」（《修習止觀坐禪法要》）湛然說：
「太陽之草名曰黃精，食可長生；太陰之精名曰鉤吻，入口則
死。……金丹者，圓法也，初發心時成佛大仙，準龍樹法飛金為
丹。」（《止觀輔行傳弘決》）可見，天臺宗是頗富道教意義的宗派。
天臺宗還把止觀學說和儒家人性論調和起來，如湛然說：「夫三諦
者，天然之性德也。……含生本具，非造作之所得也。」（《始終心

要》）一切眾生先天具有中、真（空）和俗（假）三諦的「性德」。由此進而把佛教止觀法門說成類似儒家的窮理盡性、恢復人的本性的理論學說和實踐功夫。

華嚴宗是在女皇武則天的直接支援下，由法藏創立的。華嚴宗以《華嚴經》為宗經，實際上又和《華嚴經》思想不盡相同，《華嚴經》側重從人類素質相同方面強調人人平等，而華嚴宗則著重從「自然」方面發揮無盡緣起的理論，並通過事事無礙學說的宣傳，充分肯定現實社會基礎的價值，美化武周統治的天下是和諧一致、其樂融融的。《華嚴經》有「三界唯心」的話，著重強調要求得解脫應從「心」即人們意識狀態著眼，並不是說由「心」顯現、變現一切，而華嚴宗人則以心色對立來區分主伴，視「心」為萬物之主，明確地宣揚唯心論。華嚴宗人重視吸取中國學者的思想，如繼承有獨創精神的中國佛學家竺道生的「理不可分」的命題，重視「理」的地位，以「理」為「事」的本體[1]。與法藏同時的華嚴學者李通玄，青年時鑽研「易」理，後潛心「華嚴」，作《新華嚴經論》，用《周易》思想解釋《華嚴》。澄觀也吸取李氏的議論，後宗密相繼用《周易》的「四德」（元、亨、利、貞）配佛身的「四德」（常、樂、我、淨），乃至以「五常」配「五戒」，調和儒家思想的趨勢越來越濃烈。

禪宗是繼承中國傳統思想和中國佛教思想而形成的獨樹一幟的宗派。它公開向所有印度佛教經典的權威挑戰，自奉慧能的說法記錄為「經」，稱《壇經》，這是中國僧人唯一稱經的著作。禪宗人還把過去偏重於系統宣揚佛教學說的稱為「教」，而自命為「宗」，以示區別。以「宗」對「教」，也是佛教史上前所未有的。禪宗的思維路數和方

1　澄觀說：「分數塵沙，理不可分。」參見《大方廣佛華嚴經疏》卷13，《大正藏》，第35卷，593頁。

法是，不重視甚至否定語言文字的作用，甚至否定推思擬議，特別重視神祕直觀，追求頓悟。可見，雖然禪宗也受過印度佛教的「言語道斷，心行處滅」、「實相無相」、「不二法門」等思想的啟示，但是，從根本上說是繼承中國的「得意忘言」、「取魚忘筌」思想路線的產物。

事物的發展是盛極必衰。義理佛教在唐代後期開始轉向衰落了。在宋元明清時代，佛教某些宗派雖然也一度中興，但總的趨勢是花開花落，每況愈下了。在這個漫長的歷史階段中，佛教某些哲學思想已被理學（新儒學）所吸取，而顯得黯然失色，失去獨立存在的價值，一些重要的佛教學者為了圖求佛教的生存，就更加注重調和中國傳統思想，直接匍匐在強大的儒家思想下面，抱殘守缺。

從以下幾個有代表性的例子，就可以看出宋元明清時期的佛教是怎樣更加嚴重地儒學化了。

北宋天臺宗學者智圓（976-1022），因取義折中儒釋，自號「中庸子」。他明確宣稱自己晚年所作「以宗儒為本」（《閒居編》卷 22《謝吳寺丞撰《閒居編序》書》），因為「非仲尼之教，則國無以治，家無以寧，身無以安」，而「國不治，家不寧，身不安，釋氏之道，何由而行哉？」（同上書，卷 19《中庸子傳上》）他還提出「修身以儒，治心以釋」（同上），儒釋「共為表裡」（同上），反對「好儒以惡釋，貴釋以賤儒」（同上）。智圓強調「以儒修身」，「宗儒為本」，包含了把儒置於釋之上的傾向，這是佛教地位顯著下降的表現。

北宋著名禪僧契嵩（1007-1072），廣事寫作，著重全面地讚揚儒家學說，宣揚儒、佛合一。他作《輔教篇》上、中、下三篇，說：「古之有聖人焉，曰佛、曰儒、曰百家。心則一，其跡則異。夫一焉者，其皆欲人為善者也；異焉者，分家而各為其教者也。」（《輔教篇·中·廣原教》）其中，儒者是治世的，佛者是治出世的。儒、佛是互相配合的。契嵩作《孝論》十二章（《輔教篇·下》），系統地論

證了佛教和儒家孝道的關係，說佛教最重孝，「孝為戒先」。他撰《中庸解》五篇，盛讚儒家的中庸之道。他宣揚儒家的「窮理盡性」說和天命論，讚揚儒家的「五經」和禮樂。契嵩認為許多道理「皆造其端於儒，而廣推效於佛」（《鐔津文集》卷8《上仁宗皇帝萬言書》）。實際上是把佛家理論歸結於儒家學說。這充分地表現了佛教的調和性格。

　　金代著名禪師萬松行秀（1166-1246）傳青原曹洞一系之禪，著作豐富。他兼有融貫儒、釋、道三教的思想，常勸當時重臣、弟子耶律楚材居士以儒治國，以佛治心，極得楚材的讚賞。他也讚揚師父：「得曹洞的血脈，具雲門的善巧，備臨濟的機鋒。」以儒治國，以佛治心，或以儒治世，以佛治出世，這種儒、佛分工合作論，是佛教調和儒家思想的重要理論。

　　袾宏、真可、德清和智旭，是明代影響最大的四個佛教學者，號稱明代佛教四大師。他們的共同特點之一是，都提倡儒、佛融合。袾宏（1535-1615）是由儒入佛的淨土宗大師，他認為儒與佛「不相病而相資」，「儒主治世，佛主出世」（《雲棲法匯・手著》）。佛教可以「陰助王化之所不及」，而儒教可以「顯助佛法之所不及」。他還認為儒、佛、道三教「想是同根生，血脈原無間」（同上），「理無二致」。三教根本上是相同的。真可（1543-1603），原是殺豬屠狗之夫，後為著名禪師，晚號紫柏。他認為儒、佛、道三教都是講心的，「門牆雖異本相同」。儒家的仁、義、禮、智、信「五常」就是「五如來」，兩者名異實同。德清禪師（1546-1623），別號憨山。曾讀《四書》、《周易》及古文詩賦，博通儒、佛、道三家思想。除關於佛教著作之外，撰有《大學中庸直解指》1卷、《春秋左氏心法》1卷、《道德經解》2卷、《觀老莊影響說》1卷、《莊子內篇注》4卷等。他竭力調和儒、釋、道三教，說：「為學有三要：所謂不知《春秋》，不能涉世；不精

《老》、《莊》，不能忘世；不參禪，不能出世。」（《憨山大師夢遊全集》卷 39《說・學要》）他也宣傳儒家的「五常」就是佛教的「五戒」，甚至說孔子的「克己」、「歸仁」就是佛教的「禪定」、「頓悟」，更以為「孔、老即佛之化身」，把孔子、老子都說成是佛，這實際上是以儒、道代替了佛。德清還以佛教解釋儒、道，如以禪學釋《大學》，以唯識理論比附《老子》。德清把佛與儒、道兩家在理論、思想、道德踐履方面完全打通了。智旭（1599-1655），別號「八不道人」，晚稱「蕅益老人」。他作《周易禪解》，「以禪入儒，誘儒知禪」。著《四書蕅益解》，以佛解儒家經典，藉以「助發聖賢心印」。又撰《孝聞說》、《廣孝序》等文章，大力宣揚孝道，謂「世出世法，皆以孝順為宗」（《靈峰宗論》卷四之二《孝聞說》）。「儒以孝為百行之本，佛以孝為至道之宗。」（同上書，卷七之一《題至孝回春傳》）他甚至說：「餘每謂非真釋不足以治世，是以一切三寶常能擁護世間；而真儒亦足以出世，是以一切有道國王、大臣、長者、居士，常能憶恃佛囑。具正眼者，必能深達此意。」（同上書，卷七之三《玄素開士結茅修止觀助緣疏》）「惟學佛然後知儒，亦惟真儒乃能學佛」（同上書，卷七之四《敷先開士守龕助緣疏》）這是打破「治世」和「出世」的界限，取消儒佛的差異，兩者合而為一。智旭還說：「此方聖人（指孔子、老子）是菩薩化現，如來所使。」（同上書，卷三之二《答問二・性學開蒙答問》）孔子、老子是代表佛在中國行化的。這是三教同源的思想。智旭提出三教同源在於「自心」的觀點，說：「自心者，三教之源，三教皆從此心施設。……心足以陶鑄三教。」（《靈峰宗論》卷七之四《金陵三教祠重勸施棺疏》）「三教聖人，不昧本心而已。」（同上書，卷二之三《法語三・示潘拱震》）儒、道、佛三教的根本是「自心」，「本心」，心不昧即合三教，心若昧即全不合三教。「自心」是根本。智旭就是這樣把三教安置在「自心」基礎之上，使之統一起來了。

二　融攝性

　　上面所講的調和性，是就佛教與中國傳統思想文化的關係而言，這裡所講的融攝性，則是就佛教內部的關係而言，也就是指中國佛教統攝佛教各類經典和佛教各派學說，統一佛教各地學風的特性。這在隋唐佛教宗派，尤其是天臺宗和華嚴宗表現得尤為突出，唐代以後的著名佛教學者也都繼續發揮融攝佛教各派信仰的特性。以下分三個問題來講。

（一）統一各地各派的學風

　　中國和印度的古代歷史不同，統一局面是主流。政治上的統一要求思想上的統一，對於佛教來說，也要求建立統一的佛教，隋唐兩代的封建統一王朝，國力強大，經濟繁榮，文化發達。這時形成的佛教宗派是中國佛教的最重要構成期，也是日益成熟期。隋唐佛教宗派的基本特點之一是統一性，統一了以往各地佛教學風的差異，表現了中國佛教的高度融攝力。

　　佛教自漢代傳入至隋以前，經歷了一段分裂割據時期，尤其是南北朝政權的對立，兩地不同的政治、經濟、文化背景，使佛教亦趨於分化。佛教的內容包括戒、定、慧三字，「戒」、「定」是指宗教修養實踐；「慧」，智慧，是指宗教思想體系包括了理論和實踐的兩方面。南北朝時期大體上北方佛教偏重於宗教儀式和宗教活動，如坐禪、修行、佈施、造像、立寺等，南方佛教則側重於玄理的清談。禪法在北方廣為流行，義學在南方比較發達。在隋統一全國後，南北來往交通非常便利，兩地僧人互相交流，各種學說互相溝通，各種師說漸趨一致。隋唐佛教，如天臺宗、唯識宗、華嚴宗和禪宗都是理論和修行並重，強調定慧雙修的。天臺宗，本是坐禪的一派，但也重視理論。此

宗的「法華三昧」就體現了禪法和理論的統一。史載天臺宗祖師慧文
禪師，據《大智度論》和《中論》而悟入「一心三觀」（於心中同時
觀悟空、假、中）的觀行方法，並傳給慧思。慧思從北方到南方，堅
持既重禪法，又重佛教義理。慧思的弟子智顗是天臺宗的實際創始
人，他確立了定（止）慧（觀）雙修原則。天臺宗的理論和觀行並重
的宗風的形成，標誌著北方偏重禪法、南方偏重義理的學風的一致轉
變。唯識宗，繼承印度大乘有宗的「萬法唯識」的觀點，對物質現象
和心理現象作了煩瑣細密的分疏，形成龐雜的唯心主義思想體系。同
時又有瑜伽行觀，即通過禪定，不經語言文字的仲介，運用佛教「智
慧」使所謂真理直接呈現於面前。唯識宗創始人之一窺基還在《大乘
法苑義林章》的《唯識章》中，提出了從寬至狹，從淺至深，從粗至
細的五重唯識觀，作為獨特觀法。窺基師父玄奘本人，一代大師，廣
學博闊，自印度回國後，因始終忙於主持譯事，到晚年尚自認禪定功
夫欠缺而引以為憾。再如華嚴宗，有一套以「一真法界」為核心的
「無盡緣起」的理論，同時它所謂的「法界觀」也是禪法。華嚴宗初
祖杜順本是禪師，二祖智儼隨杜順禪師學過禪法，並應用《華嚴經》
的教義重新解釋了止觀。華嚴宗真正創始人法藏，更提出了「法界
觀」和「十重唯識觀」。所謂「十重唯識觀」是吸收唯識宗的五重唯
識觀再加上四法界觀拼湊而成，主張把法界歸於一心，即把一切事物
都看成心中的觀念，而在思辨中達到圓融無礙的境地。至於禪宗，雖
然標榜「不立文字」，極重修行，其實也是有其明快細密的理論的。

（二）系統判釋不同派別佛典的一貫地位──「判教」

印度原先也有簡略的判教，如《法華經》分大、小二乘，《楞伽
經》分頓、漸二教，《解深密經》分有、空、中三時，《涅槃經》分五
味（五時）等。在中國，判教理論在各個宗派理論上佔有特別重要的

地位，而且內容與印度判教有很大的不同，甚至是格格不入的。在一定意義上說，判教是印度佛教傳入中國後不可避免地要產生的現象，是中國佛教宗派的獨特的問題，它集中地表現了中國佛教學者對外來佛教的消化吸收，體現了中國佛教宗派的融攝性特徵。

前面講過，中國佛教學說的來源，基本上是依靠傳譯和講習為媒介的，傳譯並不是簡單地按照印度佛教學說發生、發展的次第來進行的，而是將大小乘不同派別的學說混雜在一起介紹的。這些實際上是印度不同時代、不同派別佛教理論家所發揮的各種不同學說，互相分歧、衝突，前後抵牾、矛盾，但都假託釋迦牟尼之名，傳為佛祖所說，而且都是不容懷疑的、神聖的。這就有一個如何消除內容衝突、調和思想矛盾的問題。中國佛教宗派為了自圓其說地說明這種現象，並使本宗有一個似乎可以貫通的理論體系，就採用了判教的辦法。所謂判教，就是對所有佛學理論加以分科組織，即不以簡單的對峙乃至全盤否定的態度來處理各派思想信仰之間的關係，而是把各派思想作為佛在不同時期、地點，對不同聽眾的說法，從而有種種的差異，即作為一個完整統一思想體系的不同說法來加以區分高下等級的，按照本宗的理論體系對各派思想給予系統的安排，分別給予一定的地位，更主要的是為了將自己一派的理論學說置於各派之上。在這種分科組織的判教過程中，往往加入作者所理解的中國傳統思想，甚至像禪宗那樣更把中國獨創的佛教思想作為整個佛教的最高理論。

南北朝時期的判教學說，後人概括為十種，稱「南三北七」。「南三」，南朝的三種，指把佛說分為頓、漸、不定三教。其中「漸教」又有不同的看法，分「三時教」、「四時教」和「五時教」幾種，而以慧觀等人的「五時教」最為重要。慧觀在「四時教」的基礎上，參照《涅槃經・聖行品》的從牛出乳→出酪→出生酥→出熟酥→出醍醐為例，以牛乳五味比喻佛法的五重層次，把佛經分為五時：一是「三

乘別教」，即最初的經教，主要指小乘的《阿含經》；二是「三乘通教」，指對三乘一齊講的經教，主要指《般若經》；三是「抑揚教」，即對大小乘分別高下的經教，指《維摩經》、《思益經》等；四是「同歸教」，指三乘歸一的《法華經》；五是「常住教」，指最後說如來法身是常為最圓滿的經教，即《涅槃經》。「五時教」的說法在南方影響很大，成為後來出現的一些判教說的基調。「北七」，也是按小乘與大乘、有宗與空宗的次第對佛經作出七種不同的安排。如菩提流支立半字數、滿字數，謂在小孩啟蒙識字時，先教半字，後教滿字。半字即小乘教，滿字是大乘教。又如地論師佛陀扇多、慧光，判佛教為四宗：一是小乘有部講四因六緣的理論，是「因緣宗」；二是成實師講三假（因成假、相續假、相待假）是「假名宗」；三是《大品》、《三論》講一切事物為虛誑，為「誑相宗」；四是《涅槃》、《華嚴》等經，是常宗。

天臺宗創立時，智顗批評了「南三北七」的判教主張，提出了「五時八教」的判釋。所謂「五時」是說佛的說法分先後五時，第一時講《華嚴》，第二時講小乘教，第三時講一般大乘，如《大集》、《寶積》等，第四時講《般若》，第五時講《法華》、《涅槃》。天臺宗奉《法華經》為最高經典，所以判為最後第五時。所謂「八教」，是從形式和內容兩方面分佛教為八種。從教化的方式講，為頓、漸、祕密、不定的「化儀四教」。頓與漸相對，祕密與不定相對。人們聽佛說法後理解不同，如各不相知為祕密，互相知道為不定。再從教理的內容講，為藏（指小乘，因為《大智度論》批評小乘只懂三藏，故稱，具體指《阿含》）、通（通三乘，指《般若》）、別（大乘別於即優於小乘，指《維摩》）、圓（圓滿，指《華嚴》、《涅槃》和《法華》，其中《法華》是純圓），稱「化法四教」。五時八教判釋重點在「化法四教」，以《法華經》為中心，是天臺宗的獨特主張，所以又稱之為

「天臺四教」。天臺宗的「五時八教」說，一方面認為五時和化法四教各有區別，另一方面又主張五時四教並不能以時間乃至經教部類相限制，即各經又是互相融攝的，從而能夠自圓其說地說明各家立說中的拘牽難通的地方。這樣即使各種教義有高下區別，又能並行不悖，表現了天臺宗的會通圓融的性格。同時和印度大乘佛教所特別尊奉的經典不同，提出以《華嚴》、《涅槃》和《法華》等為最重要的經典，體現了中國佛教學者的創造精神。天臺宗的判教主張對後來中國佛學的發展影響很大，如華嚴宗就曾部分吸取天臺宗的判教說作為自己判教的基本觀點。

三論宗創始人吉藏的判教主張是，認為佛的所有言教一律平等，並無高下的區別，但可以把佛說分為兩類：從法講，有菩薩藏和聲聞藏；從人講，有大乘和小乘。大乘中又分三類，一是《華嚴》，二是《般若》，三是《法華》和《涅槃》。這都是對不同物件的說法，但各種說法又無不歸於究竟。吉藏的主張和一般只從抬高本宗地位出發的判教不完全相同，他把《涅槃》放在《法華》之上，也表示不完全同意天臺宗的判教學說。

唯識宗的判教，主要是依據《解深密經》的三時說，認為佛的一代教化是：初說苦、集、滅、道「四諦」，次說無自性（空），最後說三自性（有）。此說和印度佛教歷史的演變基本吻合。

華嚴宗吸取前人的判教學說，加以重新組織，由法藏提出小、始、終、圓、頓的五教說。小、始、終、圓相當於天臺宗的藏、通、別、圓，又取天臺宗「化儀四教」中的頓，成五教說。法藏把天臺宗原來從形式和內容兩方面的判教，合而為五教，造成了分類標準上的混亂。後來在《華嚴金師子章》中，法藏試圖從緣起方面來展開，統一說明五教的意義。指出講因緣是小乘教，講無自性空是始教，肯定幻有宛然是終教，空有二相雙亡是頓教，情盡體露是圓教。畢嚴宗的

理論，以融合宇宙間一切萬物的差別境界，宣揚普遍和諧性為特徵，它的判教也體現了全攝並收、圓融無礙的宗風。

（三）融攝佛教各宗派的理論和信仰

中國佛教的融攝性，還表現在唐以後各個宗派之間的互相融攝，愈來愈顯著、愈緊密。大體上先是禪教的互相融攝，次是其他各宗分別與淨土的合一，再是以禪淨合一為中心的各派大融合。不少名僧成為兼修各宗學說於一身的人物，從而逐步失去了過去特定宗派的本色。

率先大力消除禪教對立，宣揚禪教一致的是唐代的宗密。宗密既是華嚴宗五祖，又是禪宗荷澤神會的四傳弟子。他認為佛內心的意向和佛言說的教義是完全一致的，又說，一部大藏經論只有三種言教，禪門修行也只有三宗；而這三教三宗則是相應相合的。三種教是密意依性說相教（相當於唯識宗）、密意破相顯性教（相當於三論宗）和顯示真心即性教（相當於華嚴宗）。三種宗是息妄修心宗（指神秀等北宗禪師）、泯絕無寄宗（指牛頭宗）和直顯心性宗（指洪州、荷澤等宗）。上述三教和三宗依次配對，互相融攝，從而論定「三教三宗是一味法」。宋代禪宗法眼宗人延壽（904-975），對於禪宗學人空疏不通教理、指鹿為馬的現象深感不安。他繼承和發展宗密的禪教統一的思想，強調「經是佛語，禪是佛意，諸佛心口，必不相違」[2]，明確宣揚禪教並重的觀點。他還召集當時唯識宗、華嚴宗和天臺宗三家學者「分居博覽，互相質疑」，最後以禪理為准，統一各家學說，編定《宗鏡錄》100卷，南宋以來影響頗大。

佛教天臺、華嚴諸宗，本來都各有自家的觀行法門，到了宋代，很多宗師常聯繫淨土信仰而提倡念佛的修行，禪宗人也主張禪淨雙修，淨土法門實際上成為各宗的共同信仰。由於宋代以來禪淨兩宗最

2　《宗鏡錄》，《大正藏》，第1卷，418頁。

為流行，提倡禪淨雙修兼及其他宗派成為佛教思想發展的主流。以
「明代四高僧」為例，袾宏不僅是淨土宗的大師，也是華嚴宗的名
僧，同時對禪學的造詣也很深。他認為各宗不是對立的，「若人持
律，律是佛制，正好念佛，若人看經，經是佛說，正好念佛；若人參
禪，禪是佛心，正好念佛。」（《雲棲遺稿》卷3《普勸念佛往生淨
土》）主張各宗同唱，歸趣淨土。真可，並無專一的師承，思想學說
不拘一宗一派。他所訂的《禮佛儀式》（見《紫柏尊者別集》卷4），
除發願禮拜十萬三世一切諸佛外，還教人禮拜西天東土歷代傳宗判教
並翻傳祕密章句諸祖，就是調和諸宗思想的實際表現。德清，曾專心
淨土，又因曾恢復禪宗祖庭曹溪，被稱為曹溪中興祖師。他還繼承華
嚴宗的遺緒，竭力宣導禪淨一致，並致意於華嚴。他把禪、淨和華嚴
諸宗加以融通，對坐禪、念佛提出新見，認為「禪乃心之異名，若了
心體寂滅，本自不動，又何行坐之可拘？」（《憨山大師夢游全集》卷
15《答許鑒湖錦衣》）又說：「今所念之佛，即自性彌陀，所求淨土，
即唯心極樂。諸人苟能念念不忘，心心彌陀出現，步步極樂家鄉，又
何必遠企於十萬億國之外，別有淨土可歸耶？」（同上書，卷2《示
優婆塞結社念佛》）這實際上是以本心來統攝各宗。智旭的思想，是
結合禪、教、律而回歸淨土。他認為天臺宗理論和修行應當遍攝禪、
律、淨土、唯識諸宗，同時又用唯識解天臺教義，即在理論上融匯性
相兩宗；他認為念佛即禪觀，即在實踐上主張禪淨合一。他主張禪、
教、律三學統一，並以淨土攝一切佛教。智旭說：「禪者佛心，教者
佛語，律者佛行……不於心外別覓禪教律，又豈於禪教律外別覓自
心，為此則終日參禪，看教，學律，皆與大事大心正法眼藏相應於一
念間矣。」（《靈峰宗論》卷二之三《法語三》）把禪、教、律三學攝
歸於一念，這是智旭思想的特色，也是後期佛教趨於諸宗合一的歷史
演變的典型表現。

三　簡易性

　　中國佛教的一些宗派，如天臺宗、唯識宗、華嚴宗等都帶有煩瑣經院哲學的性質，體系龐大博雜，論證繁複瑣碎，論述艱澀枝蔓。其中唯識宗流傳數十年即趨衰落，天臺、華嚴兩宗由於在理論上都以說心為主，在宗教實踐上都情況不同地講頓悟，剔除了印度佛教那種繁雜的宗教修行方法，因而比唯識宗流傳久遠。中國佛教中真正延綿不絕的是在印度也沒有成宗的禪宗和淨土宗，尤其是禪宗，更是唐代以後佛教的主流，禪宗實際上是唐以後中國佛教的代名詞。雖然禪宗的簡易性是建立在深刻的理論基礎之上的，即抓住佛教的理論核心予以明快直截的闡述，相應地提出一套簡易的修行方法，而淨土宗的簡易性則是建立在簡明的信仰基礎上的，但是教義和修行方法的簡易畢竟是這兩宗的共同點，由此簡易性也成為中國佛教區別於印度佛教的重要特點。以下作簡要的說明。

　　1.「見性成佛」。禪宗主旨是強調精神的領悟，直指人心，見性成佛。這個宗旨以淨性和自悟為理論前提，慧能認為「佛性常清淨」，而且是人人共有的。佛性就是人的本性。同時，人人都具有先天的菩提智慧（即所謂成佛智慧），能夠覺悟本性而成為佛。眾生之所以未能成佛就是因為迷惑，即對自身的本性沒有覺悟，如果信仰佛教，堅持修證，一旦妄念俱滅，真智顯露，就會內外明徹，悟識本心，而成就佛道。慧能說：「自性迷，佛即眾生；自性悟，眾生即是佛。」（敦煌本《壇經》）「撥開雲霧見青天」，明心見性，自性就是佛。慧能主張人人都可以成佛，只是因為迷悟而有先後之分，從而和印度小乘佛教僅承認釋迦牟尼佛不同，也和後來印度大乘佛教有宗認為有一部分人不能成佛的主張有別，帶有一種濃厚的中國化色彩。慧能禪宗是把心外的佛變成心內的佛，從而否定有外在的佛；是把佛變

為舉目常見的平常人，或者說是把平常人提高到與佛相等的地位，體現了人與佛僅是迷悟不同，實是平等的思想。這種理論雖具有鮮明的神祕直覺體驗的性質，但它明快簡易，與中國傳統思想吻合，無疑是既適應專制社會上層統治者追求來世繼續享福的心願，也適應下層民眾要求擺脫現實苦難的渴望，因而得到了廣泛的流傳。

2.「頓悟成佛」。佛教認為成佛在於「悟」，而悟有兩種方式，一是漸，一是頓。漸悟是指須經長期修習才能達到佛教的覺悟。頓悟則是指無須長期修習，一旦把握佛教「真理」，就可突然覺悟。東晉南朝時竺道生曾首倡頓悟說。慧能禪宗在道生思想的基礎上，進一步向前發展了頓悟說。它宣揚只要一念覺悟，剎那間即可成佛；它還強調不立文字，即無須通過語言文字的理解，驟然頓悟，帶有更加神祕的直覺性。慧能說：「前念迷即凡，後念悟即佛。」「迷來經累劫，悟則剎那間。」（敦煌本《壇經》）完全否定印度佛教那一套聲聞、緣覺、菩薩等修行的階梯層次。否定曠劫不息的累世修行，是一種高度快速成佛法。再次，禪宗不僅迎合中國的傳統思想，也照應中國的風俗習慣，按理禪宗本來是必須坐禪的，但後來甚至連坐禪也省免了。它認為頓悟並不要求離開現實生活，「舉足下足，長在道場；是心是情，同歸性海」（王維：《六祖能禪師碑銘》）。「擔水砍柴無非妙道」，一舉一動都不離道場，不管是用心用情，都會歸於性海，成就佛道。就是說在日常生活勞動中也可以頓悟成佛。禪宗的這種頓悟說，最充分地表現了中國佛教的簡易性特徵。

3.「易行道」和「稱名念佛」。北魏曇鸞（476-542）是淨土宗的先驅，他曾在《往生論注》中創立難行、易行二道說，認為在所謂無佛之世，世風混濁，只靠「自力」，沒有「他力」（佛的本願力）的扶持，修行成佛猶如陸路步行，十分痛苦，名為難行道。反之，乘著阿彌陀佛的本願力往生淨土，猶如水路乘船，非常快樂，名為易行道。

後來唐代道綽（562-645）繼承曇鸞的淨土思想，把佛的教法分為聖道、淨土二門。宣揚離聖人久遠，理深解微，聖道門不是一般眾生所能悟證的，只有淨土門簡便易行，乘阿彌陀佛的本願力就能往生淨土。道綽弟子善導（613-681）是淨土宗的真正創始人，他提倡以念佛為內因，以阿彌陀佛的本願力為外緣，內外相應，往生極樂淨土。前文提到，念佛法門原有三種，一是稱名念佛，即口稱佛的名號，如稱南無阿彌陀佛，誦念不已；二是觀想念佛，即專心觀佛的美好相貌和所居佛土的莊嚴景象；三是實相念佛，即觀佛的法身「非有非空，中道實相」之理。曇鸞宣導的念佛包括上述三種，經過道綽到善導，則轉為側重稱名一門，主張日念佛號七萬、十萬聲。以為如此一心機械地反復念誦佛的稱號，念念不舍，就可憑藉阿彌陀佛本願的他力，往生佛國。這種淨土法門以其簡易方便而流行於中國古代的窮鄉僻壤、大小城鎮，為缺乏文化而有信仰的平民大眾所普遍奉行。

此外，重視心性中的自性，重視現實問題，關切現實社會，也是中國佛教的重要特點。

總之，佛教來自印度，在中國經過漫長的歷史演變，形成了具有中國特色的宗教。從中國佛教的特點，我們大略可以看出外來佛教民族化的幾個規律性現象。

佛教傳入中國以後，從宗教思想文化史的角度來觀察，在外部，與中國傳統的思想之間存在著差異和對立；在內部，佛教各派各種學說之間也存在著分歧和矛盾，每一宗派自身，還需要從教理和修行兩方面儘量適應文化落後的廣大農民和城市平民的信仰需要。兩千多年來中國佛教的歷史表明，佛教一傳入中國，就與傳統的道教方術、儒家倫理相調和，隨後又依附於魏晉玄學，在隋唐時代佛教宗派的創立者也是這樣那樣地吸取中國傳統思想來構築本宗的思想體系。宋以後，佛教勢力日趨衰微，各宗更是著力於會通儒釋，鼓吹三教同源，

借調和儒、道思想，以維護自身的生存。佛教和中國固有思想的調和
一直是連續不斷的，而且是愈來愈全面，愈來愈強烈，以致愈來愈失
去原來印度佛教的本色，而幾乎歸屬於儒家，成為儒化的佛教了。再
者，印度佛教大小乘經典一起傳入中國，迄至南北朝為止，各派別之
間基本上是和平共處、平行闡揚的。到隋唐時代，禪宗「唯我獨
尊」，帶有鮮明的宗派性、排他性，但是又都通過判教的方式，融攝
其他宗派的經典和學說，在理論上構成不同的高下層次體系。宋以
後，為了協調內部，避免內耗，各宗更是強調彼此互相融攝，和諧一
致。唐代中期成立的禪宗和淨土宗，教理和修行方法都非常簡易，可
以適應廣大民眾的習慣和需要，因此獲得久遠的流傳。中國佛教大體
上正是沿著先對外調和，繼之對內融攝，並由煩瑣趨於簡易等軌道演
變的，從而也就構成了中國佛教思想發展的基本面貌，並由此表現出
中國佛教的典型性格。

　　佛教的信仰和思想不是一成不變的，中國佛教在形態方法和理論
系統上都存在著不同於印度佛教的特點，這種變化植根於中國社會的
經濟、政治和文化的土壤，來源於民族的心理意識、思想方法和風俗
習慣。這裡我們要著重指出的是，在儒家正統思想的長期宣傳、教
育、薰陶下，形成的中國傳統的思想文化和潛在的民族心理意識，具
有對外來思想轉化的力量。因此，佛教各宗派的流傳興衰，往往與是
否具有民族性質直接相關。一般說來，民族性質愈少的宗派，愈快趨
於衰落，民族性質愈多的宗派，則能較持久地興盛不衰。

　　佛教日益中國化的過程，也是不斷為中國固有思想文化所吸取和
改造的過程。同時還應當提到的是，如天臺宗和華嚴宗都建立了具有
龐大架構的系統哲學，這種構築規模龐大的哲學體系的工作，是中國
思想史上前所未有的，這對後來如朱熹一派理學體系的構成，也是有
啟迪作用的。而禪宗思想對於後來陸王心學一派的影響，更是非常明
顯的。

由此也說明，中國固有文化面對外來佛教文化的輸入、挑戰，並沒有被取代，它有效地吸取了佛教思想的成果，並將其吸收和改造為中國文化的一部分，這顯示了中國固有文化的充分開放性、高度堅韌性和善於消化的能力，表現了中華民族的強大而鮮明的主體意識。

附記：關於中國佛教的基本特點，作者又經過近 20 年的思考，認為可以概括為重自性、重現實、重簡易和重圓融，詳細論述有待來日。

（2006 年 7 月 6 日）

第十五章

中國佛教的對外影響

　　中國佛教在形成和發展中，漢地佛教和藏傳佛教兩大系統都不斷地向外傳播。隋唐宗派佛教傳到東亞的朝鮮、日本，以及東南亞的越南，在近代又傳到東南亞的馬來西亞、新加坡和菲律賓。藏傳佛教一是向北傳入蒙古、蘇聯，一是向南傳入不丹等地。中國佛教傳入東亞各國及東南亞、南亞的部分國家，佛教信仰深入民間，佛教的思想和勢力程度不同地滲透到這些國家的政治、倫理、哲學、文學、藝術和習俗等廣泛的領域，對這些國家的歷史發展產生了巨大的影響和作用。

第一節　隋唐佛教宗派對朝鮮的影響

　　西元 4 世紀，佛教從中國傳入朝鮮[1]。前秦苻堅於建元八年（西元 372 年）派遣使者和僧人順道送佛像、佛經至高句麗。建元十年（西元 374 年）秦僧阿道又至高句麗。不久高句麗興建佛寺供順道和阿道居住，此為高句麗佛教的濫觴。東晉孝武帝太元九年（西元 384 年），胡僧摩羅難陀從東晉到百濟，創立佛寺，為百濟佛教之始。佛教傳入新羅也比較早，梁武帝太清三年（西元 549 年）曾遣使偕同來華的新羅學僧覺德送佛舍利至新羅國。陳文帝天嘉六年（西元 565 年）遣使赴新羅致送佛典 1700 餘卷。

1　當時朝鮮為三國（也稱三韓）時代。三國是位於北部的高句麗（一稱高麗），位於西南部的百濟和位於東南部的新羅。三國時代為西元前1世紀至西元7世紀。

　　隋唐時期朝鮮來華留學的僧人很多，尤其是西元 7 世紀後期，朝鮮在新羅統一時代與唐友好往來更加密切，隋唐佛教宗派大多數先後傳入朝鮮。

　　三論宗：唐貞觀二年（西元 628 年），高麗僧人慧灌、道登相繼來華，從三論宗創始人吉藏受傳「三論」義理，後均赴日本傳播三論宗義。

　　法相唯識宗：新羅人神昉和圓測是玄奘的大弟子，圓測門下道證於武周長壽二年（西元 693 年）由唐返國，闡發和宣傳唯識理論。又智鳳、智鸞、智雄三人自新羅入唐從窺基弟子智周受學唯識義理，後赴日本，弘傳法相唯識宗。

　　華嚴宗：新羅著名僧人義湘來陝西終南山至相寺，從華嚴宗二祖智儼學習《華嚴經》，時與法藏同學，後回國暢演華嚴義理，被尊為東海華嚴初祖。法藏曾托人帶自己的著作送義湘，義湘讀後，要弟子們礪志講習，並宣稱「博我者藏公，起予者爾輩」，成為中朝僧人弘傳「華嚴」的佳話。同時，新羅僧人元曉也精讀華嚴諸經，著述很多。

　　律宗新羅僧人慈藏來華學習律典，後得大藏經一部回國，是為朝鮮有大藏經之始。慈藏回國後被敕為大國統，大力弘揚佛法。他還使新羅服章改准唐儀，是新羅採用中國服儀之始。

　　禪宗：中國禪宗各派傳入朝鮮後，在新羅時代蔚成禪門九山，盛極一時。新羅僧人道義來唐學南宗禪，居住 37 年後回國，被尊為國師，經數傳而形成迦智山派，道義被奉為東海迦智山第一祖。洪陟（洪直）來華習禪，返國後敕修實相山，為實相山初祖。惠哲入唐留學 25 年，回國後創桐里山一派法系。無染來華，先習《華嚴》，後參馬祖法嗣如滿和實徹，受傳心印，回國後奉為國師，受六代君王的優隆禮遇。門下弟子 2000 人，成聖住山派。梵日入唐參馬祖門人濟安禪師，於武宗會昌年間回國，後形成闍崛山一系。與梵日同年自中國

回國的道允，其弟子折中住獅子山弘揚禪法，形成獅子山一派。相傳新羅僧人法朗入唐從禪宗四祖道信習禪法，後歸國弘揚。四傳至道憲，開曦陽山派。新羅僧人行寂是入唐參於青原行思系下的第一人，回國後門下多至 500 餘人。順支（順之）來唐參仰山慧寂，得法而歸，為新羅國溈仰宗之初傳。玄昱來華求法後回國，弟子有審希。後傳承玄昱和審希禪法的為鳳林山一派。慶猷和迴微先後來華參雲居道膺，返國後傳入曹洞宗。當時參於雲居的還有利嚴和麗嚴，此四人並稱東海四無畏大士。利嚴於唐昭宗時來華，參雲居道膺得法後，於梁太祖乾化元年（西元 911 年）回國，在開城西北建須彌山廣照寺，創須彌山一派。元大德八年（西元 1304 年），禪僧紹瓊泛海去高麗弘傳禪法，受高麗王的隆重歡迎，高麗僧從受禪法的甚多，紹瓊並施行百丈清規，教化隆盛。又高麗僧自超入元學習禪法，至正十六年（西元 1356 年）返國弘揚。此時中國正是元亡明興之際，朝鮮也是李氏王朝代高麗王朝而起，自超以禪學受到朝鮮太祖的崇敬並被尊為王師。禪宗以其九山的眾多門派，匯成為朝鮮佛教的主流。九山中八山在新羅，另一須彌山在高麗境內。九山中除曦陽一山屬道信法系外，其餘都屬慧能法系。而在慧能法系的八山中，除須彌一山之外，其餘七山都屬江西馬祖法系。九山之外，順支傳入溈仰宗，也是馬祖法系。

　　密宗：新羅僧人明朗於唐貞觀六年（西元 632 年）來華學習雜部密法，三年後回國，創金光寺，為海東神印宗的開祖。此後朝鮮僧人相繼來華學習密法，回國弘傳。唐僧人義林從善無畏學胎藏法，後赴新羅傳佈密教。

　　天臺宗：相傳新羅僧人玄光來華從慧思學法華三昧，後回國弘傳。此後 120 年，義天又來華習天臺教法。義天是高麗文宗第四子，早年出家，習華嚴義理，後被封為祐世僧統。宋元豐八年（西元 1085 年）來華求法，從天竺寺慈辯受傳天臺教觀，從杭州大中祥符寺

淨源學華嚴義理，回國後弘揚天臺、華嚴的教法。

隨著佛教的傳入，中國佛教文物也陸續輸入朝鮮。例如，宋初在成都新雕《大藏經》完成，宋太宗端拱二年（西元 989 年）就贈予高麗成宗王一部。後又時有贈送。中國北方遼道宗清寧九年（西元 1063 年）以新印《契丹藏》一部贈送高麗文宗王。高麗王朝還以蜀版藏經為底本開始雕印《大藏經》，即著名的《高麗藏》。後又以蜀版、契丹版、《高麗藏》初刻本對校勘正，重新雕印，具有重要學術價值。

佛教傳入朝鮮以後，自高麗、百濟、新羅三國鼎立時期，中經新羅時期，迄至高麗國時代（918-1392）約千年間，佛教極為興盛。高麗王朝時代，國王篤信佛教，王子和王族爭當僧侶。不少僧侶被尊為王師、國師，擔任國王顧問，佛教達到繁榮的頂峰。整個朝鮮文武庶物、各種制度、思想文化深受佛教的影響。及至李氏王朝以儒教尤其是朱子學為國教，佛教趨於衰落。20 世紀 50 年代，佛教在韓國又獲得迅速發展，成為目前韓國的最大宗教。

第二節　隋唐佛教宗派對日本佛教和文化的廣泛影響

中國佛教流傳到外國，受影響最深刻、最廣泛的首推日本。西元 6 世紀，佛教從中國經朝鮮半島南部的百濟傳入日本。當時日本信奉多神教，以為諸神既是人類的賜福者和保護者，又是人類的懲罰者和摧毀者。釋迦牟尼佛的形象，佛教的慈悲教義，似乎給人帶來仁慈和得救的福音。日本人以敬畏和喜悅的心情十分歡迎這一外來的宗教。在佛教傳入時期，大和皇國正在從一個由若干部族構成的權力結構演化成為一個中央政府。攝政的聖德太子決定利用佛教作為政治工具，

要求全體臣民皈依三寶，由此佛教得到巨大的發展，佛寺成為統治階級的權力和財富的象徵，也是新文化的象徵。

隨著中國僧人赴日傳法和日本來隋唐留學的僧人回國弘化，奈良時代（708-781）日本佛教逐漸形成了不同宗派：

三論宗：中國三論宗創始人吉藏的弟子、高麗僧慧灌於西元 625 年去日本弘傳「三論」，建立三論宗。吉藏弟子、高麗僧道登也赴日本住元興寺暢演空宗。慧灌弟子福亮、福亮兒子智藏、智藏門下道慈寺又先後入唐學「三論」，回國盛傳一宗的教旨。

法相宗：西元 653 年日本僧人道昭等來長安，受教於玄奘門下，回國後弘揚法相唯識宗學說，為日本法相宗初傳。後來日本沙門繼續來華學習，回國後形成元興寺傳（南寺傳）和興福寺傳（北寺傳）兩支。

華嚴宗：西元 736 年唐僧人道璿應邀赴日本弘揚「華嚴」義理，為日本華嚴宗第一傳。繼之中國華嚴宗創始人法藏的弟子、新羅國審詳去日本宣講《華嚴經》，為日本華嚴宗初祖。此後華嚴宗逐漸興盛起來。

律宗：應日本沙門榮睿、普照之請，揚州大明寺律宗大師鑒真，經歷五次挫折，雙目失明，終於唐天寶十二年（西元 753 年）第六次啟舟抵達日本。在奈良東大寺興建戒壇，日皇、皇后等 430 人從受菩薩戒。後又興建唐招提寺，並設戒壇，前後受度的達 4 萬人以上。鑒真被奉為日本律宗初祖。鑒真還將唐代的文學、醫術、工藝、文物制度介紹到日本，對日本的文化發展作出了巨大而深遠的貢獻。

此外，高麗僧慧灌也在日本講習《成實論》，由此又形成了依附於三論宗內的成實宗。道昭等在玄奘門下學過《俱舍論》，回國講述，由此又形成了法相宗內的俱舍宗。以上為由隋唐傳入日本而在奈良時代逐漸形成的六個宗派，當時以三論宗和法相宗最為興盛。

　　西元 794 年，日本國都由奈良遷到平安新城。在平安時代（782-1191），中國佛教天臺宗和真言宗（密宗）相繼傳入日本。日本著名僧人最澄（傳法大師）和空海（弘法大師）於西元 804 年一起泛海入唐求法。最澄在華從天臺宗九祖湛然的門徒道邃、行滿學天臺教義，後又另學牛頭禪法和密教，翌年回國大弘教化，在比叡山開創天臺一宗。空海到長安受密宗青龍寺惠果嫡傳，得金胎兩部真言祕藏，西元 806 年回國後盛弘密教，在高野山開真言一宗。最澄的法裔圓仁、圓珍和空海的法裔常曉、圓行、慧遠、宗睿也都入唐求法，他們和宗師最澄、空海，都從中國求得大量經書文物回國，對日本的佛教發展起了巨大的推進作用，日本佛教史稱之為「入唐八家」，極負盛名。天臺、真言兩宗都以祈禱「鎮護國家」、「積福滅災」為使命，在平安時代深受皇室、貴族的尊崇，最佔優勢，盛極一時，史稱「平安二宗」。迄今仍擁有大量的教徒和陣地。

　　日本鎌倉時代（1192-1333），由中國傳入日本的禪宗以及基於中國佛教的傳衍而形成的淨土和日蓮各宗特別興盛，並使佛教趨向於大眾化。日僧榮西於南宋乾道四年（西元 1168 年）和淳熙十四年（西元 1187 年）兩度來華從虛庵懷敞禪師受傳臨濟心印，修「看話禪」，回國後正式創立臨濟宗。榮西再傳弟子道元來華參謁禪宿，師事天童山長翁如淨，修「默照禪」，後回國開曹洞一宗。南宋以來，日本禪僧來華參學和宋僧渡日弘傳禪學（尤其是楊岐派禪法）十分頻繁。1199 年日僧俊芿到杭州徑山從楊岐派六世元聰受法傳入日本。1246 年蘭溪道隆東渡日本，弘傳禪宗楊岐派禪法，推動了禪宗在日本的大發展。鎌倉時代的日本禪宗有 24 個流派，其中 20 個流派屬於以恬淡和刻苦為宗風的臨濟宗楊岐派系統。

　　由唐宋傳入的善導的淨土念佛法門，後在日本開演為若干流派，如法然確立純粹稱名念佛、他力往生的教義，開創淨土宗。法然弟子

親鸞不注重勤修稱名念佛，而強調內心對阿彌陀佛的堅定信仰，並帶妻弘教，允許食肉，創立淨土真宗。此宗後又分為大谷和本願寺等15個流派。又有日蓮專奉漢譯《法華經》，認為唯有宣說《法華經》和高唱《法華經》的七字題目「南無妙法蓮華經」，才能拯救眾生，被奉為日蓮宗的宗祖。此宗後又分出若干流派。禪宗、淨土宗和日蓮宗都沒有繁雜的教義和儀式，主張不經過累世修行就可成佛，因而在武士和中下層人民中流傳甚廣。其中淨土宗和日蓮宗與日本民間信仰、習俗結合最為緊密，具有鮮明的日本民族特色，發展最為迅速，至今仍是日本佛教中擁有教徒最多的流派。

17世紀中葉，福州黃檗山隱元隆琦應邀赴日本，在宇治開創黃檗山萬福寺，舉揚黃檗的宗風，提倡參禪兼念佛，日常用漢語，生活中國化，一時日本曹洞、臨濟兩宗的禪僧紛紛投入他的門下。日本黃檗宗寺廟至今仍保持中國明代禪林的風範。

佛教傳入日本後，它的制度、教義、思想、文化滲透到日本社會政治文化的廣泛領域，滲入日本人民生活的各個角落，對社會生活、家庭生活、教育、慈善事業、劍道（武士道）、茶道、書道、文學、繪畫、雕刻、建築等都產生了深刻的影響。

佛教與日本國家政權密切結合，強烈地影響了國家政治生活。德聖太子定佛教為國教，奈良時代聖武天皇動員全國力量建立東大寺和國分寺，平安時代的官僚、貴族，鎌倉時代的將軍和江戶時代的幕僚，也都信奉佛教。國家的大部分事務都由僧侶辦理，古代日本政治帶有濃厚的佛教色彩。19世紀中葉以來，日本佛教界對佛教進行了適應資本主義社會的改革。佛教界新興教團相繼形成。如日蓮宗系的創價學會、立正佼成會、靈友會就很著名。創價學會建立的公明黨在日本參眾兩院中佔有重要地位，對日本政治生活產生著重要的影響。

佛教深入社會各階層，一度日本幾乎家家戶戶都安置有佛像、佛

壇，每日奉拜。親鸞提倡「在家佛教」，佛教趨於家庭化。佛教成為日本人民精神生活的重要內容，並深刻影響著他們的生活方式。

長期以來佛教興辦了大量的學校、養老院、孤兒院，對社會的教育、慈善事業發揮著重要作用。日本現在由一些佛教宗派設立的佛教大學就有 12 所，即大正大學、大谷大學、龍谷大學、立正大學、駒澤大學、佛教大學、花園大學、高野山大學、京都女子大學、東海同朋大學、種智院、愛知學院。這些大學除講授佛教外，還廣設其他學科。這對人民的文化教育生活乃至社會生活都產生了深刻的影響。

禪宗對於武士道有著直接的重大影響。武士們驅馳矢石之間，出入生死之門，倔強慓悍，需要一種適應這種心理狀態和生活方式的意識形態和磨煉方式。禪宗簡單明快的教義、簡樸寡欲的生活，刻苦磨煉身心的力行、重禮節義氣的風尚和「生死一如」、視死如夢幻的觀念都對武士在精神上產生極大的影響。禪宗的教義成為武士的精神武器。在武士們看來，不參禪的人，沒有資格談武士道。武士都要通過修禪以磨煉精神，達到所謂「兩頭俱截斷，一劍倚天寒」的「無我」境界。

12 世紀日僧榮西從中國帶回茶種，初種於禪寺的庭院之中，從此在禪院裡形成了飲茶和茶會的風習。後來又漸次普及到武士社會。日本還採用中國佛教的「茶宴」方法禮儀，把茶葉碾碎、細羅，然後沖水將茶末調成糊狀喝下。此種茶道，至今仍盛行不衰。

書法藝術是使用漢字的中日兩國特有的一種美術。鑒真東渡日本時，帶去《晉王右軍真行草》一卷，《小王真跡行書》三帖。一時日本學習王羲之書法蔚然成風。王羲之書法在日本書法藝術中曾一度起到了主導作用。空海和尚、桔逸勢和嵯峨天皇在日本書法史上號稱「三筆」，空海和尚和桔逸勢曾先後到唐朝留學。空海在中國期間學習了中國的書法，仿效顏真卿體，其書法擅長篆、隸、楷、行、草，

開日本書道宗師。空海還取漢字草書創日本字母的五十音圖，即所謂平假名。宋以來禪僧們在傳播書法藝術方面也起了重要作用。

中國宋代以來，禪僧往往兼通儒學。元代禪僧一山一寧開始把朱子學帶到日本，日本出現了一批兼通儒學的禪僧。自鎌倉後期至室町後期，京都、鎌倉的禪宗五山，成為禪宗和儒家等漢籍的刊印發行所。五山禪僧刻苦學習漢文，作漢詩，形成了輝煌的「五山文學」，在日本漢文學史上居於十分重要的地位，直接促進了江戶漢學的興起。

空海於西元 9 世紀初撰《文鏡祕府論》，是中國的文學和文學理論大規模地流傳到日本的標誌。隨著佛教東傳，唐詩也陸續傳到日本，在日本人的心目中，唐詩被視為自己國家的古典。直至現在，日本中小學教科書裡還編入不少漢詩和中國寓言。

隨著佛教東傳，中國的建築藝術也傳入日本。鑒真和尚是一位熱心營造寺院的建築者，他也將建築藝術帶到日本。他在奈良仿唐建築造唐招提寺，影響所及，日本先後營建的平城京和平安京，在城市規劃和宮殿建築方面都同唐長安城和宮殿完全一致。

人們常愛說中日兩國同文同種，在同文方面，可以說佛教起到了重要的橋梁作用。這從上面的舉例性的敘述中，已經得到了充分的證明。

第三節　禪宗和淨土宗與越南佛教的密切關係

中國和越南地壤相接，交通方便，越南又是中印海路交往的中途站，所以佛教也很早就傳入越南。相傳，西元 2 世紀末，中國東漢學者牟融，因避亂從廣西到交趾（今越南河內）居住，著《理惑論》，以顯揚佛教。此後，中國僧人不斷到越南弘傳佛教。西元 6 世紀以來，中國佛教禪宗和淨土宗相繼傳入越南，並獲得廣泛的流傳，形成了若

干流派。在越南佛教先後被李朝（1010-1224）和陳朝（1225-1405）定為國教。到了 15 世紀，越南統治者推崇儒學，佛教一度被削弱。17 世紀末佛教又開始復興，並形成了禪宗和淨土宗的進一步結合。

滅喜禪派：滅喜（毗尼多流支），南印度人，來中國後曾師事禪宗三祖僧璨，西元 580 年從中國赴越南，在越南河東省法雲寺創建中國禪宗的滅喜派（毗尼多流支派）。據傳，滅喜的弟子法賢以《楞伽經》為心要，法賢的弟子清辯則以《金剛經》為眼目。此派約流傳至 13 世紀後趨於衰微。

無言通禪派：無言通禪師，廣東人，後在浙江婺州（金華一帶）雙林寺出家，曾依百丈懷海禪師為弟子。唐元和十五年（西元 820 年）到越南，在北寧仙游縣建初寺開創無言通禪派，宣傳百丈禪師的南宗禪。該派第四代匡越大師吳真流，丁朝封他為僧統，掌理政務，後又晉封為太師。在李朝全盛時代，此派更是人才輩出。無言通禪這一派在越南遞相傳持，綿延不斷，至今仍是越南禪宗的主流。

草堂禪派：草堂禪師係中國人，禪宗雲門宗雪竇重顯的弟子，後到越南行化，受越南李朝聖宗和大臣的崇敬，住開國寺，大張法筵，宣傳「雪竇百則」，自開一派。

竹林禪派：繼李朝的陳朝也崇奉佛教。陳太宗曾受教於由中國去越南的天封禪師，又曾從宋朝德誠禪師參學。三傳而至陳仁宗，更加篤志禪學，禪位出家為僧，號竹林大士，參禪著述，教化弟子多達千餘人，開竹林派。因道場建於安子山花煙寺，也稱「竹林安子禪派」。此派以宣傳中國禪宗大慧宗杲的臨濟禪法為主。

竹林蓮宗派：17 世紀末，竹林禪派又分化出新的一派，竹林禪派白梅麟角和尚在昇龍城（今河內）創蓮宗派。他吸取中國南宋慈照子元宣導的白蓮教教義，並將臨濟禪法和念阿彌陀佛結合起來，宣揚禪教雙運，以教為佛眼，禪是佛心，實際上以專念阿彌陀佛為其中心。

此派在越南北部農民中廣泛流傳，乃至成為以後越南佛教的主流。

越南佛教深受中國佛教的影響，寺院和佛塔的建築都保留著中國的色彩。越南佛教的經典也是中國的文字，僧侶和其他佛教徒一直使用中文大藏經，受戒儀式也和中國佛教相同。至於近代越南佛教則是中國大乘佛教、儒教、道教和越南民間信仰的混合物，呈現為混雜信仰的獨特形態。

第四節　藏傳佛教的對外傳播

13 世紀末，元朝正式確定藏傳佛教為國教，藏傳佛教在蒙古族中逐漸在上層貴族和下層人民中廣泛流傳起來。上層貴族建立佛教寺廟，並從西藏請來喇嘛，將藏文經典譯成蒙文。1641 年喀爾喀大封建主土謝圖汗滾布多爾濟的兒子被宣佈為蒙古活佛，法號哲布尊丹巴。清王朝還規定蒙古每個旗都要建立喇嘛廟，每戶有男子二人以上者必須有一人出家為僧。1911 年清王朝滅亡後，哲布尊丹巴活佛成為蒙古集政教大權於一身的專制皇帝。喇嘛農奴主擁有大量的牧奴和牲畜。直至 1924 年哲布尊丹巴活佛君主立憲制被廢除、成立蒙古人民共和國之前，蒙古有喇嘛 105000 人之多，占全蒙古男子總數的 44%，占全部人口的 1/7。

藏傳佛教也流傳於今西伯利亞等地。17 世紀以來，沙皇俄國一直採取扶植佛教的政策，在與蒙古接壤的地區建立了許多規模宏大的喇嘛廟。現在該地有佛教徒約 50 萬人，分為三支：一支是布裡亞特族人，分佈在西伯利亞的布裡亞特共和國、伊爾庫茨克省和赤塔省；一支是卡爾穆克族人，分佈在伏爾加河三角洲西南；一支是圖瓦族人，分佈在中俄邊境上的圖瓦自治省。

約在 12 世紀末，藏傳佛教噶舉派高僧安伽·旺·南摩伽羅喇嘛到

不丹傳播噶舉派。後來又傳入了寧瑪派。在不丹，藏傳佛教被奉為國教，轉世喇嘛是國家的最高統治者，各地喇嘛教主寺是各級政權機構的本部。20 世紀初喇嘛佛爺們確立不丹為君主國，後終止活佛轉世制度。現在不丹的每個村莊都有喇嘛廟，全國有 5000 個喇嘛，生活費用都由政府提供。

17 世紀初，藏傳佛教高僧拉蓂‧欽博喇嘛帶弟子入錫金傳寧瑪派。18 世紀錫金又興建噶舉派主寺。寧瑪派和噶舉派成為錫金佛教中占統治地位的教派。1642 年佛爺贈錫金國王以佐伽亞羅的稱號，意為神授國王，錫金成為政教合一的王國。

第五節　近代中國佛教輸入東南亞地區

近代隨著大批華人移居東南亞地區，從事經商和開墾，中國佛教也傳入馬來西亞和新加坡等國。

古代馬來半島曾受印度文化的強烈影響，居民大都信奉佛教和印度教。15 世紀，麻六甲王國宣佈伊斯蘭教為國教，佛寺遭毀滅，佛教瀕於滅絕。19 世紀以來，大批華人僧侶和佛教徒來到馬來西亞，興建佛寺，信徒逐漸增多。全國形成了檳城和吉隆坡兩大佛教中心。檳城的華人約 70%信奉大乘佛教。

19 世紀初，福建和廣東等地人來到新加坡定居，佛教僧侶也來此建立寺廟，創辦佛教學校，傳播佛教教義。1926 年，中國的太虛法師赴新加坡組織星洲講經會，後又組織新加坡中華佛教會等。新加坡 3/4 的居民為華人，華人主要信奉佛教、道教。新加坡「兩巷一庵，一街三寺」，寺廟很多，有的規模也相當大。佛教僧侶分為閩、粵兩大派系，兩派大多奉持中國佛教的禪宗和淨土宗。

此外，近代中國佛教又傳入菲律賓，主要是一些華僑和華裔為了

消災祈福的需要，而信奉從中國內地帶去的佛教，佛教徒近 5 萬人，主要集中在首都馬尼拉。

（本書原由上海人民出版社 1988 年出版）

論魏晉時代佛學和玄學[1]的異同[2]

　　玄學和佛學曾是我國魏晉時代意識形態領域的兩大重要組成部分，這兩股思潮以其高度抽象和比較艱深的唯心主義思辨形態呈現於歷史舞臺，而且各有五光十色的支流派別、紛紜龐雜的體系結構。這給人們的確切理解，尤其是對兩者關係的科學研究帶來諸多困難，不易明其底蘊。自近代以來，思想界在研究魏晉佛學和玄學以及兩者關係問題上，有了重要的進展。但是也有不足之處，這主要有兩個表現：一可稱為二者完全相異論，籠統地認為佛教是古印度佛祖的「遺訓」，早成千古不變的神聖信條，不受我國魏晉時代社會歷史條件的制約，不受世俗理論即所謂「玄學」的影響，此時的「佛學」和此時的「玄學」是完全不同的兩種思想；另一種觀點可稱為二者簡單等同論，認為魏晉「佛學」尤其是般若學各派就是魏晉「玄學」各派的翻版，般若學內部的分歧和鬥爭就是玄學的分歧和鬥爭，佛學只不過是玄學發展的一個階段，把魏晉佛學簡單地等同為魏晉玄學。這些觀點都是值得商榷的。

　　歷史上魏晉「佛學」和「玄學」的關係究竟怎樣？要科學地回答這個問題，必須先對魏晉玄學的產生和發展、佛學的流傳和嬗變作一簡要的歷史考察，從它們的客觀歷史發展進程中探明其相互關係，辨

1　玄學，有廣狹二義，廣義的玄學，泛指一切抽象的理論，亦稱「形而上學」（metaphysics），自然「佛學」也包括在內；狹義的玄學，專指我國魏晉時代特有的一種思潮，此處用狹義。

2　本文係與石峻合作而成。

明其異同，即從兩者的歷史發展中揭示其影響作用，總結其同中之
異，異中之同。

一 魏晉玄學的產生和發展

魏晉玄學的產生有其深刻的社會經濟、政治根源和思想根源，它
既非外來的佛學思想直接影響的產物，也非我國以往傳統思想孤立地
演變的結果，而是由於當時統治階級現實政治需要，繼承、改造和發
展先秦至兩漢以來道家、儒家等思想的一種新的意識形態。

什麼是魏晉玄學？魏晉玄學是一個特定的歷史概念，指我國魏晉
時代居於統治地位的理論學說。它的中心思想是講「天人之際」的，
「天」指天道，即宇宙觀；「人」指社會人事，包括政教措施。所謂
「天人之際」就是講天道和人事及其相互關係的理論，也就是講宇宙
「自然」和社會「名教」的關係的理論，所以它既是哲學，又是社會
政治學說。從哲學的高度論證社會政治思想，就是魏晉玄學理論的基
本結構和主要內容，因此，又可以說魏晉玄學是一種政治色彩極為濃
重的哲學。我們認為這也是確切地把握魏晉玄學內涵的關鍵。

魏晉玄學產生的原因，我們可以從各種角度、多重層次去考察：

首先，第一位的是社會經濟、政治原因。魏晉時代指繼東漢之後
的曹氏（魏）和司馬氏（晉）王朝，在這期間，原來胚胎於東漢的門
閥士族制度進一步定型了，歷史進入門閥士族地主專政的年代。為了
維護門閥士族的種種特權和經濟利益，鞏固封建統治，總結漢代統治
思想——儒家禮法「名教」的得失利弊和經驗教訓，重新尋找和建立
新的統治思想，成為統治階級思想家面臨的首要的中心課題。儒家的
禮法思想在漢代現實生活中弊端叢生，不僅受到農民起義的武力批判
和強烈衝擊，而且受到進步思想家的尖銳揭露和猛烈抨擊，以致威嚴

掃地。魏晉玄學奠基人之一王弼（226-249）總結性地評價說：「崇仁義，愈致斯偽」，「巧愈精思，偽愈多變，攻之彌甚，避之彌勤」（《老子微旨略例》）。認為過去一段歷史時期，只標榜仁義，講求刑法，而且越搞越煩瑣，日益陷入表面的枝節爭議。其結果只會促使人們在追求形式，特別在實行所謂「察舉制度」來選拔官吏的情況下，圖謀虛名，弄虛作假，爭權奪利；或者逼使人們想方設法逃避和對抗刑法的限制和制裁，從而不僅破壞了名法之治，而且引起多數人們的憤恨和反對。

由此他進一步認為「名教」不過是形式，只是一些枝節性的東西。要鞏固統治，應當抓住問題的本質，掌握一切帶根本性的東西。只有這樣分清本末，並把本末統一起來，才是治國的根本途徑。因此，他說：「從事於道者，以無為為君。」（《老子‧二十三章注》）所謂「無為」就是「自然」的別名，「順自然而行，不造不始（施）」，「因物自然，不設不施」（《老子‧二十七章注》），順應「自然」，按事物的本性進行治理。這個「自然」可說是仁義禮法的根本，亦即「名教」的「本」，而「名教」是「末」。結論是「名教」本於「自然」，出於「自然」。換言之，只有符合「自然」，「名教」的作用才能真正顯示和發揮出來，使封建統治得以鞏固。正是從這個根本論點出發，王弼精心地炮製了一個以「無」為本，即「貴無」的本體論，並運用本末、體用、一多、寡眾、靜動、常變、言意等各種哲學對立範疇系統地展開論證。王弼本無論體系的核心在否認有離「體」之用，實質上是拐彎抹角地、巧妙地論證了「名教」的必然性、永恆性，從而也就論證了封建社會秩序的合理性、絕對性。

後來另一個著名玄學家郭象（252-312）更是司馬氏集團的御用

哲學家，他通過作《莊子注》[3]編造了一個「獨化於玄冥之境」的唯心主義哲學體系。其中心目的是在進而論證「名教」即「自然」的思想基礎上，特別注重上下人等都要安於「性分」，不得妄求。可以說這是完全為司馬氏統治集團政治服務的一種「奴才哲學」。嵇康（223-262）因有見於統治者的虛偽行徑，於是提出「越名教而任自然」（《釋私論》）的主張，其實質仍在於維護和堅持他所理想的封建綱常。至於後來裴頠（276-300）為了反對統治者的虛浮作風，著《崇有論》，更是直接地呼籲和高唱「名教」的重要性。其哲學理論雖與王弼等相反，但是鞏固封建統治的用心則是一致的。由此可見，魏晉玄學是和魏晉時代的現實政治生活密切相聯繫著的，它導源於當時的經濟和政治，同時又是為當時的統治階級服務的。

有一種觀點強調，魏晉玄學似乎純粹是為當時門閥士族的豪華奢侈、荒淫放縱、懶惰懈怠、醉生夢死的腐朽生活態度作論證的。我們認為，這只能說是觸及了某些表面現象，很難說是深刻的、全面的。魏晉玄學雖然也可被用來為人生享樂行徑作辯護，並且後來確實也有人是如此做的，但是玄學家們創立玄學體系的根本目的是積極地為封建統治提供論證。如果僅僅是為腐化享樂行為辯護，顯然是不需要編造如此精緻的唯心主義哲學體系的。我們不能忽視魏晉玄學的社會政治實質。

還有一種與上一點相聯繫著的觀點，即認為魏晉玄學是崇尚空談、浮華任誕、不幹世事、不涉政治的。這也是被玄學的某些皮相所迷惑，實際上恰恰相反，從根本上說，以王弼為代表的貴無派的「貴無」學說就是一種政治觀，是通過講「無」來講門閥士族的政治統治

---

3 關於《莊子注》的作者，有關史籍有不同的記載，我們傾向於今本郭象《莊子注》。它可能是郭象在向秀注的基礎上「述而廣之」，即增改而成，當然也不能說完全一致，事實上本書代表了向秀、郭象兩人的思想。

術的。

其次，第二位的是思想淵源方面的原因。作為哲學政治學思想體系的魏晉玄學是不可能憑空產生的，而必定要受先前思想的影響，魏晉玄學正是在適應統治階級需要的基礎上，對漢代經學的繼承、改造，同時也是批判地吸取道家的思想，尤其是天道無為的觀點，把儒道結合起來，又以道為主，用以解釋、論述儒家思想的一種新的統治思想。

這裡，我們從三國時魏國社會專制統治及其政治思想的歷史發展進程，和從王弼形成以「無」為本的唯心主義哲學體系的邏輯內在進程兩者相統一的角度，闡明王弼一派的思想主要是魏國專制統治的理論總結和哲學概括，並說明魏晉玄學來源於過去道、儒等思想的歷史真相。

王弼生於三國時期魏文帝末年，魏文帝時，在意識形態領域裡著重討論的是社會政治方面的「名教」問題。當時稱為「形名（刑名）之學」，學者則稱為「名家」。「形名之學」是先秦儒家「正名」觀點和法家「綜核名實」的思想的合璧，也是漢代經學政治思想的發展。作為封建統治思想，魏晉玄學和漢代經學一樣都是以研究「聖人」（人君、皇帝）如何治理天下為出發點的。漢代經學認為皇帝治理天下的最大任務是兩項，一是設官分職，一是知人善任（用）。這就是「名教」的問題。按照這種「名教」思想推論開來，皇帝是統攝、觀照全域的，就是所謂無為的，而臣民是分事局部職責，便是所謂有為的。皇帝如果能夠這樣做到，也就是「無為而無不為」，也可說是合乎「道」或「天道」了。既然合乎「道」，皇帝也就算是「道體」，可以「配天」，而臣下各盡所職，只是有「德」、為「人」。這樣，「道」和「德」就等於「天」和「人」。進而可以說，「道、德」、「天、人」的不同也就是「名教」與「自然」之辯。皇帝的「君德」配「天

道」、「自然」，其「用」（作用）在行「名教」，以治理天下。所以，
又可以說「自然」是「體」、是「本」，「名教」是「用」、是「末」。[4]
這樣由「名教」的尋根溯源而推出了「名教」與「自然」之辯，更進
而論證了所謂體用本末[5]的關係。這樣就由儒家的政治學說的推衍而
通往道家的天道無為，並改鑄、發展為以「無」為本的哲學體系。這
就是當時統治思想的演變進程，也是王弼玄學唯心主義的邏輯途徑。
由此可見，王弼的玄學是由社會政治思想進而昇華為哲學思想的，是
從人君的所謂「君德」進而概括為宇宙本體的。由此也可見王弼的玄
學是我國固有的傳統思想尤其是儒、道思想的承襲和發展。從何晏、
王弼和向秀、郭象這些魏晉玄學的最重要的代表人物的有關傳記來
看，其中並沒有他們閱覽佛教典籍的記載，從他們的著作內容來考
察，事實上也看不出什麼佛學思想的影響。

近現代一些學者認為魏晉玄學的產生受到了佛學的影響。如梁啟
超在《中國佛法興衰沿革說略》一文中說，魏晉間「易老」之學大
昌，王弼、何晏輩是最著名的代表，而當「正在縹渺彷徨，若無歸宿
之時，而此智德巍巍之佛法，忽於此時輸入，則群趨之，若水歸壑，
固其所也」，把佛學看作魏晉玄學的歸宿。這種認為佛法影響魏晉玄
學產生的看法，迄今仍為有的學者所執著。我們認為從上述三國時魏
國思想的演變、王弼等思想體系的形成以及何、王等人著作的內容來

4　參見湯用彤：《魏晉思想的發展》，《湯用彤全集》第4卷，103-113頁，石家莊，河北
　　人民出版，2000。
5　《荀子‧富國》篇說：「故田野縣鄙者，財之本也，垣窌倉廩者，財之末也。」《荀
　　子‧君道》篇說：「知務本禁末之為多材也。」可見「本、末」原是經濟範疇內的
　　用語，後來作為治理國家的方針而具有了政治意義。《禮記‧大學》：「物有本末，
　　事有終始。」本末，已指事物的根源和結局。王弼則是把本末提高到哲學高度，和
　　體用統一起來作為玄學的基本範疇。從本末範疇含義的演變，也可見哲學和經濟、
　　政治的聯繫，並有助於說明王弼哲學思想的實質。

看，梁啟超等人的論斷是不符合史實的。從思想淵源來看，魏晉玄學的產生是我國固有的傳統思想演變的結果，而不是外來佛學影響的產物，也不是我國固有傳統思想和外來佛學思想合流的產物。

二 魏晉佛學的流傳和嬗變

佛教在漢代傳入我國，魏晉時在當時玄學的支配下，日益與玄學唯心主義思潮相結合，佛玄合流，後來它又反過來給玄學唯心主義以影響，豐富和發展了玄學唯心主義，並取代了玄學的地位而在南朝時一度成為最重要的社會統治思想。

佛教是外來的宗教，它原來賴以產生和流傳的古代印度社會歷史背景和中國社會歷史條件並不完全相同，佛教的內容結構、思想方法和經常使用的概念範疇，也都和中國固有的學術思想有所不同，加之由於語言文字的隔閡，說理艱深晦澀，這樣就有一個如何為中國人所理解接受進而擴大宣傳的問題。而這又要受兩個重要條件的制約：第一，是受中國僧人和學者的主客觀條件的影響，其中最重要的是他們的階級立場和原有文化思想素養的影響。具有相當文化水準而能夠翻譯、注釋和講解佛教典籍的人，一般說來多是出身於地主階級家庭，深受儒道傳統思想的洗禮和當時玄學思潮薰陶的，這種「先入為主」的思想作用必定是有意無意地、自覺不自覺地影響著傳入的印度佛教的思想和風貌。第二，最為重要的是要受中國魏晉時代國情的影響，即由社會經濟、政治條件所決定。而這種決定作用集中到一點就是要符合、適應掌握國家政權的統治階級的需要，而其最直接的表現就是要和當時的統治思想——魏晉玄學相協調、一致，回避、調和某些矛盾相違之處，補充、增添某些有助於玄學的內容，它要以宗教形式回答和說明當時亂世如麻的各種社會現實問題。因此，佛教譯經重點和

宣傳重點都要適應玄學和現實社會的需要而調整、變通，甚至它的理論觀點本身也難免要作相應的改變和發展。可以這樣說，魏晉佛學廣泛流傳的過程，就是在不斷消化變通印度佛教的過程，就是與中國固有思想融合並不斷發展創新的過程。這種基於深厚的社會經濟、政治、思想的根源而決定的印度佛學中國化，是必然的歷史規律，是不以人們意志為轉移的。

佛教在東漢末年傳譯漸廣，引起社會的關注，名僧和名士也開始交往結合。但是漢魏間佛法並不興盛。到了西晉時代雖譯出了上千卷的經典，而真正引起統治者和思想界興趣和注意的則是「般若」學。這是因為佛教般若學在理論上可以和玄學牽強比附，互相發揮，名僧在生活行為上和名士可以相投契合，互感共鳴。如西晉支孝龍和阮瞻、庾凱等結為知音之友，世稱為「八達」，東晉孫綽作《道賢論》（《弘明集》卷 3）以七道人與七賢人相比擬。佛教真正風行，是在西晉中葉以後。

至東晉時代，一些佛教學者紛紛撰寫佛教哲學論文，以佛教哲學家的姿態登上歷史舞臺，以至思想界最突出的人物已多屬於佛學家了。如支遁、道安、慧遠、鳩摩羅什、道生和僧肇就是整整一代的著名佛教理論家。整個魏晉時代佛學主要是般若學和涅槃學兩大潮流、兩大階段，而般若學的流傳又可分為二小段，一是道安時代的般若學，一是鳩摩羅什─僧肇時代的般若學。

道安時代的般若學大約有兩種類型、兩個流派：「格義」和「六家」。據佛教史籍記載：「自慧風東扇，法言流詠以來，雖曰講肄，格義迂而乖本，六家偏而不即。」（僧叡：《毗摩羅詰提經義疏序》）僧叡批評「格義」違背佛教本意和「六家」偏頗不合佛教真諦。這表明當時我國般若學者存在兩種方法、兩種風尚，僧叡批評這種情況，是他不懂得也不可能懂得所以出現這種情況是有其深刻的社會歷史原

因的。

「格義」，是指用中國的原有的名詞、概念，特別是用老莊哲學的名詞、概念去比附佛經的名詞、概念。這種學派的形成，是由於般若性空學說抽象思辨性強，而且又很空泛，中國僧人不易把握它的內容。在朱士行等譯出《放光般若經》後，一些說明般若理論的事數（名相），如講分析人們有關心理和物理現象構成的五蘊、十二處、十八界[6]等也比較完備，亟待弄清。為此，和道安同時的康法朗以及道安的同學竺法雅等創造了連類比附、以章句是務的格義方法，這在當時是不可避免的，是佛教流傳的需要，也是佛學依附玄學的表現，或者說是中國傳統思想和魏晉玄學對佛學施展影響的手段和形式。道安認為：「先舊格義，於理多違。」（《高僧傳・釋道安傳》）不滿格義，但是他不僅允許其高足弟子慧遠講道時可引《莊子》等書來觸類旁通說明佛理，而且他本人事實上也擺脫不了以老莊的名詞術語比附佛教的方法。

道安雖也搞「格義」，但畢竟又反對「格義」，這表明「格義」的方法已發生動搖。道安是「格義」和「六家」兼而有之，由「格義」轉到「六家」的複雜人物。當時道安和支遁等著名僧人都崇尚清通簡要，融貫大義，不執著文句，自由發揮思想，由此而形成「六家」或「六家七宗」的般若學流派，把般若學推進到興盛時期。當時的流派按基本論點的差異來看，主要是三派：就是「心無」派，主張心（相當於精神）無，至於物質本身是否無，未加考慮；「即色」派，主張

6　「五蘊」，「蘊」，梵文作skandha，有集聚、合積的意思。「五蘊」，指佛教所謂組成人身的五類東西：色（組成身體的物質）、受（隨感官生起的苦、樂、憂、喜等感情）、想（意想作用）、行（意志活動）、識（意識）。「十二處」，指眼處、色處、耳處、聲處、鼻處、香處、舌處、味處、身處、所觸處、意處和法處。「十八界」，指眼界、色界、眼識界、耳界、聲界、耳識界、鼻界、香界、鼻識界、舌界、味界、舌識界、身界、所觸界、身識界、意界、法界、意識界。

物無，當時的「識含」、「幻化」、「緣會」等也都是著眼於從物質現象
（色）來談空的，與這派頗為相似；「本無」派，主張心物俱無。般
若學流派的分別和鬥爭大體上是和魏晉玄學各派的分歧相呼應的，它
們所爭論問題、思辨方法、論證路數等都受玄學的影響。魏晉玄學的
中心問題是辯論所謂體用，即本末、有無的關係問題。當時般若學的
中心問題也是在談本末、空（無）有的問題。這實際上是按照魏晉玄
學的思想和範疇對印度般若學二諦說的比附、引申和發揮，即把「真
諦」說成是本體的「無」，「俗諦」說成是萬物的「有」。由此又涉及
心靈和物質的關係問題，何者是本無，何者是末有，形成了不同的論
點。這是在中國哲學史上以明確的概念和方式表述了哲學基本問題的
分歧，推進了我國哲學理論思維的前進，而「六家」之爭客觀上也有
利於唯物主義的發展。

　　這裡我們再以道安為例來說明般若學對玄學依附的狀況。道安是
當時的佛教領袖，他跟蹤中國佛教的歷史足跡，由學禪數[7]到講般
若，由禪觀[8]轉趣「性空」。不僅止於此，他雖然依據《般若經》主張
「性空」，但是究竟怎樣空、空什麼，他對這些問題的具體論述也並
不符合原來般若學的宗旨。般若學主張「有」「無」雙遣以明「空」
義，道安則強調以「無」為本，而這正是以接近何晏、王弼的「本
無」派思想去理解般若學的結果。道安認為「無在元化之先，空為眾
形之始，故謂本無」（曇濟：《六家七宗論》）。這是何晏的「有之為
有，恃無以生」（《列子・天瑞注》引《道論》），王弼的「凡有皆始於
無」（《老子・一章注》）、「天地雖廣，以無為心」（《老子・三十八章

7　「禪數」，佛教禪定的一種，其要旨是靜心默數呼吸的出入，如從一到十，迴圈計
　　數，以改正心思的散亂，是佛教的一種修行方法。
8　「禪觀」，佛教禪定的一種，是指對「心」的內省功夫，求得神祕的智慧，以直探
　　心源，悟解客觀世界是虛幻不實的，是佛教的一種修行方法。

注》）的同調。這都表明道安的佛教思想原本是和魏晉玄學主流派「本無」思想接近，並趨於一致的。道安深刻了解只有和中國統治思想相協調，佛教才能流行，他說：「以斯邦（中國）人老莊教行，與方等經兼忘相似，故因風易行也。」[9]慧遠也說：「苟會之有宗，則百家同致。」（《與劉遺民書》，見《廣弘明集》卷 27）又說：「如今合內外之道以弘教之情，則知理會之必同。」（《三報論》，見《弘明集》卷 5）更是公開主張融合佛教和我國原有的統治思想，違背印度佛理。道安深深懂得「不依國主，則法事難立」（《高僧傳·釋道安傳》），也自覺不自覺地用宗教來愚弄人民。比如，他宣揚「本無」說，是要人們「無為」、「無欲」，「……損之又損之，以至於無為……忘之又忘之，以至於無欲也」[10]。他還要人民放棄反抗剝削統治階級的鬥爭：「怨憾之興，興於此彼，此彼既興，遂成仇敵……是以如來訓之以等……等心既富，怨本息矣。」[11]正因如此，道安得到了晉孝武帝詔書表彰：「居道訓俗，徽績兼著，豈直規濟當今，方乃陶津來世。」（《高僧傳·釋道安傳》）這也把道安佛學思想的社會作用表露得昭然若揭了。

　　道安時，出生於龜茲即今新疆庫車的鳩摩羅什，由於對佛教小乘和大乘教理的長期鑽研，造詣頗深，聲譽特高。道安晚年曾建議前秦最高統治者苻堅迎羅什來內地。道安去世的同年，苻堅派兵劫羅什到涼州（今甘肅武威），西元 401 年又被迎至長安（今陝西西安），從事翻譯、講學、培養弟子。鳩摩羅什的佛教活動，不僅開闢了我國譯經史上的新紀元，而且把般若學推向了新階段。

　　在鳩摩羅什來內地以前，我國佛教學者一般對大小乘的區別是不

9　《鼻奈耶序》，《大正藏》第24卷，851頁。

10　《安般注序》，《大正藏》第55卷，43頁。

11　《大十二門經序》，《大正藏》第55卷，46頁。

太清楚的，尤其是對當時流行的般若學思想內核幾乎很少有準確的理解和把握。而佛教般若學各派步調的混亂，日益不利於佛教影響的進一步擴大。要求統一思想，進而要求獨立發展，以取代玄學的地位，對於在寺院經濟得到發展以後的僧侶貴族來說，已成為一種強烈的自發趨勢。同時佛教由於依附玄學而擴大了勢力，加強了影響，如支遁的《莊子‧逍遙遊注》，不同意郭象等人的以「適性」為逍遙的觀點，而提出只有「至人」（有至德的人，即體現了最高理想的人）才能逍遙的思想，被稱為「支理」，作為標準注解。支遁也一時成為《莊》學的權威，深得名士們的讚賞。相反，玄學內部由於出現反對唯心主義的唯物主義流派而削弱了作為統治思想的作用。正是在這種歷史背景下，鳩摩羅什著重介紹了印度大乘佛教龍樹一派的中觀學說，從佛學源流上廓清了對般若學各家的異解，適應了佛教進一步發展的要求。

鳩摩羅什在關中時，前來從學的僧人據說最多時可能達 3000人，其間有傳記可考的著名人物不下 30 餘人，而其中僧肇、道生等八人被稱為什門八子，八人中肇、生等四人更稱為「關中四子」、「四聖」。道生為涅槃之聖，僧肇為「三論」之祖。僧肇比較「專精」，是真正得羅什正傳的第一人，據唐元康《肇論疏》引《名僧傳》說，羅什稱「秦人解空第一者，僧肇其人也」。後世講關河傳承[12]，也都什、肇並稱。羅什忙於主持譯事，著述不多，且又殘佚不全，他的高足弟子僧肇可稱為般若學新階段的最突出、最重要的思想代表。

僧肇最重要的代表作是《不真空論》、《物不遷論》和《般若無知論》（另有《涅槃無名論》，或係偽作），此「三論」中的《不真空論》是講世界觀的，最為重要。僧肇所運用的方法是羅什傳來的中觀

---

12 「關河傳承」，指5世紀初我國著名的佛經翻譯家鳩摩羅什及其弟子僧肇等人，在陝西關中長安一帶傳播印度大乘佛教龍樹一派中觀學說及其後來的傳授系統。

學，其特點是用相對主義的方法，以論證世界的空無，也就是既不只講有，也不只講無，而講亦有亦無，非有非無，有無雙遣，有無並存，合有無以構成空義。這種有與無統一，不落兩邊，不偏不倚，也稱為合乎「中道」，是為「中觀」。這種唯心主義思辨，比當時般若學各派都高出一籌。僧肇在《不真空論》裡依據這種方法強調萬物都是「假號不真」。他說：「欲言其有，有非真生（因緣所生）；欲言其無，事象既形（顯示現象）。象形不即無，非真非實有。然則不真空義，顯於茲矣。」

僧肇在《不真空論》一文中還對當時流行的三家性空理論作了批判。他說：「故頃爾談論，至於虛宗，每有不同。夫以不同而適同，有何物而可同哉！故眾論競作，而性莫同焉。何則？心無者，無心於萬物，萬物未嘗無。此得在於神靜，失在於物虛。即色者，明色不自色，故雖色而非色也。夫言色者，但當色即色，豈待色色而後為色哉？此直語色不自色，未領色之非色也。『本無』者，情尚於無，多觸言以賓無。故『非有』，有即無；『非無』，無亦無。尋夫立文之本旨者，直以非有非真有，非無非真無耳。何必非有無此有，非無無彼無？此直好無之談，豈謂順通事實，即物之情哉？」認為「心無」、「即色」、「本無」這三派講空都不得要領，對於「無」和現象之「有」的關係，都是把兩者絕對對立起來，各落一邊：或把「無」絕對化，而否定假有的存在，或把假有絕對化，而否定「無」的存在，沒有把「有」和「無」兩方面統一起來，結果都不符合大乘般若學的中觀奧義。僧肇這種相對主義的唯心主義思辨，如果就肯定和否定相統一的具體事物來說，是有合理成分的，但對整個宇宙來說，則是完全錯誤的。這種哲學表面上非常全面，既不簡單地否定有，也不籠統地肯定無，這在宣揚虛無主義、出世主義方面確實具有更大的迷惑性。所以它對爾後中國佛教的發展有巨大的影響，後來隋唐三論宗的

興起、天臺宗的創立和禪宗的盛行都是和這種思想的流傳相關的。

應當指出，僧肇的批判是針對佛教界內部分歧而發的，不是針對魏晉玄學的。但是在客觀上也是對相應的玄學流派的批判。正是在這個意義上可以說，僧肇的《不真空論》等，不僅是對道安時代佛教般若學的批判性總結，也是對魏晉玄學的某種總結，是對魏晉玄學的豐富和發展。

在僧肇的上述「三論」中，我們還可以看到一種企圖擺脫玄學影響，而又沒有能完全脫離玄學影響的矛盾現象。首先，僧肇不僅對與玄學貴無派相一致的般若學本無派等作了明確的批判，而且回避了玄學家常用的「本」、「末」等範疇，用相對主義的手法強調有無的相對性和統一性。其次，僧肇雖然本於印度龍樹一派中觀學說，但是實際上仍然受魏晉玄學體用觀念的支配。所不同的只是玄學家往往重體輕用，或以用為體，而僧肇則主張即體即用，或者說通過即體即用的相對主義論證，最終歸結為超出體用之辯的所謂佛教理想境界。最後，僧肇有時還直接採用玄學的詞句和思想，如《不真空論》說的「審一氣以觀化」、「物我同根，是非一氣」，更是漢代以來道家乃至玄學影響的明顯表現。這就表明，整個魏晉時代的般若學都沒有完全擺脫魏晉玄學的思想影響。

歷史在發展，佛教也跟著變化。東晉末年以來，門閥士族日趨絕對化，門第壁壘森嚴，地主階級內部「士」「庶」之間的區別十分嚴格，而且士與士、庶與庶之間也有等級，至於勞動人民與士族之間更有天壤之別。門閥士族特別重視門第，為什麼自己有如此高的門第，怎樣才能保持這種門第，是他們經常探討並渴望得到解釋的問題。同時佛教僧侶內部也由於寺院經濟的發展、剝削制度的出現而形成了不同的等級，產生了矛盾，也需要說明為什麼僧侶、僧侶地主有上下高低之別，他們是否都能成佛，成佛是否還有等級的問題。由於嚴重的

社會階級矛盾和突出的等級矛盾的發展，促使當時士族、王子、帝王和佛教學者都十分關心來世成佛是否可能的問題。但是，從當時佛教的傳播效果來看，大乘般若學有個很大的弱點，就是它偏重於對世界的晦澀的抽象的哲理思辨，從而帶來了兩個局限性：一是只有具備較高文化水準和唯心主義理論素養的人才能理解和接受，因而往往只能流布於封建統治者和知識界的上層，而難以廣泛地吸引廣大群眾；一是相對地缺乏關於如何成佛的信仰宣傳，從而在客觀上也沖淡了佛教之所以為佛教的根本特色，削弱了佛教麻醉作用的發揮。因此，佛教的發展就要求把偏於理論思辨的精緻的唯心主義哲學形態和側重於宗教迷信宣傳的粗俗的成佛說教，在理論上和宣傳上調和起來。

正是在這種歷史背景下，般若學經過「格義」和「六家」的紛紜爭論，通過鳩摩羅什對《中論》等「三論」的傳授，和通過僧肇發表《不真空論》等文的總結，從而達到登峰造極之後，就轉而趨於沉寂，而為日益興盛的涅槃學所取代。涅槃學主要是杜撰和闡發佛性學說，「涅槃佛性」問題是東晉末年南朝佛教理論的中心問題。在這種佛教風氣轉變，佛學潮流變化，即由談「空」轉到講「有」的轉折時刻，竺道生早年精於般若，後來盛唱涅槃，「真空」「妙有」，契合無間，獨立思索，有所突破，因而歷史地成為上接般若，下開涅槃，宣揚佛性說的最著名的代表人物。竺道生開創佛教一代新風，他的涅槃學標誌著中國佛學史繼般若學之後進入第二個階段。竺道生佛學思想的哲學基礎是般若學，而他和般若學者不同的特點，在於不停留在對世界的唯心主義哲學的概念分析上，而是把般若實相學和佛身說內在地結合起來。他認為體證、返歸般若實相就是佛，所以進而鼓吹宇宙神祕本體實相就是佛身，即佛的法身。竺道生認為宇宙本體實相就是「理」或「道」，所謂成佛也就是把握宇宙本體實相的「理」。由此竺道生還高唱法身無色、佛無淨土、善不受報等新解，批判其他種種關

於成佛的粗俗的說法。

竺道生講涅槃學，是為了引導人們信佛，所以他把般若實相和佛的法身結合起來後，又進而把佛的法身和眾生的佛性統一起來，著力闡述了眾生成佛的原因、根據、可能的問題。他強調眾生都有「佛性我」，說：「理既不從我為空，豈有我能制之哉？則無我矣。無我本無生死中我，非不有佛性我也。」[13]佛教所謂的「我」，不是相對於人來說的物質性的自我或精神性的自我，而是指實在自體。竺道生認為「無我」是指沒有由「四大」構成的人身的物質性的自我（實體），而不是沒有「佛性我」，佛性這種實在自體是有的。所以他又說：「佛性即我」，「本有佛性，即是慈念眾生也」[14]。竺道生還認為成佛也不是離開人的現世，他說：「夫大乘之悟，本不近舍生死遠更求之也。」[15]「一切眾生，莫不是佛，亦皆泥洹。」[16]眾生都有佛性，眾生即是佛，這是竺道生的一個基本佛學觀點。竺道生不講彼岸世界，不講淨土天堂，而是強調此身悟不離迷，這是他的佛教學說更能迷惑人的地方。

竺道生賦予佛性以多元的內涵，佛性是眾生的最善的本性，也是最高的智慧，又是最後的真理。佛性是眾生的實體，也是宇宙的本體。由此竺道生又發揮了以下三個論點：

第一，本體只有一個，眾生與本體相冥合就是佛，所以，佛性不是每個眾生的神明、靈魂，成佛並不是不滅的靈魂轉變成為什麼具體的有個性的「人佛」。

第二，一切眾生都有佛性，都能成佛，包括某些佛教學者所謂不

13　《注維摩詰經》，《大正藏》第38卷，354頁。

14　《大般涅槃經集解》，《大正藏》第37卷，448頁。

15　《注維摩詰經》，《大正藏》第38卷，392頁。

16　同上書，408頁。

具信心、斷了善根、不能成佛的「一闡提迦」（Icchantika）在內，也都能成佛。這個觀點，雖然一度受到佛教界的嚴厲駁斥，為此竺道生還曾受到當時以佛教戒律為名的開除處分，但是，不僅後來在大本《涅槃經》中得到證明，而且更重要的是符合統治階級的總體利益，從而迫使一些原來以為宣揚成佛的平等會引起人們對現實不平等的不滿的近視的衛道者，也開始認識到宣傳虛幻的成佛的平等，正好誘騙人們忘記現實世界等級的森嚴，因而後來得到統治者和佛教界的大力宣導。

第三，眾生返歸本性、悟解真理的根本途徑是去欲除惑。竺道生說：「厭苦求樂，而非本善。」[17]又說：「妻以守節為欣，失節則憂。」[18]這是用宗教的出世理論為世間的專制社會的道德辯護，進而為鞏固專制統治效勞。

竺道生不僅闡發了所謂成佛的原因、根據的問題，而且論述了所謂成佛的步驟、方法的問題，這就是曾引起時人強烈反響的、他的獨到的佛學思想中最著名的創見——頓悟成佛說。小乘佛教主張漸悟，在大乘般若學中間由於對體用關係理解不同，以及對所謂菩薩修行次第的「十住」階次的理解不一樣而分成兩派。如道安、支遁、慧遠、僧肇等人認為在「七住」以前是漸悟過程，到了「七住」對於般若實相的無生無滅的真理有了堅定的徹底的領悟，出現小飛躍，然後再繼續修行而進入大飛躍，方得成佛，這叫「小頓悟」說。竺道生不同，他認為「七住」內沒有悟道的可能，必須到「十住」時最後一念「金剛道心」，即有了猶如金剛般堅固、鋒利的能力，一下子把一切妄惑斷盡，得到正覺。這就是所謂真理玄妙一體，不可分割，眾生本有佛性，不可宰割，只要真正悟解佛理，返歸本性，此即成佛的「大頓

---

17 《大般涅槃經集解》，《大正藏》第37卷，396頁。
18 《注維摩詰經》，《大正藏》第38卷，393頁。

悟」。這是一種快速成佛法。它得到當時的重要名士謝靈運的全力支持，並為此而作《辨宗論》一文，這個事實本身深刻地說明了這種純屬虛構的唯心主義形而上學的頓悟成佛的說教，是顛倒地反映了如何成為最高專制統治者的理論要求，體現了當時儒、玄、佛各家一致關心的普遍意向。

竺道生的佛教學說是我國佛教史上的一次重大轉變。竺道生強調：「入道之要，慧解為本。」（《高僧傳‧竺道生傳》）認為「慧解」是探求佛學的根本方法。所謂「慧解」，就是要徹悟言外，忘言得意。這種方法對於肅清依語滯文的風尚，轉變對外來佛教經典的盲從，在佛教的一定限度內自由發揮思想起了巨大的作用。同時，竺道生宣導涅槃學，也使佛學進一步擺脫了對玄學的依附。魏晉時代相當多的般若學者以玄學的思想路數去理解般若學，談玄講空，融為一體，蔚然成風，佛學並沒有獨立，而是「玄學」的附庸。竺道生雖然也受玄學的體用學說和言意之辯的影響，但他的佛學已大體超脫玄學的框架，宣揚的是出世間的佛學，而不是世間的玄學。僧肇是從相信老莊唯心主義哲學轉而信仰佛教般若學的，他的學說也是獨立於玄學的，但是他著重宣揚的是般若性空的佛教唯心主義，而竺道生則著重鼓吹佛性本有，從而在宣揚佛教信仰主義，擴大佛教影響，發揮佛教麻醉作用的優勢方面起了更重大的作用。竺道生及其宗教活動標誌著佛學完全走上了獨立的道路，預示著我國佛教研究新時期的到來。竺道生的佛學思想還成為唐代以主張明心見性，提倡頓悟成佛為宗旨的慧能一派禪宗的淵源，並且經過禪宗的流行而對宋明理學產生了重大影響。

三　魏晉佛學和玄學的異同

　　從上面對魏晉佛學和玄學的歷史敘述中，我們可以看出兩者的大體面貌和基本特徵，從而也可以進一步概括出它們的錯綜複雜的異同點。

　　魏晉佛學與玄學的相異點主要有以下幾個方面：

　　（一）內容不同：魏晉佛學是講出世的，講所謂眾生成佛的；魏晉玄學則是講治世的，講封建最高統治者如何治理國家的。前者以超政治面貌出現，後者則具有濃厚的政治色彩。這就是說，它們哲學理論所賴以發揮的出發點是很不一樣的。佛教原本是一種出世解脫道，認為「內聖」不一定要「外王」，它是從求得人生的解脫出發，逐步地進到否定客觀世界的哲學理論分析，用虛無主義來為出世主義作論證。玄學則主張「內聖」和「外王」的統一，「內聖」是為了「外王」，因此它是從政治統治的角度出發，逐步推衍出最高統治者的最高道德是合乎本體的，由此而有本末、有無之辯，從哲學本體論的高度論證封建統治的必然性、合理性。正因為這樣，還匯出兩者在具體內容方面的若干差異。如關於性情問題，魏晉玄學一般地認為性情是自然而有，完滿無瑕，不需教化的。何晏強調性是先天之全，情是後天之欲，人們不能任情達理，主張情要合乎理。王弼又認為聖人是有情又不累於情的。但是魏晉佛學不同，它認為情是惑情，是產生一切煩惱的根源，主張滅除情欲。這種區別表示出佛教作為一種宗教意識的禁欲主義特色。

　　（二）思想淵源不同：魏晉時代思想發展史表明，魏晉玄學是中國原有的儒、道等思想演變而成，魏晉佛學則是印度佛學和魏晉玄學以及中國先前傳統迷信觀念等演化而成。魏晉佛學既然是吸取魏晉玄學又繼承印度佛學再重新組合而成的思想，也就是一種既不同於印度

佛學，又不同於魏晉玄學的思想。由此可以得出結論，中國佛學和印度佛學雖有密切的關係，但還是有所不同的，那種把魏晉佛學完全等同於印度佛學的觀點是簡單的、皮相的，而且是不符合歷史實際的；再是魏晉佛學和魏晉玄學雖有密切關係，但也是有所不同的，那種把魏晉佛學完全等同於魏晉玄學的觀點，也是完全不符合歷史事實的。由此也可以明確兩者互相影響的先後次序，那就是玄學先影響佛學，然後佛學再反過來影響玄學，那種不分先後，籠統地認為魏晉時期佛學和玄學互相影響的觀點是不符合史實的，至於那種認為玄學的產生是受佛學的影響的看法則更是無根據的。魏晉玄學的產生是中國本土的內在原因起作用的結果，佛教作為外來思想在當時歷史條件下不可能成為產生魏晉玄學的思想淵源，相反，它本身還需要依附玄學才能得以流行。

（三）地位不同：魏晉佛學和玄學雖然都受到專制統治者的提倡，但是當時居於正統統治地位的是魏晉玄學。玄學直接和門閥士族統治相配合，成為帝王和名士治理國家和立身行事的指導思想，而佛學是玄學的助手，處於附屬的地位。只是在東晉末年，尤其是在南北朝時期，由於寺院經濟的空前發展，佛教的地位才顯著上升，幾乎取代了玄學的地位，並且被梁武帝幾乎欽定為國教，成為當時最重要的思想工具。

（四）作用不同：從思想史的角度來看，魏晉玄學相對於它先行的漢代經學，從神學目的論演變為唯心主義本體論，由神創造宇宙說演變為宇宙萬物體用說，以「忘言忘象得意」的方法取代了煩瑣注經、象數類比的方法，這對於人們擺脫神學目的論和煩瑣哲學的支配，解放思想，發展哲學思維是起過積極作用的，雖然它也不可避免地具有消極作用的一面。而魏晉佛學則以它的宗教信條麻醉人民的思想，把人們引上脫離現實世界的歧途，因此從總體來看，佛教所起的

消極作用是主要的。

魏晉佛學和玄學的相同點則主要有以下幾個方面：

（一）唯心主義的思想性質相同：魏晉佛學和魏晉玄學主流派都是倡言「空」「無」，否定客觀物質世界的，基本上都屬於客觀唯心主義思想路線。魏晉佛學和魏晉玄學的唯心主義間架有兩個最重要的共同支柱，一是本末體用之辯。印度佛教般若學原來沒有這套範疇，但有「真諦」和「俗諦」的「二諦義」，可以和本末體用之辯相牽合。魏晉時中國佛教學者正是把這兩者溝通起來闡述般若理論的。二是言意之辯。般若學者和玄學家都持「忘筌取魚」、「忘言得意」的方法。由此可見，魏晉佛學和玄學的世界觀、方法論、認識論基本上是一致的。它們的理論無疑是顛倒的，但是這些理論所表現出來的高度抽象思維水準，則是我國哲學思維發展史上新的里程碑。

（二）都具有某些辯證法因素：魏晉佛學和玄學對有無、生滅、本末、體用、言意等論述是唯心主義的，但又包含了樸素辯證法因素，對於人們認識具體事物的發展變化、揭示事物內在本質和外在現象的聯繫和區別，把握語言形式和思想內容的複雜關係，都有啟發、借鑒的作用，是我國古代辯證法思想寶庫中的重要財富。

（三）對儒家思想的態度有相同之處：魏晉佛學和玄學對儒家「名教」的態度並不完全相同，玄學是儒道思想合流的產物，是竭力維護「名教」的。佛教宣揚出家出世，不能公開贊同忠孝禮教。由於「名教」畢竟是直接論證和維護封建等級制的最有效的工具，因此佛教也只得採取妥協態度，這樣那樣地調和佛法和「名教」的矛盾，強調佛教有助於「名教」，信奉佛教有利於天下太平。這種背離印度佛教教義的做法成為中國佛教的一個重要特點。這樣，調和與「名教」的矛盾也是魏晉佛學和魏晉玄學的一個共同點。

（四）都是門閥士族的統治工具：魏晉玄學以其鮮明的政治色彩

直接為當時統治階級服務，佛教則是披上超政治的外衣，以超政治的形式來為現實政治服務的。因此，對於佛教我們既要看到它的超世間、超政治的主張所導致的和世俗剝削統治階級矛盾的一面，又要看到它以顛倒的、迂回的形式來為世俗剝削統治階級服務的這個更重要的一面。

※　　　※　　　※

最後，通過對魏晉佛學和魏晉玄學的發展和特點的分析，我們可以得出兩點結論：

一是要研究魏晉佛學和魏晉玄學必須遵循歷史唯物主義關於經濟基礎決定上層建築以及上層建築之間相互影響的原理。歷史一再證明，唯物史觀是指導我們研究佛學史和哲學史的根本指標。

二是要研究魏晉佛學和魏晉玄學必須注意全面性。如果不研究魏晉玄學，就不能真正把魏晉佛學研究透徹，而不研究魏晉佛學，也不能對魏晉玄學的發展徹底弄清。因此，全面地研究魏晉佛學和魏晉玄學是研究魏晉乃至爾後的思想史所完全必需的。這就是說，系統研究佛教思想，還必須同時研究反佛教的思想，才能總結出它的發展的客觀規律。

（原載《哲學研究》，1980（10））

中國佛教哲學是中國哲學的一部分

在學術界有一種明顯的或不太明顯的論點，就是佛教不是哲學，中國佛教不是中國哲學。其理由概括起來有兩條：（1）佛教是宗教信仰，不是哲學思想；（2）佛教是印度的，是「舶來品」。這個論點，既直接關乎對中國佛教內容的看法和估價，也直接涉及對中國哲學史全貌和各個斷代哲學史的看法和估價。

一　中國佛教不同於印度佛教

從中國儒家傳統眼光來看，佛教既是異端，又是夷狄之教，所以一概排斥於中國思想、文化和哲學之外。這是一種派別的偏見。學術界存在的上述論見，則主要是不了解中國佛教的客觀發展過程和實際的思想內容，不了解佛教傳入中國以後內容已發生了變化，已不同於印度的佛教。佛教在中國大地上演變發展的歷史表明，佛教僧侶為了適應當時中國封建統治者的需要，為了與中國傳統的文化思想、宗教迷信、道德觀念、風俗習慣相合拍，為了減少傳教方面的政治、思想的阻力，都自覺地或身不由己地將佛教思想中國化。佛教在漢代，與神仙方術、老莊思想相結合，在魏晉南北朝時期與玄學、儒學相合流。在隋唐時代創立的宗派有三種類型：一是徹底中國化的、實際上是不同於印度佛教的禪宗；二是相對中國化的天臺宗、華嚴宗，一面依據印度佛經，一面借經發揮，以闡發自身的思想；三是基本上為印

度原型的宗派，即玄奘、窺基創立的唯識宗，但在翻譯的譯本中也夾
雜著中國思想，其著作對唯識宗也有某些發展。由此可見，佛教在中
國發展的過程，就是其思想日益中國化的過程；中國佛教思想是中國
思想發展史的一個側面。

再從佛教翻譯、講經、著述和創宗四種傳播的方式、途徑來看，
翻譯佛典往往運用中國傳統的哲學範疇，從中國儒家倫理道德出發去
修飾譯文，漢譯佛教經典本身已注入中國傳統思想，已非印度佛教的
本來面目。佛教僧侶在講經過程中，為了使聽眾易於理解、接受，往
往採用「格義」，即以中國的名詞、概念、術語去比附印度佛教的名
詞、概念、術語，從而對印度佛典產生種種「曲解」，即滲透了中國
僧侶的思想。在中國佛教僧侶的著述，包括對佛典的注釋和專著中，
更是集中地體現了中國思想，其中如慧遠的《沙門不敬王者論》、僧
肇的《肇論》、法藏的《華嚴金師子章》、慧能的《壇經》、宗密的
《原人論》，直至契嵩的《輔教篇》等，都是中國佛教著作，其中有
的乃是中國哲學史的名篇。至於隋唐佛教宗派的創立，正是標誌著獨
立於印度佛教之外的、中國式的佛教的出現。

由此可見，不僅漢譯佛典已不是純粹的印度佛教的思想，而中國
佛教大師的著書更是中國古代思想庫的重要遺產。對於佛教典籍，尤
其是中國佛教學者的著作，無疑地應當作為中國思想遺產來研究。

二 中國佛教思想是富於哲學思辨的礦藏

宗教與哲學並不相同，但是又有聯繫，尤其是宗教理論往往與唯
心主義哲學相通，甚至是構成唯心主義哲學的重要組成部分。從學術
思想史的角度來說，應當將宗教理論中富於思辨性的涉及物質與意
識、運動與靜止、實踐與認識等方面的內容，作為哲學思想加以研

究。在這方面，舉例來說，隋唐佛教思想（尤其是天臺宗、唯識宗、華嚴宗、禪宗的思想），如天臺宗的一心三觀、三諦圓融，唯識宗的萬法唯識、識外無境，華嚴宗的理事圓融、事事無礙，禪宗的心淨自悟，都是典型的哲學思想。當時的佛學大師，如玄奘的佛教學識實已超過他的老師戒賢法師，是國際上水準最高的佛學權威。整整一代的佛學大師，除慧能外，如智顗、吉藏、窺基、法藏、澄觀、宗密等，著書立說，創作宏富，思想深沉，堪與中國哲學史上的唯心主義哲學家並駕齊驅。可以說，隋唐佛教哲學雖然是唯心主義的，但是哲學抽象思維水準是很高的，內容是非常豐富的。雖然唐代世俗哲學家並不多，但是由於此時佛教哲學家異軍突起，陣容空前，從認識史來看，這已足夠說明隋唐時代哲學是無愧於歷史賦予的要求的。

綜上所述，我以為可以得出這樣的基本認識：中國佛教思想是既來源於印度佛教，又不同於印度佛教，既吸取中國傳統思想，又不同於中國傳統思想的新神學體系，是獨具特色的宗教哲學，是中國哲學中具有特殊內容的一部分，是中國認識發展史上的重要環節。中國佛教中的隋唐宗派佛教，是中國佛教哲學思想發展的頂峰，也是中國哲學史中上接魏晉玄學、下啟宋明理學的波峰。

（原載《中國哲學史研究》，1983（1））

佛教與中國文化（訪談錄）

問：佛祖釋迦牟尼在菩提樹下潛心修行七年，而在一夜間悟出教義——「四諦」，並在兩千五百年間，發展億萬教徒。這究竟是一種哲學體系，還僅僅是述說苦難並尋求解脫的社會心理藥方？

答：據傳說，釋迦牟尼經過長期思索、修持，在菩提樹下對人生的「真實」即人生意義、價值、命運等有所悟而成佛。他的基本學說歸結為苦、集、滅、道四諦。四諦是一個有機聯繫的整體：苦諦對人生作出價值判斷，認為人生的真實——生、老、病、死、怨憎會、愛別離、求不得等等就是苦；集即因，是探求苦的原因；滅講解脫，最高的精神境界，叫做涅槃；道是達到這一境界的方法：持戒、禪定、教理學習等等。釋迦牟尼無意於宇宙觀的不切實際的探求，他認為解脫人類痛苦更為迫切。所以，原始佛教理論可以看作是一種人生哲學體系。但在當時的情況下，佛教不可能把社會原因造成的痛苦提到重要的位置，也沒有將生理現象與社會現象造成的痛苦加以區分。這樣，雖然佛教全部理論集中於人生的痛苦及其解脫，作出獨特的價值判斷，提出有趣的設計方案，卻無法開出改造社會的特效藥方，只是給人以某種精神的希望、慰藉、滿足與寄託。

問：照這樣看來，佛學所宣導的修持、禪定等等，不但無任何進取可言，連享受生活的快樂也取消了，它的存在還有什麼積極意義呢？

答：釋迦牟尼本人也是先行苦行，後來才感到這樣並不能解決問題。當然他也反對享樂與縱欲。他主張中道，提倡對人生持正確的觀

念，即所謂「正見」——它是佛學的基礎，有別於現代哲學認識論中的真實——強調宗教道德義務，強調個人對自己的行為負責，認為人生覺悟的過程就是「由染轉淨」、「從愚及賢」、「去惡從善」。佛教這種主張的意義和作用，是複雜的，需要作歷史的、全面的具體分析。至於佛教對歷史的推進作用，恐怕沒有人會否認它對文學、藝術（雕刻、建築、繪畫、音樂、舞蹈等）、天文、醫學、邏輯等等的巨大貢獻，它滲透到中國中古、近古的文化的中樞和末梢，對中國文化的影響是廣泛而深刻的。

問：這正是令人費解之處。為什麼漢族這樣一個有著如此成熟的文明傳統的民族，能見容於外來文化？

答：這也正是漢民族偉大之處，她能容攝、消化、吸收、改造外來思想，成為自身結構體的一部分。具體說，要從多方面分析。從思想角度看，佛學於中國固有文化，雖有矛盾，也有相通之處，甚至有互補作用。比如儒家主張現實積極的人生，強調剛健有為，孔夫子對「死」的問題根本無興趣。而佛學恰恰提出了一整套關於生與死的系統的理論，為中國固有文化所欠缺。又如道家講論玄而又玄，老莊思辨的哲學思潮恰與佛學空宗的理論相通。還有佛教人生理論中將主體修心與宇宙本體統一起來這一思維格局，對後來理學的影響很大；至於佛教對欲望所持的冷漠觀念，對理學家的「存天理，滅人欲」也是開導了先路的。

從社會原因分析，佛教在中國幾度被統治者提倡都有它直接的政治機遇：東晉十六國時，北方少數民族統治者有一種借佛教來貶抑正統儒學的特殊心理；南北朝時社會動盪，統治者信佛似乎是一種逃遁；女皇武則天登基是違背儒家教義的，於是將佛典作為她上臺的特殊的神學依據；篡位的皇帝如隋煬帝、明成祖，也多出於這種心理。所以，佛教傳入中國，一則作為固有文化的補充；二是出於統治者們

複雜的需要。這是兩個主要的原因。此外，佛教的文學、藝術和佈局在名山的寺廟，豐富了中國文化，點綴了山河大地，給廣大人民以美的享受，這也是一個值得注意的原因。

問：作為兩種文化的滲透、融合，佛教在中國有沒有經歷一個漢化的過程？

答：佛教在中國的傳播經歷了一個漫長曲折的過程。由西域傳入時，主要是梵文等經典，對習誦者說來，不但要求有一定的文化修養，還要有高深的哲學思辨能力，這花了中國和尚數百年的時間。以後，經過消化、改革，佛教在中國逐步走上了獨自創宗的階段。比如天臺宗、華嚴宗、禪宗，就是最有代表性的宗派。這裡最重要的是禪宗，它不立文字、教外別傳、通俗明快、單刀直入，甚至禪定也不必靜坐，挑柴、燒飯、走路都可以悟道，只要覺悟本性，就可以成佛。它的創始人慧能和尚本人就是文盲，不過具有很強的理解能力。禪宗的出現，使佛教得以在民間廣為傳播，可以說，它是典型的中國化、大眾化了的佛學。

問：您認為作為一種信仰，佛教最容易植根於何種文化背景與文化層次？也就是說，應如何解釋近幾年在中國東南部農村出現的佛教熱？

答：研究佛學教理與一般信奉是不同的兩個層次。信徒們信佛，一般只尋求精神與情感寄託，渴望達到某種道德愉悅境界和來世幸福，這並不需要高深文化。近年來在少數地方信教熱潮的出現，能不能理解為「文化大革命」對宗教與信念的摧殘，給很多人，包括信徒與非信徒帶來一種心理上難於排解的惶惑。撥亂反正之後，世態清平，原來壓抑著的熱情終於迸發出來，這也說明政策的重要性。「人為萬物之靈」，人是需要有精神的寄託、感情的滿足、心態的平衡的。自然、社會和個體給人們帶來的種種不幸遭際，都為宗教的蔓延

提供條件，而長期形成的宗教觀念和舊思想、舊習慣，也必將產生它的影響和作用。宗教的存在是長期的。從這個角度而言，我們做好各方面的工作，是非常重要的。

問：您是否認為在太空船可以對接、去氧核糖核酸可以重組的今天，佛教仍然有它存在的價值與發展的餘地？

答：宗教是人類史上十分重要的複雜的社會現象，也是一個強大的社會力量，對整個歷史進程都有重大影響，有時甚至會成為社會的嚴峻問題，不可等閒視之。目下中國的佛學研究與我們這樣一個佛經典籍大國的地位還很不相稱，青年學者寥若晨星，主要恐怕是這門學問太難、太冷僻的緣故。恩格斯說得好，「在科學的猛攻之下，一個又一個部隊放下了武器，一個又一個城堡投降了，直到最後，自然界無限的領域都被科學所征服，而且沒有給造物主留下一點立足之地」，這應該是我們的目標，也是我們的態度。但要達到這個目標，還要經過幾代人的長期的艱苦的努力。

（原載《光明日報》，1986-06-11）

佛教和中國傳統文化的衝突與融合

　　在中國歷史上，曾經有過兩次大規模的外來文化的輸入，一次是古代印度佛教的傳入，另一次是後來的西學東漸。佛教的傳入，從漢到唐，大約經歷了 8 個世紀。在這漫長的過程中，一直存在著與中國傳統文化的衝突與融合。同時，在這個既衝突又融合的動態聯繫中，也表現出了某種階段性。就佛教來說，大體上經歷了對中國傳統文化的依附、抗衡和融匯三個階段。相應地，中國傳統文化對外來佛教也大體上錯綜地經過了影響、排斥和吸收三個階段。不同文化的交流是人類文化發展的里程碑。正是在儒、佛、道諸家的多元融匯和各家思想的多向演化的歷史洪流中，佛教日益民族化、中國化，成為了中國文化的一個重要部分，並大大地推動了中國文化的發展。同時，中國仍然保持著中華民族的主體意識，並沒有「印度化」，也沒有「佛教化」，這是一次成功的文化交流。「觀今宜鑒古」。本文按照歷史發展進程，著重從文化的深層結構——思想的角度，闡述佛教與中國傳統文化的衝突和融合，力圖從中總結外來文化和本土傳統文化相互影響的某些帶有規律性的現象，以有利於社會主義新文化的建設。

一

　　佛教自漢代開始傳入我國，後經三國、西晉，迄至東晉，王朝更迭頻繁，社會處於不斷變更之中，國家對外開放，佛教乘此變動之

際、開放之機，逐漸流傳，並為人們所接受。在這個時期，中國傳統文化對外來佛教的迎拒，表現出巨大的獨立性、主動性，從而強烈地影響了佛教的面貌，左右了佛教的發展。中國文化潮流是相繼演變的，不同時代的主流思想給予當時佛教的影響最大。同時，由於佛教的不同領域、不同派別具有很不相同的內容，因此又分別依附於中國傳統文化的不同類別，並與之合流。從歷史演變過程來看，在漢代，佛教是在宗教觀念上依附道術，在政治倫理觀念上迎合儒學。在魏晉時，佛教則著重依附於玄學，由此而逐漸擴大流傳，並反過來又對中國傳統文化發生影響。

佛教最初傳入中國內地，上層統治者完全是以中國固有的神靈和方術去看待釋迦牟尼佛和整個外來佛教的。當時人們多把釋迦牟尼和黃帝、老子相提並論，視為同類的神，並列為祠祀崇拜的物件。漢光武帝的兒子楚王劉英是我國歷史上第一個信奉佛教的貴族，史載他「誦黃老之微言，尚浮屠之仁祠」（《後漢書》卷 42《楚王英傳》）。「浮屠」，即佛。「祠」是修築祠壇舉行祭祀。漢桓帝劉志是我國歷史上第一個信奉佛教的皇帝，他在宮中設華蓋以祠黃、老、浮屠（見《後漢書》卷 30 下《襄楷列傳》）。這是把佛教教祖釋迦牟尼看作為和被尊為道家的創始人黃帝、老子一樣。這種相混再前進一步，就是把佛看為地道的「神仙」了：「佛之言覺也，恍惚變化，分身散體，或存或亡，能小能大，能圓能方，能老能少，能隱能彰，蹈火不燒，履刃不傷，在汙不染，在禍無殃，欲行則飛，坐則揚光，故號為佛也。」（《理惑論》）在這裡，佛實際上被說成法術多端、神通廣大、變化莫測的仙人。

當時，中國人也有以黃老學派的「清淨無為」的理論和治術去理解佛教的宗旨的，「謂此道清虛，貴尚無為，好生惡殺，省欲去奢」（《後漢書》卷 30 下《襄楷列傳》）。把佛教的戒殺、禁欲說成是崇尚

清淨無為，而與黃老之道相溝通。實際上，佛教的戒殺、禁欲是作為
消除人生痛苦的修持手段，與道家所講的順應自然變化的「無為」是
風馬牛不相及的。當時佛教學者也稱佛教為「佛道」、「道術」，謂
「道有九十六種，至於尊大，莫尚佛道也」(《理惑論》)。佛教是九十
六種道術中最高的一種。這種視佛學與黃老之言一般無二的看法，實
際上是以「道」視「佛」。

　　佛教的傳播需要依靠佛經翻譯，特別需要依靠和當時思想潮流相
呼應的佛經的流通。漢以來隨著不同譯經家的出現，譯出了不同的經
典，形成了安譯和支譯兩大系統：安譯即安世高系，是小乘佛教，重
修煉精神的禪法，比較接近神仙家言；支譯即支婁迦讖系，是大乘佛
教，宣傳空宗般若學理論，比較類似玄學。相傳，安世高共譯出佛典
30 多部，其中最重要的是《安般守意經》和《陰持入經》。所謂「安
般守意」，是講通過坐禪來細數出入氣息，防止心意散亂，同道家的
胎息吐納之術或民間的氣功相近。安世高在《佛說大安般守意經》卷
上就將「安般守意」分開解說：「安為清，般為淨，守為無，意名
為，是清淨無為也。」這種完全不符合原意的牽強附會，是為了攀附
道家學說，便於自身的流傳。《陰持入經》是闡釋佛教的基本名詞概
念，在翻譯時深受中國傳統哲學思想的影響。如在翻譯五類構成人的
因素時，採取了漢代學者的陽尊陰卑、陽仁陰貪的觀念，譯為「五
陰」[1]，意謂人身是貪欲之源，以含貶義。又題為三國吳陳慧撰的
《陰持入經注》，以「元氣」喻萬物產生和變化的根源，以木、火、
水等喻五陰六情。這都充分地反映了佛教對當時流行的道家、陰陽家
思想的依附。

1　「五陰」：指色（物質）、受（感受）、想（理性活動）、行（意志活動）、識（認識
　　功能和結果）。

支婁迦讖曾譯出《般若道行品經》，把本體「真如」譯為「本無」。三國時支謙重譯該經，名為《大明度無極經》。「大明」、「無極」取於《老子》的「知常曰明」和「復歸於無極」。「度無極」是「波羅蜜」的意譯「到彼岸」的意思。老子的「無極」是指宇宙的最原始的、無形無象的本體，也就是「道」。支讖、支謙認為，成佛就是通過佛教智慧而達到與「道」相合，也即與「本無」（「真如」）相合。這樣成佛就是體「道」，而與老莊學說趨於契合。又謂：「夫體道為菩薩，是空虛也。斯道為菩薩，亦空虛也。」（《大明度無極經・行品第一》）「道」和菩薩體道都是空虛。這不是道家的觀點，但也是迎合道家所謂「道」玄妙虛無和「至人」淡泊無為之作。支讖、支謙探求人生的真實，認為反歸本體「道」就是人生的最高境界，這正是以老莊思想理解佛理的反映。

魏晉以來，以老莊思想為主幹的玄學本體論興起，論本談末，說無講有，蔚為思想界一時風尚。由於玄學的強大影響，直至東晉後期，以宣傳「空」（「無」）為中心的佛教般若學，始終是佛學的主流。玄學家探求宇宙本體，但往往與人格本體相混同。有的強調宇宙本體的虛靜而一，有的側重於對宇宙萬有多樣互殊的把握，也有的重視將宇宙本體觀念落實到對人格本體的自覺，玄學家思想的矛盾、分歧，不可避免地會導致佛教般若學思想在演變中的分化。佛教般若學的流傳經過了「格義」、「六家七宗」和僧肇「不真空論」等幾個階段，這也是佛學從依傍玄學到補充玄學的思想發展過程。

「格義」是直接用老莊哲學的名詞概念比附、解釋佛教經文名相，藉以量度（格）經文正義。如「格義」的宣導者竺法雅，因學佛的人對中國傳統思想有了一定的了解，而對於佛教思想了解很少，他就把佛教思想和傳統思想聯繫起來加以解釋。又如慧遠對聽眾講佛教的「實相」（事物的真實本相）的道理，大家愈聽愈糊塗。後來慧遠

就借用莊子的道理作解釋，聽眾也就覺得明白了。

「六家七宗」是佛教般若學的不同流派。「六家」指本無、心無、即色、識含、幻化、緣會六派，其中本無又分出本無異宗，合稱「七宗」。按基本觀點來分，實際上主要是三派：本無、心無和即色（識含、幻化、緣會可歸入此派）。這些派別的區別大體上是和魏晉玄學各派的分歧相呼應的。以其中影響最大的本無派來說，它的基本觀點是主張一切事物的本性是空無的，「本無」兩字即取自貴無派玄學家王弼的「有之所始，以無為本」（《老子・四十章注》），這是借用玄學家的語言，來論證自己的世界觀和所追求的精神境界。心無派代表人物支愍度，另立心無說，主張「無心於萬物，萬物未嘗無」（僧肇《不真空論》）。認為物質現象是存在的，但在主觀心理上不能執著。這種帶有唯物主義傾向的觀點，是和裴頠的「崇有論」學說相通的。以支道林為代表人物的即色派，主張形形色色的物質現象不是自己形成的，沒有自體，不是實有的。郭象主張「生物者無物，而物自生耳」（《莊子・在宥注》）。支、郭的觀點有相通之處。史載支道林「拔新理於向、郭之表」，也表明他的思想脫胎於向秀、郭象一派的痕跡。般若學以空（無）為事物的本性，和玄學的本體論相通，然般若學的「空」的本義是就事物存在的不真實而言的，其間又有所不同。姚秦譯經大師鳩摩羅什的重要助手僧叡說：「自慧風東扇，法言流詠以來，雖曰講肄，格義迂而乖本，六家偏而不即。」（《出三藏記集》卷 8《毗摩羅詰提經義疏序》）批評「格義」違背了佛教的本意，「六家」偏離了佛教原意。實際上，這是援玄（道）入佛的必然結果。「以斯邦（中國）人老莊教行，與方等經兼忘相似，故因風易行也。」（道安：《毗（鼻）奈耶序》）這表明佛教只有與中國固有思想文化相協調才能流行，僧侶主義總需憑藉唯心主義理論才能傳播。

鳩摩羅什的學生、佛教哲學家僧肇在《不真空論》中對上述三家

般若學理論作出評判，指出本無派過分偏重於無，心無派沒有否定外界事物的存在，即色派還沒有認識到物質現象本身就是空（無）的。他認為這都是把「有」和「無」對立起來，各落一邊。般若學的看法應該是非有非無，有無雙遣，亦有亦無，有無並存，即合有無以構成「空」義。僧肇的「不真空」唯心主義理論，提出了相對主義的雙向思維這樣一種前所未有的新的思辨模式，並以有無統一而區別於玄學以有無為本末對立的理論構架，因此，不僅成為對以往中國佛教般若學的批判性總結，客觀上也是對魏晉玄學的某種批判性總結，這也是佛教由依附玄學到發展玄學的標誌。

佛教不僅在宗教和哲學上依附方士道術、老莊哲學和魏晉玄學，而且也在政治倫理上竭力迎合儒家的倫理道德觀念。印度佛教經典涉及大量的倫理道德學說，宣傳父子、夫婦、主僕等之間的關係應是平等的，主張相互尊重，自由對待。這顯然和中國儒家所主張的身份高下的服從支配關係、絕對隸屬關係截然不同。為了適應中國的倫理道德觀念，在東漢安世高譯《尸迦羅越六方禮經》、西晉支法度譯《善生子經》、東晉僧伽提婆譯《善生經》等佛經中，對社會的人際關係，都通過選、刪、節、增等手法，作了和儒家的君臣、父子、夫婦、兄弟、朋友一套綱常名教相適應的調整。[2] 又如，敦煌寫本《諸經雜緣喻因由記》第一篇，敘述蓮花色尼的出家因緣，但缺蓮花色尼出家的關鍵一環的敘述，即蓮花色尼因屢次出嫁，而和自己所生的子女不復相識，以致後來竟和自己所生的女兒一起嫁給自己所生的兒子。蓮花色尼發覺後，極度羞愧，因而出家為尼。此中有關情節因和中國傳統的倫理觀念不相容，而被略去。[3] 總之，漢譯佛典一開始就

2　參見〔日〕中村元：《儒教思想對佛典漢譯帶來的影響》，載《世界宗教研究》，1982（2）。

3　參見《陳寅恪文集三‧寒柳堂集》，151-156頁，上海，上海古籍出版社，1980。

不得不向儒家倫理觀念作妥協、調和，同印度佛教的倫理思想相背離，形成為和儒家倫理相協調的中國佛教倫理觀念。不僅如此，三國時康僧會還通過編譯《六度集經》，把印度大乘佛教的慈悲觀念和中國儒家的仁愛思想加以溝通，宣揚「仁道」說，「為天牧民，當以仁道」（《六度集經‧遮羅國王經》）。仁道的內容包括愛民尊老、孝事雙親、反對虐殺、反對貪殘，以配合儒家的政治倫理觀念，達到治世安民的目的。東晉慧遠更是明確地提出「儒佛合明」論，說：「常以為道法之與名教，如來之與堯、孔，發致雖殊，潛相影響；出處誠異，終期則同。」「內外之道，可合而明。」（《沙門不敬王者論》，見《弘明集》卷 5）佛教和儒家名教在民心教化和社會治理兩個方面可以相互配合而彰明。

二

　　佛教與中國傳統文化是兩種不同文化，彼此的精神實質是迴異其趣的。佛教自傳入中國之日始，就與中國文化發生摩擦。但是，中國人早期對佛教面目的認識模糊，佛教力量很弱，又主動地依附中國的道術、玄學和儒學，因此，矛盾、衝突沒有激化。東晉以來，隨著翻譯佛教經典的增多，譯文準確性的提高，佛教日益顯示出自己的獨特面貌，這樣就愈來愈明顯地暴露出原來按中國思想理解佛教所帶來的思想矛盾，就有一個堅持印度佛教原意還是繼續用中國傳統思想去講佛教的問題，也就形成了兩種文化的鮮明衝突。再者，隨著佛教思想的各個方面陸續介紹過來，其中有的超過中國文化，有的則落後於中國文化；有的適應當時社會機體的需要，有的則不適應當時社會機體的需要，這樣和中國文化的界限便愈來愈清楚，雙方的直接對立點愈來愈多，就促使了兩種文化的多方面衝突。還由於佛教在流傳中力量

逐漸增強，影響日益擴大，獨立性增加，依附性減少，因此也就加大了衝突的規模。特別是中國佛教還涉及政治領域，又形成寺院經濟，這也就有一個與統治階級的政治和經濟的現實利害關係問題。這種政治經濟的矛盾與兩種文化的差異結合在一起，有時甚至爆發對抗式的衝突。佛教與中國文化的衝突，在南北朝時期曾進入全面總爆發的階段，有些重大衝突甚至延續到隋唐時代。

從《弘明集》、《廣弘明集》等記載佛教與中國傳統文化衝突的典籍來看，兩種文化的衝突集中表現為佛教與儒家、道教的衝突。衝突的問題涉及廣泛的方面，在哲學思想上有「生死」、「形神」之爭，有無因果報應之爭等；在倫理道德上有「沙門應否敬王者」之爭、中外國民性格之辯，這類禮制與夷夏問題的鬥爭，又與君權和神權的問題相聯繫著；在流派關係上是儒、道、佛三教的高下優劣之爭。下面就其中某些衝突略作介紹，以從中窺見兩種文化衝突的某些特點。

「生死」、「形神」之辯：生死和形神是兩個密切相關的問題，是人生哲學的重要問題，也是外來佛教與中國傳統思想在哲學上的最根本性分歧。對於生死問題，儒家學者一般持合乎自然規律的看法，認為世界上的事物，有成必有壞，一切生物有生必有死，人類也一樣。道家看法不同，《老子》一面講「吾所以有大患者，為吾有身」（《老子‧十三章》），人身是人生一切患累的根源；另一面又講「深根固柢，長生久視之道」（《老子‧五十九章》）。認為保養好人的精神和身體，可以長生。後來莊子發揮了《老子》前一種思想，漢初的道家則發揮了後一種思想。魏晉玄學家除嵇康主張「長生久視」外，多數是發揮莊子的思想。道教的思想特點也是「長生久視」，認為經過修煉，形神都可以不滅，可以永遠存在下去，可以長生成仙。中國傳統思想通常用「氣」來說明生死，並聯結生死與形神的關係，認為生死是氣的聚散，氣聚為生，氣散為死。

　　印度早期佛教主張人有生必有死，也不贊成靈魂不滅的說法，大乘空宗也從一切皆空的觀點出發，否定神不滅論。佛教認為人生的理想境界是超脫生死的「無生」（永生），在沒有超出生死以前，要在天、人、畜生、餓鬼、地獄中輪迴。這就有一個輪迴的主體問題，一個進入超脫生死境界（涅槃）的主體問題，這個主體只能是人死後的不滅的靈魂。所以，在一般的中國佛教學者看來，佛教是理所當然的神不滅論。中國傳統思想中也有神不滅論的思想，中國佛教學者是用佛教的輪迴和成佛的理論發展了中國傳統的有神論。最典型的如慧遠曾撰《神不滅論》，梁武帝蕭衍撰《立神明成佛義記》，宣揚人死後靈魂不滅，神是輪迴果報的主體。慧遠的觀點受到大乘空宗學者鳩摩羅什的批評，也形成了與中國傳統的無神論思想的對立。東晉以來，孫盛、何承天就撰文批評佛教的神不滅論思想。到齊、梁之際，范縝作《神滅論》，系統地提出了形質神用的理論，指出形體是質即實體，精神是形體的作用，形亡神滅，從根本上駁倒了佛教的神不滅論，比較正確地解決了形神關係的問題。梁武帝發動了 60 多人，撰寫 70 多篇文章，對范縝進行大規模的圍攻，但因理虧而失敗了。應當指出，我國在古代知識界中，有神論思想相對地不佔優勢，這是和范縝等人反對佛教神不滅論鬥爭的勝利分不開的。還應當指出，中國佛教有神論是中國原有的有神論思想和印度佛教輪迴果報思想的融合，也與我國的祖先崇拜傳統一致，又與儒家的「神道設教」相通，因此，這場無神論和佛教有神論的鬥爭，雖然帶有根本的性質，規模也很大，但實際上並不完全反映外來佛教文化與中國傳統文化的特殊分歧和衝突。

　　因果報應之辯：與生死、形神問題密切相關的、最具佛教思想特色的是因果報應說。佛教因果報應論是關於人生的本原、本質、價值和命運的基本理論。此論宣揚人的活動有三種，即身、口、意三業，

這些活動的性質有善、惡和無記（無善惡）三種。業是因，有因就有果，即有報應。報應有三種，即現報、生報（下世受報）和後報（在長遠的轉世中受報）三報。由於受報應的時間不一，因此人有前生、今生和後生三生。因果報應論就是三業、三報、三生的迷信。中國原有的宗教迷信也有報應思想，但只限於現在這一生。後報是轉嫁給子孫的報應。佛教因果報應和中國傳統的報應思想不同，強調現世的貧富貴賤是前世善惡行為的結果，今世的善惡行為，又導致來世的禍福報應。它講的前生和後生，毫無可考，任憑編說，這就引起了中國學者的懷疑。東晉末年，戴逵作《釋疑論》，認為「賢愚善惡，修短窮達，各有分命，非積行之所致」（《廣弘明集》卷 18），不贊成佛教的因果報應的說法。慧遠讓周續之作《難釋疑論》，以為答覆。戴逵又作《答周居士難釋疑論》，逐條給以駁難，於是慧遠作《三報論》和《明報應論》，把印度佛教業報輪迴思想和中國有關傳統迷信結合起來，系統地闡發了因果報應論。南朝宋初何承天指出，「西方說報應……乖背五經故見棄於先聖」（《廣弘明集》卷 18《報應問》）。佛教徒釋慧琳著《白黑論》（《均善論》），也對因果報應持懷疑態度。由此又引起了何承天與宗炳等人的論辯。何承天根據《周易》的人與天、地並為「三才」的觀點，強調人在宇宙中的地位，批駁了把人和畜生等並列為「眾生」、輪迴轉世的說法。在這場爭辯中，懷疑和反對因果報應論的學者表現出很大的勇氣，但多是從經驗主義角度闡發理由，而且又歸結為宿命論，實際上很難和因果報應論劃清界限。佛教因果報應論，把人的存在時間無限擴大，又和人的行為的因果關係聯繫起來，因而具有特殊的恐嚇和引誘的功能。修善將進入西方極樂世界，作惡則墮入恐怖的地獄世界，這對於缺少科學文化素養的下層百姓來說，在心理上帶來極大的誘惑力和威懾力。中國佛教所講的善、惡，實質上又以儒家倫理原則為標準，因果報應思想給人們帶來

的祈求幸福和害怕苦難的心理，也就使人們形成了恪守儒家倫理的被動意識，因果報應論成了儒家倫理道德的工具。雖然封建統治者在思想上並不都贊成因果報應論，但是深知此論對下層百姓的妙用，故又持容忍、默許的態度。

「沙門應否敬王者」之爭：這是一個禮制問題，也是關於君權與神權、佛教與儒家名教的關係問題。佛教主張無君無父，一不敬王者，二不拜父母，也就是見到在家的任何人都不跪拜，只合掌致敬，不受世俗的禮法道德約束。按照中國專制主義的政治理論，皇帝是天子，奉天的教令，這種教令是任何人不能違反的。這就形成了佛教與中國傳統政治觀念的最大衝突。東晉成帝時，庾冰代成帝詔令「沙門應盡敬王者」，指責僧人蔑棄忠孝，遺禮廢敬，傷治害政。但尚書何充等人表示異議，結果不了了之。安帝時太尉桓玄又重申沙門應敬王者，並寫信給王謐反復辯論，特別突出皇帝的地位，強調君道比佛道偉大，但也遭到一批朝貴的反對。慧遠曾作《沙門不敬王者論》，作調和性的反對。北方沙門統法果不同，帶頭禮拜皇帝，說什麼「我非拜天子，乃是禮佛也」(《魏書》卷 114《釋老志》)，硬把當朝的最高統治者說成「佛」。南朝宋孝武帝曾下令沙門必須對皇帝跪拜，否則就「鞭顏皺面而斬之」，僧侶也只好屈服了。中國封建專制主義的國情，決定了君權高於神權，封建禮制高於僧制。

夷夏之辯：和上述關於「沙門應否敬王者」之爭直接相關的是夷夏之爭。「夷」，是對佛教本是產生於外國的指斥。夷夏之爭主要涉及民族性格和風俗制度等問題。何承天認為，華戎的不同在於民族性格，「中國之人，稟氣清和，合仁抱義，故周孔明性習之教；外國之徒，受性剛強，貪欲忿戾，故釋氏嚴五戒之科」(《弘明集》卷 3《答宗居士書》)，並強調儒家禮教比佛教更為宏大。南朝宋末道士顧歡作《夷夏論》，羅列了中國和印度在風俗習慣上的差別，也認為「以中

夏之性，效西戎之法」是不足取的。儒家和道教學者注意到民族特點、性格、風俗習慣，是有積極意義的，但是所做的分析則是不恰當的，帶有盲目排外的色彩。佛教學者反駁夷夏之分，宣揚佛是「萬神之尊」，佛教是「大教」、「至德」具有普遍意義，不應強分地域。這種論證當然也是很難站得住腳的。

儒、道、佛三教高下之爭：儒家和佛教的衝突，表現為所謂入世與出世的對立、忠孝觀念與無君無父的對立。儒家主動挑戰，咄咄逼人，強調就個人修養和國家治理來說，儒家的學說都已完全夠用，佛教沒有存在的必要。佛教則取迎合的態度，常引用儒家的經傳，「合異為同」，為佛教辯護。同時又利用其出世的理論，宣傳佛教講三世，儒家只講一世，高於儒家。唐代文學家韓愈撰《原道》、《論佛骨表》，強烈地排斥佛教。宋朝佛教徒契嵩作《非韓》、張商英作《護法論》、元代劉謐著《三教平心論》等，對韓愈的排佛論進行反駁。但這也都是宣揚儒佛一致，爭取佛教的存在權利而已。

道教和佛教同為宗教，這就發生相互排斥對方，爭取宗教地位的問題。道教的成立有其多方面的深刻原因，其中重要原因之一，就是有些人對外來的佛教反感，作為對佛教的反應，中國原有的陰陽家、神仙方術和巫術等匯合一起，形成了道教。和佛教講死生皆幻、追求涅槃不同，道教講白日飛升、羽化登仙，以與佛教相抗衡。道教作為中國土生土長的宗教，利用民族感情等有利因素，指斥佛教是夷狄之教，不斷挑起夷夏之辯。為了使道教居於首位，東漢末出現「老子入夷狄為浮屠」(《後漢書》卷 30《襄楷列傳》) 的說法。西晉末道士王浮更是作《老子化胡經》，編造種種傳說，說老子西遊化胡成佛，創立佛教，帶釋迦牟尼為弟子，即以佛祖為道教的弟子。此書是道教貶低佛教的主要根據。作為《老子化胡經》的回應，佛教徒也編造《清淨法行經》，宣揚三聖化現說，即佛派遣三個弟子來教化震旦 (中

國），儒童菩薩是孔丘，光淨菩薩是顏淵，摩訶迦葉為老子。梁武帝也公開宣稱周公、孔子、老子都是如來弟子（《廣弘明集》卷 4《捨道事佛文》），表示佛教和儒、道不矛盾，而又高於儒、道。於是《老子化胡經》的真偽問題，便成了佛道兩教爭論的重大問題，北魏孝明帝正光元年（西元 520 年）曾就此問題在殿前舉行大辯論，直至唐高宗時也還採取御前會議來解決，這種爭論一直延續到唐武宗時代。

　　值得注意的是，道教曾幾度借用皇上的最高政治權力給佛教以沉重的打擊，這就是歷史上有名的「三武之難」。「三武之難」就是指北魏太武帝、北周武帝和唐武宗三個皇帝的毀佛運動。這三次滅佛事件都有深刻的社會政治經濟原因，同時也都和佛道兩教的鬥爭相關。北魏時嵩山道士寇謙之深得太武帝的信任，他積極策動反佛。太武帝為了表示反胡親漢，自稱他的拓跋姓本為黃帝子孫，是漢人，應信奉漢人宗教──道教。他在道壇下面受符籙，以作為統治中國的合法根據。他以突然襲擊的方式，大規模毀佛，以反佛來顯示自己的崇道。北周武帝時，由和尚轉為道士的衛元嵩，與道士張賓都深得武帝的青睞，他們聯合排佛。武帝屢次召集文武百官、名儒、和尚、道士數千人舉行辯論，討論三教位次先後問題。釋道安作《二教論》，以佛教為內、儒教為外，視道教為儒教的分支，否定它的獨立地位。甄鸞也作《笑道論》，抨擊道教的欺騙性。後來周武帝親自確定儒教為先，道教為次，佛教為後。隨後又下令禁止佛道兩教，實際上是廢佛不廢道。北周滅了北齊，周武帝也廢除了北齊境內的佛教，道教取得一時的勝利。但是在兩個主持滅佛的皇帝去世後，佛教又迅速恢復起來，並壓過了道教。唐武宗為求長生，也篤信道教。得到武宗寵信的道士趙師真獻諂，唆使滅佛。唐武宗廢佛規模很大，也比較徹底，對佛教的打擊極為沉重，此後，除標榜頓悟成佛的禪宗和偏重念阿彌陀佛的淨土宗還繼續盛行外，其他宗派都幾乎一蹶不振了。

　　已故著名歷史學家范文瀾說：「儒家、佛教、道教的關係，大體上，儒家對佛教，排斥多於調和，佛教對儒家，調和多於排斥；佛教和道教互相排斥，不相調和（道教徒也有主張調和的）；儒家對道教不排斥也不調和，道教對儒家有調和無排斥。」[4]這基本上是符合事實的，但佛教徒對道教也有主張調和的，這一點，我們將在下面論述中予以證明。

三

　　南北朝時期，儒、道、佛三教之爭激烈，統治者或滅佛或捨道，但被滅的佛和被捨的道，不久就恢復了。到了唐太宗年間，改變過去一教獨尊的格局，實行三教並行的政策。雖然後來不同皇帝由於不同原因而有所偏重，武宗甚至一度滅佛，但三教並行的總趨勢並沒有變化。這種政治決策上的重要轉折，對於儒、道、佛三教關係的發展具有重大意義，它決定了三教的思想融合成為必然，並加快了這種融合的步伐。封建統治者有鑒於儒家治世、佛教治心、道教養身的不同功能，可以互補，早在南朝時梁武帝就唱三教同源說。到了唐初，有的文人就公開主張三教在思想上的合流。中唐以來，更是產生了三教一致的思想，如佛教徒神清以三教一致為主導思想作《北山錄》，宗密在《原人論》中雖然批判儒、道兩教，同時又把它們納入佛教思想體系之中。到了唐宋之際，由於三教之間的相互影響日益加深，而進一步形成「三教合一」的思潮，即三教在「修心養性」問題上達到大體一致的看法。三教由合流而進一步合一，佛教成為中國文化的一部分，與中國人的精神生活、道德生活休戚與共，並為中國傳統文化所融合，形成了宋明理學。

4　范文瀾：《中國通史簡編》，第2編，442-443頁，北京，人民出版社，1955。

從佛教與中國傳統文化相互關係的視角來說，三教融合表現為兩個方面，一是佛教融合儒、道；二是儒、道融合佛教。

佛教與中國傳統文化的融合，最集中的表現是，通過攝取儒、道的思想而形成中國化的佛教宗派：如天臺宗、華嚴宗和禪宗。佛教宗派中國化的標誌是：

提倡「方便」、「圓融」和「自悟」：天臺宗以《法華經‧方便品》為根據，宣揚為了度脫眾生可以採取各種靈活的方法，宣導方便法門，這就為調和中國傳統思想開了方便之門。如天臺宗先驅者慧思發大願，入山得靈芝和丹藥，先「成就五通神仙」，再成為佛。天臺宗人還把道教的丹田、煉氣等說法也納入自己的學說，宣導修習止觀坐禪除病法。這就是和道教信仰相融合。又如，華嚴宗宣揚圓融無礙思想，華嚴宗人宗密不僅把儒、道納入佛教思想體系之中，而且以《周易》的「四德」（元、亨、利、貞）配佛身的「四德」（常、樂、我、淨），以「五常」（仁、義、禮、智、信）配「五戒」（不殺生、不偷盜、不邪淫、不飲酒、不妄語），把佛教的理想境界、道德規範和儒家的德性、德行等同起來。再如，中國化佛教宗派的典型禪宗鼓吹「不立文字」、「教外別傳」，不僅不提倡念經拜佛，甚至衍成可以呵祖罵佛，主張性淨自悟，以為在日常生活中就可以實現成佛理想。這種對抗印度佛教的思想，實際上是深受道家的自然主義、玄學家的得意忘言理論以及曠達放蕩、自我逍遙的影響的表現。

以心性論為宗派學說的重心：心性問題是中國傳統思想中的一個重要問題。傳統人性論關於性善性惡之爭，綿延不絕。心性問題是有關個人的道德修養乃至影響國家安定的重大問題，也是所謂成佛的根本問題。自晉宋之際以來，佛教學者如道生受玄學家探討宇宙本體思潮的影響，著重從對外的本體轉向對內的人格本體即心性的探討，以為人的本體即人類自身的「本性」，把本體論和心性論的研究統一起

來，大講佛性，即成佛的根據。迄至唐代，天臺宗、華嚴宗和禪宗，都著重闡發心性問題。如天臺宗在傳統的人性善惡觀念的影響下，也從善惡方面講佛性，認為佛和一切眾生的心中都具有先天的善惡之性，人的後天修行也有善惡之分。戰國時儒家世碩首倡性有善有惡說，後又有董仲舒、劉向和揚雄等人的闡發。天臺宗的佛性善惡說，正是這種學說的繼承和發揮。天臺宗人還把止觀學說與儒家人性論相調和，說：「夫三諦者，天然之性德也。……含生本具，非造作之所得也。」（湛然：《始終心要》）宣揚空、假、中「三諦」是一切眾生自然具有的「性德」，從而把佛教的修行實踐說成是類似儒家的窮理盡性，即恢復人的本性的理論學說和實踐功夫。至於禪宗，更是集中講心性的宗派。它以性淨自悟為宗旨，性淨就是儒家性善論的佛教版。自悟、頓悟，直接淵源於道生的頓悟成佛說。據得到道生本人肯定的謝靈運的解說，這是綜合儒佛兩家學說長處的結果。他說，釋迦牟尼的長處是注重「積學」，短處是主張「漸悟」。孔子相反，長處是注重「頓悟」，短處是不講「積學」。頓悟說正是取兩家的長處，避其短處（《廣弘明集》卷 18《辨宗論》）。禪宗的精神也與玄學家郭象的《莊子‧逍遙遊注》的說法極為相仿，郭象主張保持個體的獨立，以自以為逍遙為逍遙，反對在個體之外去追求什麼逍遙，這實際上也正是禪宗所追求的精神境界的歸趣。

宣揚儒家倫理道德：中國古代專制社會，實行中央集權的君主專制主義制度，以及與農業經濟基礎相適應的宗法制度，由此忠君孝親被視為倫理道德的基本規範。尤其是孝，更被視為倫理道德的根本。「孝悌也者，其為仁之本歟！」（《論語‧學而》）「夫孝，德之本也。」（《孝經》）孝成為社會家族倫理的軸心，維護封建統治秩序的杠杆。僧人出家，不拜皇帝，不拜父母，被視為悖逆人倫的行為，所以「沙門應否敬王者」之爭，到唐初又再度興起。唐高宗曾命令沙門

應向君主和雙親禮拜，後因遭道宣等人反抗，改為只拜父母。但到了中唐，沙門上疏的自稱就由「貧道」、「沙門」改為「臣」了。元代重編的《敕修百丈清規》，更是先頌禱崇拜君主的「祝釐章」和「報恩章」，而後才是供養佛祖的「報本章」和尊崇禪宗祖師的「尊祖章」，這標誌著永遠結束了這個問題的爭論。所以，遠至祖國西邊的拉薩布達拉宮殊勝三地殿裡，至今仍豎立著清康熙皇帝長生牌位，上面赫然寫著：「皇帝萬歲萬萬歲」。自唐代以來，佛教還大力宣揚孝道。在儒家名教的刺激和影響下，佛教學者專門編造了講孝的佛經，如《父母恩重經》，宣揚應報父母養育之恩。還注疏《盂蘭盆經》，此經被中國人視為印度的佛教孝經，經內敘述釋迦牟尼的弟子目連入地獄救餓鬼身的母親的故事。宗密曾親撰《盂蘭盆經疏》二卷，強調釋迦牟尼出家和目連出家，都是為救濟父母。中國佛教寺院每逢七月十五日還舉行盂蘭盆會，追薦祖先，影響深遠。宋代著名禪僧契嵩作《孝論》十二章，總結以往佛教學者論孝的觀點，系統地闡發了戒孝合一論。宣揚戒就是孝，持戒就是為父母修福，並由此論定，佛教比儒家還要重視和尊崇孝，佛教講的孝超過即高於儒家的孝。

　　佛教信仰和佛教文化對中國傳統文化的影響、滲透是廣泛而深刻的，佛教的信仰、哲學思想和倫理觀念對道教和儒家都產生過巨大的作用。

　　道教一直反對佛教，但是它的思想體系和佛教相比可謂是「小巫見大巫」。道教原本沒有什麼像樣的經典，古代文化遺產基本上為儒家所繼承。它只能把儒家以外的一些著作作為經典。道家老莊學說也沒有給道教的創立留下足夠的思想資料，它只能把《列子》、《文子》也搜列為自己的經典。此外，它只得大量模仿佛經，攝取佛經的教理，來編造道教經典。可以說，許多道教經典都是直接在佛教經典的影響下形成的。如道教的《洞玄靈寶太上真人問疾經》就導源於佛教

的《法華經》,《太上靈寶元陽妙經》是篡改《涅槃經》而成。《太玄真一本際經》是深受《般若經》的空觀思想影響的產物。道教也把佛教的佛性說改為道性說,佛教天臺宗講無情有性,道教也講草木道性,等等。雖然道教主張長生成仙,佛教追求無生成佛,在教旨上有所不同,但是作為宗教信仰,道教確又帶有許多佛教的色彩。

佛教對儒家的影響也是重大的,它為宋明理學 —— 新儒學所吸取,從而標誌著佛教與中國傳統文化的融合的徹底完成。

佛教對宋明理學的滲透,首先是促進了儒家要典的確定和學術旨趣的轉移。宋代《孟子》升為經,《禮記》中的《大學》、《中庸》也被表彰出來,與《論語》相配合,合稱「四書」。朱熹撰《四書章句集注》,這是由於佛教講心性、重修持,儒家學者也就提出涉及心性修養問題的《孟子》、《大學》、《中庸》,以與佛教相抗衡,表示儒家自有家寶,不必求之於佛學。四書在儒學中的地位的確定,就是受佛教間接影響的表現。與此相聯繫,理學和以往側重社會政治倫理、少言性與命的儒學風格不同,轉而重視修心養性,是心性之學。儒學的學術重心的轉移,也是和佛教的影響直接相關的。

其次,佛教禪宗等對理學的心性論影響很大。禪宗的「知為心體」、「知覺是性」,即人心本性是靈知不昧的觀念,轉變了以往僅從善惡論人性的觀念,而使心性富有智慧的屬性。佛教宗派強調眾生本性清淨、覺悟,只為妄念浮雲蓋覆,為各種情欲蒙蔽,此說也為儒家學說所缺,它為唐代李翺所取。宋代理學家也受此啟發,發明「義理之心」和「物欲之心」,即天理與人欲的對立。理學家的人生哲學和道德學說,依據的是《大學》的著名公式:「古之欲明明德於天下者,先治其國;欲治其國者,先齊其家;欲齊其家者,先修其身;欲修其身者,先正其心;欲正其心者,先誠其意。」同時又吸取禪宗的「直指本心」論,以人格的自我完善為齊家治國的出發點;又以遵循

包含天地、君臣、父子、夫婦、長幼的「天理」為自身人格完善的唯
一途徑。這樣，如同成佛信仰是佛教徒的內在要求一樣，儒家倫理也
由外在的規範轉化為內心的自覺要求，人欲由一種自身的自然需要變
成了外在的罪惡淵藪。佛教所講的人心的本性是與萬物的本體統一
的，理學家受這種思維途徑的影響，也將心性論和本體論統一起來，
從人生本原和宇宙本體的結合方面加以論說，把封建倫理觀念上升為
宇宙的規律、本體。此外，理學家還吸取佛教禪定的修煉模式，提倡
主靜、主敬，以為習靜才能去私欲，合天理，打通小我與大我（天地
宇宙）的關涉，與大我相通，以與天地合其德。可以說，佛教的心性
學說為理學的心性論鋪設了理論基石。

四

　　從以上敘述中，我們可以得出以下一些基本看法：
　　（一）佛教和中國傳統文化的衝突與融合，是一種在彼此的擊撞
中尋找契合點的矛盾統一運動，是推進各家思想的多向演化進而達到
多元融匯的過程。在佛教傳入之後，除了主要基於政治經濟原因而由
封建統治者發動了幾次滅佛事件以外，真正在思想文化上的鬥爭不是
十分突出的，也不是主要的。中國傳統思想除了在政治倫理問題和有
神無神問題上曾發動對佛教的挑戰和批判外，並沒有對整個佛教的宗
教思想體系作出理論上的否定。相反，彼此的融合則是經常的、普遍
的現象，後來更是達到了「三教合一」的程度。可以看到，兩種文化
的衝突，推進了文化的進步，兩種文化的融合，意味著新文化的創
造。外來佛教的傳入，豐富了中華民族的文化，推動了中國文化的發
展。當然，佛教作為宗教，也不可避免地帶來了消極、落後的影響。
　　（二）佛教傳入中國後，經過與中國傳統文化的衝突、融合，流

傳兩千多年，在中國歷史上產生重要的影響，應當說是取得了成功的。從佛教這方面來說，這種成功的基本原因在於：第一，佛教是一種非常龐雜、十分繁複的宗教，具有中國文化所缺乏的特定思想內容，在流傳過程中，又保持了自身某些固有的特性，這就使得它可以對中國傳統文化發揮補充的作用。第二，佛教自傳入之日始，就表現出靈活的適應能力，試探、迎合、比附、格義、創造、改革，通過種種途徑以適應士大夫文化層和俗文化層的精神需要。也就是不是強行使中國人的精神去適應印度文化的特性，而是逐漸使自身朝著適應中國固有文化，即中國化的方向發展。如禪宗扎根於中國固有思想的深層基礎之中，繼承中國儒家、道家的思想，改革了印度佛教，在一定意義上，成為披著佛教外衣的專注心性修養的流派，十分適應士大夫和平民的心理要求，因而流傳的時間也最長。

（三）中國傳統文化面對外來佛教文化的輸入、挑戰，並沒有被取代，強大的專制主義皇權、牢固的儒家正統地位、傳統文化形成的大氣候，成為佛教難以在中國思想文化領域取得壟斷地位的不可逾越的障礙。中國傳統文化有效地吸取了佛教文化的成果，將它吸收和改造為中國文化的一部分，這顯示了中國傳統文化的充分開放性、高度堅韌性和善於消化的能力，表現了中華民族的強大而鮮明的主體意識。也就是以我為主，實現了成功的文化交流。中華民族文化的獨立性和自覺性，不僅體現了濃厚熾烈的民族感情，而且蘊含著豐富的獨特內容。這種文化的「入世」精神、自強不息思想、人格價值觀念、順應自然觀念，不僅沒有被佛教文化所改變，相反還改變了佛教文化。可見，在吸收外來文化的過程中，保持和發揚民族文化的主體意識具有十分重大的意義。

（四）一種文化的命運，歸根到底決定於歷史、時代、階級和群眾的需要。社會是複雜的結構、龐大的機體，人群的政治文化素質也

有高下之分。外來文化的積極、進步成分和消極、落後成分都可能為不同的人群所接受；同樣，傳統文化中的精華能否發揚、糟粕能否剔除，也決定於人群的構成和素質。在對待外來文化和傳統文化上，知識份子具有關鍵性的作用，而上層人士和平民百姓則最終決定著文化的命運。因此，完善和健全社會機體、培養和提高社會成員的素質，對於文化的建設和發展，具有最根本性的意義。

佛教與中國傳統文化的衝突和融合，是宗教文化和封建時代文化的交涉。現在時代不同了，我們面臨建設中國特色的社會主義的偉大任務，其中包括建設社會主義新文化這項十分嚴峻而迫切的任務。根據歷史經驗和現實條件，看來應該明確以馬克思主義為主導，大力批判繼承傳統文化的精華，積極學習外國一切先進的文化，並在社會主義建設實踐的基礎上，加以綜合、改造、創新、發展，才是我們應走的康莊大道。

（原載《哲學研究》，1987（7））

古代浙江籍佛教學者與中國文化[1]

　　佛教自漢代傳入我國後，一直存在著和中國傳統文化的擊撞、衝突與調和、融合的錯綜關係，並最終成為中國傳統文化的重要組成部分。在這個佛教中國化的過程中，浙江古代佛教學者作出了自己的獨特貢獻。本文試圖以四朝《高僧傳》為主要依據，通過對浙江古代佛教學者的活動之分析研究，探討它和古代浙江文化乃至中國文化的內在關係。

一　古代浙江籍佛教學者的概況

　　隨著佛教在全國範圍的興衰消長，浙江佛教也發生著相應的變化；同時，由於浙江政治、經濟、文化和地理等特點，浙江籍佛教學者也呈現出其令人注目的特殊風采。

　　首先，從靜態上審視，有以下一些基本情況：

　　在數量方面，四朝《高僧傳》總共記載了 145 位元浙江籍佛教學者。其中《高僧傳》15 人，《續高僧傳》22 人，《宋高僧傳》80 人，《大明高僧傳》28 人。

　　從時間跨度來說，上述 145 位佛教學者的生活年代，分別早自東晉孝武帝太元六年（西元 381 年），晚至明成祖永樂六年（西元 1408 年），前後共 1027 年，其中除了有 15 人年代不詳外，兩晉南北朝有

1　本文係與華方田、徐紹強合作而成。

25 人，隋唐有 68 人，五代有 14 人，宋元明有 23 人。此外，查《禦制神僧傳》和《佛祖統紀》，前者所載浙江「神僧」16 人，基本上是與四朝《高僧傳》重複的。《佛祖統紀》中記載了 205 名浙江僧尼，主要是天臺宗僧人，反映了浙江佛教學者在天臺宗發展史中的突出地位。

在地理分佈方面，浙江古代佛教學者主要活動在浙江西北部富饒的平原地帶、東部沿海及一些風景秀麗的地方，即現在的杭州、紹興、寧波和溫州等地。這些地區都是浙江省政治、經濟、文化比較發達的地區或山清水秀的風景勝地。

在派別類型方面，浙江古代佛教學者幾乎遍及中國所有的佛教學派、宗派。從南北朝的成實、涅槃、毗曇等學派，到隋唐時期的天臺、華嚴、律、淨土、禪等中國化的佛教宗派，各派各宗都有浙江佛教學者活動的蹤跡，而其中尤以天臺宗人為最多。

浙江古代佛教學者中又有層次高低之別，其中在中國佛教史和中國文化史上貢獻較大、知名度頗高的有：慧皎、灌頂、道宣、文綱、少康、澄觀、良價、文偃、文益、貫休、延壽、贊寧、知禮、皎然、元照、智圓等。他們分別在創宗立派、著書立說方面各有突出的貢獻，而且有的在詩歌、繪畫、書法、雕塑等方面也頗為擅長。他們大大豐富了包括浙江在內的中國思想文化寶庫。

其次，從動態上審視，浙江佛教經歷了顯著的演變過程。

就僧人的數量變化而言，魏晉南北朝時期佛教從逐步發展進到繁榮興盛。在此期間，浙江佛教活動起步雖較中原地區為遲，但佛教人才迅速成長，名僧輩出。四朝《高僧傳》所載，南北朝時期浙江佛教學者有 25 人，約占總數的 20%。隋唐佛教宗派的紛紛創立標誌著中國佛教達到鼎盛時期，浙江佛教也達到了高潮，湧現出一代佛學宗師。四朝《高僧傳》中記載的此時期的浙江僧人有 82 人，竟占總數量的 63%。唐代「會昌法難」及「安史之亂」後，佛教已度過其黃金時代

而開始走下坡路了，雖然浙江佛教特別是禪宗和淨土宗仍然保持著發展的勢頭和一定的盛況，但畢竟也是強弩之末了。四朝《高僧傳》中記載的宋元明三代的浙江僧人共有 23 人，約占總數量的 18%。由此我們也大體上可以從中透視出浙江以至全國佛教發展的興衰過程。

就派別類型的變化而言，迄至南北朝時期，浙江僧人主要隸屬於成實、毗曇、涅槃等佛教學派。隋唐時期，中國佛教形成了天臺、唯識、華嚴、禪、淨土等八大宗派。浙江是天臺宗的根據地，而天臺宗又是第一個中國化的佛教宗派，起著開風氣之先的重大作用，對以後其他一些宗派的形成產生了巨大影響。此時浙江僧侶以天臺宗人居多，幾乎每個浙江佛教學者都是以學習《法華經》開始其佛教生涯的。宋代以來，其他宗派都日趨衰微，唯有典型中國化的禪宗和發願往生西方極樂世界的淨土宗，分別或以其簡易直接、明心見性的法門或以廉價出售天國門票，贏得了廣大士大夫和下層人民群眾的響應與支持。此後還由於儒釋道的合流，佛教日益與儒、道融為一體；同時，佛教內部各宗派也呈現出相互交融的趨勢，如禪宗與華嚴、天臺兩宗的融合及禪與淨土的合流，支配了此後浙江佛教學者宗教活動的軌跡。

再就地理文化的角度而言，伴隨著漢文化中心的變遷，浙江佛教的地位和形勢也發生著相應的變化。在地理空間位置上，漢文化中心經歷了由西向東、由北向南的遷移，這就導致了江南文化特別是江浙文化的日益繁榮，在中國文化發展史上居於越來越重要的地位。「安史之亂」及北宋政權的建立，實現了漢文化中心由西向東的轉徙，而「靖康之難」則造成了中國文化中心南遷的契機，實現了漢文化中心由開封——洛陽的東西向軸心，向杭州——蘇州的南北向軸心的轉變。作為中國文化重要組成部分的佛教活動中心也隨之移到了江南。所以，宋元時期佛教各宗派的代表人物大部分為江南人士，其中又以

浙江為最多，如禪家五宗之曹洞、雲門、法眼三宗鼻祖良價、文偃、文益，宋代天臺宗之主要代表人物義寂、知禮、遵式，宋代淨土之省常，宋代華嚴之子璿等皆是浙江人士。由此我們可以看出，自宋代以來浙江在中國佛教史上的重要地位及其對傳統文化發展的重大影響。

二 古代浙江籍佛教學者的業績

通覽四朝《高僧傳》及有關資料，我們發現古代浙江籍佛教學者對佛教無不虔誠備至，他們躬行自己的信仰，積極參與一切有利於弘揚、光大佛教的活動，在促進佛教的中國化，豐富中國古代文化，擴大中國佛教的國際影響等方面都作出了巨大的貢獻。以下從六個方面具體說明這些學者的重要活動及其在中國佛教史和中國文化史上的作用。

（一）積極創宗承傳，增添佛教的新氣象。中國佛教在隋唐五代的創宗立派活動中，浙江籍佛教學者發揮了其創造精神，獨樹一幟，開啟一派之風氣。如道宣（596-667），原籍長城（今浙江長興；一說江蘇丹徒人），因常住陝西終南山研究、弘傳《四分律》，創立律宗，世稱南山律師。此宗後來極為盛行，後又經鑒真傳入日本。良價（807-869），會稽諸暨（今浙江諸暨）人，禪宗曹洞宗創始者之一，因住筠州洞山（今江西宜豐縣），被稱為「洞山良價」。良價宣揚「森羅萬象，古佛家風」，主張即事見真，從事象上顯現出理體。此宗宗風細密，流傳久遠，影響很大，並傳入日本。文偃（864-949），姑蘇嘉興（今浙江嘉興）人，禪宗雲門宗創始者，因住韶州（今廣東韶關）雲門山弘揚禪宗，自成一系，世稱「雲門文偃」。此宗注重一切現成，舉揚一家險峻而簡潔高古的宗風，北宋時極為隆盛。文益（885-958），余杭（今浙江杭縣）人，禪宗法眼宗創始者，晚年住金

陵（今南京市）清涼院傳法，因稱「清涼文益」。他創立的家風是「對病施藥，相身裁縫，隨其器量，掃除情解」（宋・晦巖智昭《人天眼目》卷 4），在宋初盛極一時。

在繼承祖師衣缽，發揚自宗家風方面，浙江古代佛教學者也佔有重要地位。首先是在天臺宗的傳法世系中，浙江佛教學者尤為令人刮目。繼首創天臺宗的四祖智顗之後，一直到第十五祖義寂，除九、十、十二祖之外，其餘八祖皆為浙江本省人。他們是：五祖灌頂（561-632），臨海章安（今浙江臨海縣章安鎮）人，世稱章安大師。六祖智威（？-680），處州縉雲（今浙江縉雲）人，上元元年（西元 674 年）居於軒轅煉丹山法華寺傳教，故號「法華尊者」，時人稱「大威」。七祖慧威（634-713），婺州東陽（今浙江東陽）人，號「天宮尊者」，時人稱「小威」。八祖玄朗（673-754），婺州烏傷（今浙江義烏）人，曾隱居左溪巖，世稱「左溪尊者」。十一祖廣修（771-843），東陽下崑人。十三祖元琇，生卒年代不詳，天臺縣人。十四祖清竦，生卒年代不詳，天臺縣人。十五祖義寂（919-987），溫州人，因住天臺山螺溪傳教院傳授天臺教觀，遂被稱為「螺溪大師」。其中灌頂從陳後主至德元年（西元 583 年）師事智顗起，到隋開皇十七年（西元 597 年）智顗去世為止，一直跟隨智顗，成為智顗創建天臺宗的得力助手。智顗的著作多是由他筆錄成書的，他建國清寺，敷衍師說，著作宏富，在天臺宗史上居有重要一席。義寂曾通過當時信奉佛教的吳越王錢弘俶，遣使到高麗（今朝鮮，一說去日本）訪求天臺教典，求得不少典籍，使天臺教典在經過「安史之亂」和「會昌法難」的破壞後由湮滅而復興，實是使天臺宗得以中興的人物。義寂死後，天臺宗內部逐漸演成「山家」、「山外」兩派。「山家」的掛帥人知禮（960-1028），「山外」代表人物智圓（976-1022）分別為四明（今浙江寧波）和錢塘（杭州）人氏，在天臺宗歷史上和

知禮齊名的遵式（964-1032）為寧海人。可見，天臺宗的創建、鞏固和發展，實有賴於浙江佛教學者的積極活動。

此外，有澄觀（737-838 或 738-839），越州山陰（今紹興）人，初遍學「三藏」，後專研《華嚴》，成為華嚴宗的集大成者，被尊為華嚴四祖。子璿（？-1038），嘉禾（今浙江嘉興）人，係宋代華嚴宗代表人物之一。少康（？-805），縉雲仙都山人，佛教史稱「蓮宗七祖」之一。延壽（904-975），錢塘人，也稱「蓮宗七祖」之一。省常（959-1020），錢塘人，「蓮宗七祖」之一。允堪（？-1061），錢塘人，元照（1048-1116），余杭人，是為宋代律宗的兩個重要代表人物。可見，浙江籍古代佛教學者在華嚴宗、淨土宗和律宗的傳承方面的重要作用。

（二）勤於注疏創體，豐富中國佛教文庫。浙江歷來為人才薈萃之地，加之江南佛學一向偏重義理，因而浙江籍古代佛教學者大多勤於著述，注、疏、論、抄、記、傳、志、錄、偈，作品極為豐富，為汗牛充棟的中國佛教文庫增添了不少新鮮的內容，並大大促進了佛教的中國化進程。據初步統計，浙江古代佛教學者中有作品傳世的有 41 人之多，留下書籍 127 部，卷數逾千。其中給後世佛教思想發展以一定影響的作品有：《高僧傳》14 卷，《涅槃義疏》10 卷，慧皎著；《法華義疏》3 卷，慧基著；《毗曇大義疏》十餘萬言，慧集著；《俱舍文疏》30 餘卷，《金剛般若經注》，《大莊嚴論》（譯），《大莊嚴論文疏》30 卷，《法華經纘述》10 卷，慧淨著；《般若經注》，僧旻著；《成實疏數》10 卷，洪偃著；《三論文疏》，慧田著；《涅槃經疏》23 卷，《觀心論疏》5 卷，《國清百錄》4 卷，《涅槃玄義》2 卷，《天臺八教大意》1 卷，灌頂著；《華嚴經疏》60 卷，《華嚴經隨疏演義鈔》90 卷，《華嚴法界玄鑒》2 卷，《三聖圓融觀門》1 卷，澄觀著；《法華經科文》2 卷，玄朗著；《寶鏡三昧歌》，良價著；《宗門十規論》，文益著；《宗

鏡錄》100 卷，《萬善同歸集》3 卷，延壽著；《續高僧傳》30 卷，《廣弘明集》30 卷，《釋迦方志》2 卷，《集古今佛道論衡》3 卷，《四分律刪繁補闕行事鈔》，《四分律拾毗尼義鈔》3 卷，《四分律刪補隨機羯磨疏》2 卷，《四分律含注戒本疏》，道宣編或著；《大宋高僧傳》30 卷，《大宋僧史略》3 卷，贊寧著；《楞嚴經疏》（後被稱為《長水疏》）10 卷，子璿著；《往生西方淨土瑞應刪傳》，少康和文諗合撰；《行事鈔會正記》，《戒疏發揮記》，《業疏正源記》，《毗尼義鈔輔要記》，允堪著；《四分律行事鈔資持記》42 卷，《四分律羯磨疏濟緣記》22 卷，《四分律含注戒疏行宗記》21 卷，《觀無量壽佛經義疏》3 卷，《阿彌陀經義疏》1 卷，元照著；《止觀義例》，《法華不妙》，《不二門科節》，義寂著；《金光明經玄義拾遺記》6 卷，《金光明經文句記》12 卷，《觀音經玄義記》4 卷，《觀音經義疏記》4 卷，知禮著；《貽謀鈔》1 卷，《首楞嚴經疏》10 卷，《四十二章經注》1 卷，《遺教經疏》2 卷，《阿彌陀經疏》1 卷，《涅槃經疏三德指歸》20 卷，智圓著；《涅槃經夾註》80 卷，禮宗著；《四分律輔篇記》10 卷，《金剛經義疏》7 卷，玄儼著；《號呶子》10 卷，《儒釋交遊傳》，皎然著；《金剛集注》，《心經消災經注》，《彌陀經句解》，性澄著；《四教儀經》，弘濟著；《阿彌陀經集注》1 卷，普智著等。這些著作中的僧傳、開宗性著作和編纂古代思想鬥爭的論集，對於研究古代佛教史和古代思想史，都有重要的學術價值。

　　（三）大力培養門徒，擴大佛教勢力。僧（人）和佛、法一樣，為佛教「三寶」之一，其數量的多寡直接影響到佛教實力的強弱和命運的興衰。浙江古代佛教學者大都繼承了帶徒傳法的傳統，積極培養門徒，以承傳燈火，擴大勢力。據不完全統計，浙江古代佛教學者傳法在百人以上者有十三人，在千人以上者有九人。如慧基傳徒一千多人。子璿化眾「幾一千」。知禮門下「嗣法二十七人，入室四百七十

八人,升堂一千人」(《佛祖統紀》卷 12,《四明法智法師法嗣》),其中知名的有廣智、神照、南屏。道宣傳弟子「千百人,其親度日大慈律師,授法者文綱等」(《宋高僧傳》)。從慧稜出世者「不減一千五百眾」(同上)。惟寬「度黑白眾殆及百千萬」,「門弟子殆千餘,得法者三十九,入室受遺寄者曰義崇、圓照焉」(同上)。玄儼傳法「殆出萬人」(同上),「門人有法華、曇俊、崇默、龍興、崇一、開元、智符、稱心、崇義、香嚴、懷節、寶林、洪霈、覺引、灌頂」(同上)。傳弟子最多者為慧約法師,據載「皇儲以下,爰至王姬,道俗士庶,咸希度晚,弟子著籍者凡四萬八千人」(《續高僧傳》)。

值得特別一書的是,有的佛教學者培養出了不少在中國佛教史上頗有影響的人物,比如,華嚴五祖、佛教哲學家宗密(780-841)為澄觀門下四哲之一。良價傳法曹山本寂(840-901),並和本寂共創曹洞宗。天臺宗人德韶(891-972)曾受禪宗法眼宗鼻祖文益的深刻影響。天臺宗十五祖義寂傳法於朝鮮人義通,義通(927-988)後在中國敷揚天臺教觀近二十年,成為天臺宗的一代祖師。唐代僧人、卓越的天文、曆法學家一行(673-727)曾師事於天臺宗人慧朗(662-725)。唐律宗僧人文綱(636-727)師承南山律師道宣,又傳法於道岸(654-717)。唐詩僧皎然(?-約 790)出自天臺宗人守直(700-770)門下。這些弟子對推動佛教的發展,抬高佛教在中國文化中的地位,都曾作出過重要的貢獻。

(四)建寺修廟造像,鞏固佛教陣地。寺廟是佛教僧眾奉佛拜祖、聚眾修行的場所,民間文化活動的中心,同時也是儲藏、陳列佛教經典、繪畫、雕塑的藝術館。浙江籍古代佛教學者對於建寺修廟造像都十分重視。如僧瑜與同學曇溫、慧光等於廬山南嶺建招隱精舍;真觀造金銅大像五尊,塔兩層、寺兩所。澄觀曾建雲花寺,並於該寺般若閣下畫華藏世界圖相,在所設十二次無遮大會上「塑形繢象」。

唐代僧人子瑀之前，德清縣全境無有一塔一寺，經過子瑀銳懷營構，德清始有精宇；他還抄寫經籍一萬六千卷。有的僧人上奏封建政府，請求支持修建寺廟的活動，如慧忠曾奏請唐政府在武當山建太一延昌寺，於白崖山黨子谷建香嚴長壽寺，並於此兩寺中各置一經以備度僧之用。有的僧人還大力勸導、動員信徒修寺建廟，如義寂在海門勸人修寺塑像，以至「感動」宋太宗派人重建壽昌寺；後到永安縣境，又勸七鄉人修塑光明寺中已毀佛像。還有的雕鑿石佛，西元 486 年僧護於新昌縣石城山隱嶽寺寺北青石壁上首開其功，鐫造十文石佛，剛成面像，不幸而逝。後有僧淑繼其業，未成。後建安王派遣當時最有名的佛教建築專家僧祐繼續雕鑿，終於在 516 年雕成。該石佛身長百尺，由三代僧人歷經三十年鑿成，故名之為「三生石佛」，今坐落在浙江省新昌縣大佛寺，被譽稱為「江南第一大佛」，實為我國南方早期石窟中巨型佛像的唯一碩果。

（五）寓禪於詩畫文，豐富文藝作品。浙江籍古代佛教學者重視文學藝術諸形式在傳播佛教上的獨特效果，他們樂於與儒者名流交往、熱心於詩畫的創作。在他們中間湧現出了文學批評家、書法家、畫家和詩人。如唐代詩僧皎然，本姓謝，字清晝，謝靈運十世孫，吳興長城（今浙江長興縣）人。其文章俊麗，被時人稱為「釋門偉器」，善以佛教義理入詩，宣揚禪理與出世思想，格調清淡閒適。《全唐詩》編其詩為七卷。另撰有詩論《詩式》、《詩評》、《詩議》，其中以《詩式》最為重要。該書以論詩歌風格為主，提出「四不」、「二要」、「七德」、「十九體」等標準，宣導高古閒逸，輕視思想內容，開了以禪理論詩的先聲，對唐代詩人、詩論家司空圖及南宋文學批評家嚴羽等人的詩論都有一定的影響。唐詩僧清江，會稽（今浙江紹興）人，工詩。大曆、貞元年間，與清晝齊名，人稱「會稽二清」。其詩多為羈旅抒懷，送別贈答之作，較少衲子氣。《全唐詩》錄存其詩二

十一首，編為一卷。五代前蜀畫家、詩人貫休（832-912），本姓姜，字德隱，婺州蘭溪（今蘭溪縣）人，人稱「禪月大師」。他的畫怪駭突兀，在當時極負盛譽，齊己將其比之王維。《宣和畫譜》著錄其作品有高僧、羅漢、菩薩、維摩等三十件，故宮尚藏有其《極樂圖》、《羅漢像》等掛軸。他最著名的《十六羅漢軸》還可從《唐宋元明名畫大觀》中看到印件。貫休詩名聳動於時，《全唐詩》錄存其詩七百一十七首，編為十二卷。著作有《禪月集》傳世。貫休兼善草書，世稱「姜體」，時人比之懷素。歐陽炯評價他說：「詩名畫手皆奇絕」，「聲似喧喧遍海涯」。「唐朝歷歷多名士，蕭子云兼吳道子，若將書畫比休公，只恐當時浪生死。」（均見《全唐詩》卷 761《貫休應夢羅漢畫歌》）

此外據後三朝《高僧傳》所載，浙江古代佛教學者中在詩、書、畫等領域裡成就卓然的還有慧淨（撰《詩英華》10 卷）、洪偃、真觀、道標、誓光、靈澈（《全唐詩》錄存其詩十六首）、盤谷（著《遊山詩集》3 卷）。還應指出，在我國文學史上頗有地位的劉勰、白居易、賀知章、韋應物、王禹偁、徐鉉等人都曾受到過浙江佛教學者的深刻影響。如晚年好佛，自號香山居士的白居易就曾向浙江佛教學者惟寬、道標、慧琳等人請教過禪理佛法。《文心雕龍》的作者劉勰則長期投於僧祐門下。他在鐘山定林寺定居十多年之久，著名的《文心雕龍》就是他在此期間完成的。自然，在這時期，劉勰也參與了佛經的整理，撰寫了《京師寺塔及名僧碑誌》（《梁書·劉勰傳》），協助僧祐做了大量工作。在宦海沉浮二十多年之後，劉勰於 520 年在定林寺出家，改名慧地。即使在他出仕期間，仍然和僧祐保持著密切的聯繫，不斷參加有關佛教的活動，並且終身未婚。可見在劉勰的頭腦中，無論是在《文心雕龍》寫作之前，還是在寫作之後，都在不同程度上受到佛教思想的影響。劉勰「博通經論」、「為文長於佛理」，其

有關佛教方面的著述很多，流傳至今的還有《梁建安王造剡山石城石像碑》（見《會稽掇英總集》卷 16）和《滅惑論》（見《弘明集》卷 8）兩篇。

（六）積極向外傳播，擴大國際文化交流。佛教傳入中國以後，又從中國流傳到了朝鮮、日本等國家。在佛教向外傳播的過程中，浙江古代佛教學者對天臺宗、禪宗之曹洞和法眼兩宗的向外流傳作出了獨特的貢獻。據載，唐貞元二十年（西元 804 年），日本僧人最澄和他的弟子義真入唐遊學，從天臺山修禪寺道邃、佛隴寺行滿習學天臺教義，並從道邃受菩薩戒。第二年五月攜帶在唐求得的經論疏記二百三十餘部回到日本，大弘教化，在比叡山開創天臺一宗。從此天臺宗在日本便逐漸發揚光大起來。

宋時，由良價創立的禪宗曹洞宗也流傳到了日本。南宋嘉定十六年（西元 1223 年），日本臨濟宗的創始者榮西的再傳弟子道元來到中國，歷訪天童、徑山、天臺等山，參謁了無際了派、浙翁如琰諸禪宿，終於得到天童長翁如淨的啟發而豁然開悟，並蒙印可，受傳祕蘊及衣具頂相。他於寶慶三年（西元 1227 年）歸國，盛弘禪學，創立了日本的曹洞宗。由於交通便利，宋以後日本禪僧入宋求學及宋僧往日本弘傳禪學的人很多，導致了禪學在日本的逐漸繁榮。日本各禪寺的構造、禪堂的設備乃至日常生活，多類比宋地禪剎式樣，中國禪門詩偈在日本禪林中也非常流行。這些都明顯地反映了浙江禪宗學者所給予的巨大影響。延壽的《宗鏡錄》寫成後流傳很廣，高麗光宗王讀後，深受啟發，遣使航海來宋齎書敘弟子之禮，並奉金線袈裟、數珠紫水晶、金澡罐等。延壽還為隨同使者前來學佛的智宗等三十六人印可記莂，法眼宗旨因而弘揚於朝鮮。

三　浙江古代佛教學者在文化史上的地位

　　從前面論述的浙江古代佛教學者的活動情況，我們可以進一步了解其在中國文化史上的地位。浙江古代佛教學者在中國佛教史上佔有重要的地位。他們有的是佛教學派的開山鼻祖，有的是復興宗派的中堅人物，對於唐代，尤其是宋代以來佛教的延續起了很大作用。有些則是在學術上、教職上地位顯赫，聲望頗高的學者，如《高僧傳》卷8所載，慧基法師「德被三吳、聲馳海內，乃敕為僧主，掌任十城。蓋東土僧正之始也」。其弟子曇斐以小品淨名獨步當時，「有譽江東，被敕為十城僧主」，且青勝於藍，人稱「超進慧基，乃揚浙東之盛」。至於居住持地位的一寺之主更是不可勝數。他們身居住持之職，倍受教徒愛戴。如允若為杭州興華寺住持，行丕由天臺佛隴升主寶陀，道樞初主何山后移主華藏、靈隱等寺。此外，這些佛教學者的重要地位也可以從他們得到皇帝贈予的稱號上看出來。在四朝《高僧傳》中這樣的例子比比皆是，如性澄，得號「佛海大師」；本無的諡號為「佛護宣覺憲慈匡道大師」；南朝僧人僧旻，位居京邑五大法師之右，「乃眷帝情，深見悅可，因請為家僧，四事供給。又敕於慧輪殿，講勝鬘經，帝自臨聽」(《續高僧傳》)；錢塘僧人明徹，受到梁武帝優禮相加，家僧資給，「每侍御筵，對揚奧密，皇儲賞接，特加恒禮，故使二宮周供，寒暑優洽。當時名輩並蒙殊致，未有恩渥如此之隆」(同上書)。這些僧人不惟受到最高統治者的恩寵，而且還與官僚士大夫密切往來。通過他們的仲介，間接影響著統治者對待佛教的態度，使佛教受到封建政府的支持而得以持續發展。

　　浙江籍古代佛教學者的影響並未限於佛教史方面，而是擴及文學、藝術、哲學、倫理、民俗、社會心理及國際文化交流等各個領域。在文學藝術上，浙江古代佛教學者於詩、文、畫、書法、建築、

雕塑等方面都有獨到之處，為祖國的文學藝術寶庫增添了諸多瑰寶。在哲學思維和倫理道德方面，天臺宗重視佛教理論和實踐的止觀學說，禪宗之曹洞、雲門、法眼等宗的禪風都隨著歷史的發展積澱在人們的哲學意識和道德觀念之中。在民俗和社會心理方面，佛教的影響是深入而久遠的，千百年來佛教的影響對世世代代的浙江人民起著潛移默化的作用。據《高僧傳》載，道琳善於求佛除妖，「靈驗」異常。文說「琳於是設聖僧齋，鋪新帛於床上。齋畢，見帛上有人跡，皆長三尺餘。眾咸服其徵感，富陽人始家家立聖僧齋以飯之」。《續高僧傳》載大志法師「善屬文藻，編詞明切，撰願誓文七十餘紙，意在共諸眾生為善知識也。今廬山峰頂每至暮年，諸寺見僧宿集一夜，讀其遺誓，用燒道俗，合道皆酸結矣」。從這些習俗中可以看出佛教在民間的影響。此外，浙江古代佛教學者通過向日本、朝鮮等國僧人傳授佛教，也對國際文化交流作出了自己的貢獻。

（原載《浙江學刊》，1988（3））

佛教的人生哲學
——兼論佛儒人生哲學之異同

　　探討和分析歷史上各種學派的人生哲學，對於我們建設新的人生哲學是有直接的借鑒意義的，因而也是一項重要的課題。本文著重闡述佛教的人生哲學，同時也兼論佛儒人生哲學的異同。

一　佛教的人生哲學

　　佛教的人生哲學，著重闡述人生的本質、意義、價值、命運，人生應當追求的理想境界，以及實現這種境界的道路和方法等問題，這是整個佛教教義的哲學基礎，是佛教思想的核心內容。下面就幾個基本問題來闡述佛教的人生哲學。

（一）人類在宇宙中的地位

　　佛教提出了宇宙的有情識的和證悟得道的生命體共分十類的說法。中國佛教學者把十類定名為「六凡四聖」。所謂六凡，也稱為「六道」、「六趣」、「有情」、「眾生」，指沒有超越生死輪迴、沒有獲得解脫的凡庸者。具體地說，由高到低，六凡是指：

　　天：因天然自然，清淨光明，非人類世間所能比擬，故名。指一般的神，也稱「天神」。天又分若干層次，其中「四天王天」是最接近人間的，「三十三天」即「忉利天」是較高層次的天。這些天神都是護持佛法的護法神。天是六凡中最優勝高妙的，但還有升進與墮

落，還受生死輪迴法則的支配，並沒有真正解脫。

人：人類，有智慧，有意識，能作惡也能從善者。

阿修羅：梵文音譯，略稱「修羅」，意譯為「非天」，是魔神。佛教說阿修羅的能力像天，但因多怒好鬥，失去了天的德性，被攆出了天界。

畜生：也稱「傍生」，謂傍行的生類，指飛禽走獸，以及蜎飛蠕動、水游地藏的一切動物。

鬼：因恐怯多畏，故名為鬼。依賴子孫的祭祀，或拾取人間遺棄的實物而生活。鬼的種類很多，如大財鬼、小財鬼、多財鬼、少財鬼等。鬼中的藥叉羅剎是有大威德者，而餓鬼是鬼中處境最糟糕的，常受饑渴，千年萬載也不得一食，即使得了也立即為猛火燒成灰燼。鬼類中餓鬼最多，所以通常講的鬼也就是指餓鬼而言。

地獄：這是六凡中地位最低、最為痛苦的受罪處。作惡多端、罪行累累的就在這裡受懲罰。佛教通常謂地獄裡面烈火熊熊，佈滿熾熱的銅床鐵柱，墮落在地獄裡的要受火焚燒。地獄有三類，第一類是根本地獄，其中又分八熱地獄和八寒地獄。如八熱地獄中的第八阿鼻地獄，也稱無間地獄，罪人在此受苦永無間斷，最為痛苦。第二類是近邊地獄，第三類是孤獨地獄，在山間曠野、樹下空中等處。

所謂四聖是指聲聞、緣覺、菩薩和佛。聲聞是指聽聞釋迦牟尼言教的覺悟者。緣覺是指獨立觀悟佛說因緣道理而得道者。菩薩發大誓願要普度眾生到彼岸，是後補佛。佛是修持取得最圓滿的成就，是大徹大悟者。這四者雖然修持成就的大小、覺悟程度的高低有所不同，但都是屬於覺悟者，都已超脫生死輪迴，是超凡入聖的聖者。

由上可知，人類是六凡中的一凡，在宇宙中的地位很低，表現出佛教蔑視人生的基本立場。但佛教又把人置於六凡中的第二個層次，接近天神，在六凡中地位是較高的。佛教宣揚，人如果相信佛教，努

力修持，就能經過「天」再上升成為聖者。這是佛教對人類的許諾，表現出對人類的重視和期待。

（二）人的本質

人是什麼？佛教認為，人身是五蘊和合而成的生命體。「蘊」，也作「陰」，聚積的意思。五蘊是指構成人的五種要素、成分：色、受、想、行、識。「色」，物質，此指肉體。具體說，包括地、水、火、風「四大」。皮肉筋骨屬於地大，精血口沫屬於水大，體溫暖氣屬於火大，呼吸運動屬於風大。四大和合，組成人的肉體。「受」指感官生起的苦、樂、喜、憂等感情感覺（名曰「情」）。「想」，是理性活動、概念作用（名曰「智」）。「行」，專指意志活動（名曰「意」）。「識」，統一前幾種活動的意識。色是物質現象，受、想、行、識是精神現象。人有肉體，也有精神活動，人是物質現象和精神現象的綜合體。佛教宣揚，人是五蘊和合而生，五蘊是分散而滅、成壞無常、虛幻不實的。人猶如流動不息的水流和自生自滅的火焰，並沒有固定的實體存在，五蘊最終要分離而消散，人根本就沒有一個真實的本體存在。因此，人的本質是「無我」（無實體），是「空」。這裡所講的空，不僅是指人死亡後五蘊散滅是空，而且在未死亡時，也只是五蘊和合，也是空的。後者也是佛教最為強調的空的真正意義所在。應當承認，佛教對人是物質現象和精神現象的統一體的看法，是有道理的，但由此推論出人的本質是空的觀點是不正確的。

（三）人的本性

佛教教人修持成就為佛，這又必然要論及人有沒有成佛的內在根據的問題，也就是所謂佛性問題。佛性問題又和對人的本性染淨、善惡判斷直接相關，也就是要對人的本性作出道德評價。一般地說，佛

教認為人的本性是清淨的，後來還進一步強調人的本性是覺悟的，其所以沒有成佛，是因為人受現實世間的種種不良影響，形成各種欲望，產生各種妄想，但是成佛的內在根據是存在著的。也有的佛教派別把人分為不同類型，認為有一種人作惡多端、反對佛教，不具有成佛的內在根據和可能。還有的派別認為人的本性有善有惡，是兩重的，人的修行成佛的過程就是去惡從善的過程。總的說來，強調人的本性是清淨、善良的，人人都有成佛的根據和可能，是佛教對於人性的基本觀點。

（四）人生的價值

佛教斷定人生是「苦」，人的生命、生存、生活就是苦，苦就是人的命運，就是人的價值。所謂苦，主要不是專指感情上的痛苦或肉體上的痛苦，而是泛指一種精神上的逼迫性，即逼迫惱憂的意思。佛教認為，一切都是變遷不息、變化無常的，廣宇悠宙不外苦集之場。由於人不能自我主宰，為無常患累所逼，不能自主，因此也就沒有安樂性，只有痛苦性，佛教對於苦作了各種各樣的分類，但最通常講的是八苦，具體指：

生苦：人未出生，十月住胎，儼如關在黑暗的地獄裡，母親喝熱湯，就要備受煮燒。出生時，冷風觸身，猶如刀刮。住胎出胎都受逼迫。

老苦：人至老耄，髮白齒落，肌肉鬆弛，五官失靈，神智昏暗，生命日促，漸趨死亡。

病苦：一是身病，從頭到腳，從裡到外，「四大」不調，眾病交攻，十分痛苦；一是心病，內心憂愁悲切，十分苦惱。

死苦：一因生命無常，命終壽盡而死；一因意外事故或遭遇災難而死。

　　怨憎會苦：人們對主觀和客觀兩方面都有所不愛，對於怨仇憎惡的人或事，本求遠離，但是冤家路窄，仇人相遇，互相敵對的人偏偏要聚集在一起，憎惡的事偏偏要紛至遝來。

　　愛別離苦：人們對主觀和客觀兩方面都有所愛，但是偏要分離，難以相愛。如父子、兄弟、夫婦、朋友，情愛融洽，歡樂相處，然而終不免父子東西，兄弟南北，夫婦分居，骨肉分離，甚至禍起非常，造成生死離別的莫大痛苦。

　　求不得苦：人們的要求、欲望、喜愛，往往得不到滿足，求之而不能得，甚至所求愈奢，愈不能得到，痛苦也愈大。

　　五取蘊苦：也稱「五蘊盛苦」、「五盛蘊苦」。這是一切痛苦的匯合點，即所有痛苦都歸結到五蘊的苦。五蘊與「取」（指一種固執的欲望，執著貪愛）聯結在一起就產生種種貪欲，稱為「五取蘊」。這裡，「取」即執著是關鍵。有了五取蘊就會產生苦，生、老、病、死、憎會、愛離、所求不得七苦天天向著五蘊襲來，人的身心盛貯眾苦，又稱為「五蘊盛苦」。

　　八苦分為兩大類，前四苦是自然生理現象，也就是說，人生的過程就是連續產生不同痛苦的過程。第五至第七苦，即和憎恨的事物聯結在一起的厭煩、和所喜愛的事物離別的悲傷、不能滿足所求的痛苦，是著重就社會現象、社會生活、人與人的關係講的。佛教把前面七種苦最後歸結為五取蘊苦，是為了說明：五蘊就是苦，執著、貪欲就是苦，人的生命就是苦，生存就是苦。

　　佛教還在時間和空間兩方面把人生的苦加以擴大化、絕對化，宣傳人生的過去、現在和未來三世皆苦。人生所面對的世界也是苦，「三界無安，猶如火宅」，人間世界是火宅，是無邊苦海。芸芸眾生囚陷於熊熊火宅之中，備受煎熬；沉淪在茫茫苦海之中，盡受苦難。

　　人生是苦的命題，是佛教對人生價值的總判斷，是佛教人生觀的理論基石。

佛教還詳盡地闡發了人生痛苦的原因，歸結起來主要是兩條：無明和貪欲。無明即無知，對佛理的無知。這種無知主要表現在兩個方面：一方面，人生由五蘊和合而成，是「無常」的，終歸要死滅的，而人往往企求人生有常，這是一種很大的無明；又一方面，人生由五蘊和合而成，是沒有實體的，沒有實體也叫「無我」，而人往往堅持有我──永恆不變的實體是實有的，這又是一種很大的無明。貪欲，指生理欲望、物質需求。人都追求感官的刺激、享受，對外界可以享受的一切，周遍馳求，執著不放。欲望本身就帶來不幸，欲望不可能都得到滿足，欲望必然給人帶來種種痛苦。佛教著重從認識和欲望兩個方面探求了人生痛苦的原因。

（五）人生的理想境界

佛教把人生的趨向歸結為兩條相反的途徑：一是人生的需求往往由於自身的原因或和環境不協調而產生種種痛苦，人們又不了解它的原因，找不出解決的辦法，只好隨波逐流，聽任命運的安排，陷入不斷輪回之中，稱為「流轉」；二是對「流轉」的生活採取相反的方法，破壞它，變革它，使之逆轉，稱為「還滅」。這就是所謂人生行事的兩個相反系列，後者也就是佛教教人追求達到的人生最高理想境界。

早期佛教借用婆羅門的涅槃概念來標明佛教的最高理想境界，佛教所講的涅槃，總的說是指滅除一切煩惱、滅除生死因果的意思。佛教各派對涅槃的看法並不相同，涅槃有不同的含義和類別。重要的有有餘涅槃、無餘涅槃、實相涅槃和以返歸本性為涅槃等。

小乘佛教提出有餘涅槃和無餘涅槃的主張。有餘涅槃是指斷除貪欲，斷絕煩惱，即已滅除生死的因，但作為前世惑業造成的果報身即肉身還在，仍然活在世間，而且還有思慮活動，是不徹底的涅槃。無餘涅槃是相對於有餘涅槃而言，是比有餘涅槃更高一層的境界。在這

種境界中，不僅滅除了生死的因，也滅除了生死的果，即不僅原來的肉體不存在了，而且思慮也沒有了，灰身（死後焚骨揚灰）滅智，生死的因果都滅，不再受生，是更高的理想境界。

大乘佛教中觀學派反對小乘佛教以無餘涅槃作為人生的最高理想境界。此派突破小乘佛教的思想模式，從新的角度提出新的主張。他們認為涅槃和世間的本性是一致的，兩者都是「空」，也都是不可言說的「妙有」，是完全統一的。他們批評小乘佛教不懂得這個道理，厭惡和離棄世間，去追求超世間的涅槃，這樣就不能真正達到涅槃境界。中觀學派認為，眾生所追求的目標應該是正確認識一切事物實相，實相就是本來面目，就是畢竟空，認識到一切事物是空無自性的，還事物以本來的清淨面目，並且加以實際運用，也就是去掉一切戲論，「顯示實相」。實相就是涅槃的內容，涅槃境界就是對實相的認識和運用，這就是實相涅槃。

中國禪宗以性淨自悟為立宗的理論基礎，強調眾生的本性是清淨的，眾生之所以不是佛是由於本性受到妄念的蒙蔽，一旦去掉妄念，返歸清淨本性，眾生就是佛。禪宗是以認識、覺悟、體驗眾生自身的本性作為人生的最高理想境界的，這和印度佛教的涅槃觀念是頗不相同的。

（六）人生的解脫途徑

佛教對於達到人生的最高理想境界的途徑和方法，論述很多，各派的說法也不盡一致，其中最有代表性的主張是戒、定、慧「三學」。

戒是指佛教為出家和在家的信徒制定的戒規，借以防非止惡，從是為善。這既是個人修持的基礎，也是維護僧團集體生活的紀律。戒有多種，多至比丘戒 250 條，比丘尼戒 348 條。戒律中最基本的是五

戒：不殺生，不得殺害任何生命；不偷盜，不得偷竊搶奪他人的財物；不邪淫，在家信徒不得亂搞男女關係，出家信徒更是應當不淫；不妄語，不得說假話；不飲酒，以免刺激神經，保持頭腦清醒。

定即禪定，指心專注一境而不散亂的精神狀態，也是為獲得佛教智慧、功德、神通而修習的功夫。禪定的種類很多，如「四禪」，是用以對治妄惑、生諸功德的四種基本禪定，其內容為：初禪，由尋求伺察而厭離充滿食欲和淫欲的眾生所居的境界，以產生喜樂的心情；二禪，進一步斷滅以名言為思慮物件的尋求伺察作用，在內心對佛教形成堅定的信仰並產生新的喜樂；三禪，舍去二禪所得的喜樂，住於非苦非樂的境地，並運用正念正知，繼續努力修習，從而產生「離喜妙樂」；四禪，捨棄三禪的妙樂，唯念修養功德，由此而得「不苦不樂」的感受。四禪就是經過四個層次的禪定，引導眾生脫離欲界感受，專心於佛教的修養功德，而形成一種「不苦不樂」的特殊的心理感受。

慧，指能使修持者斷除煩惱、達到解脫的佛教智慧。佛教通常把智慧分為三種：聞所成慧，指聽聞佛法所得的智慧；思所成慧，依前聞所得慧而進行深思熟慮，融會貫通，是得於自己思索的智慧；修所成慧，依由聞和思所得的智慧，修習禪定，從而證悟人生和宇宙的實理，即得於證悟的智慧。

佛教強調戒、定、慧三學是統一的，由戒生定，由定生慧，由此智慧而斷絕一切無明煩惱，進入涅槃境界，成就為佛。

以上闡述的佛教關於人類在宇宙中的地位、人的本質和本性、人生的現實價值和理想價值以及實現理想境界的道路的學說，構成了佛教人生哲學體系的基本內容。

二 佛儒人生哲學的異同

佛教和儒學幾乎是同時在西元前 6-前 5 世紀出現的思想學說，是人類文化在古代東方的早期結晶，兩者遙相輝映，分別蔚成世界性的巨大學派和文化圈。儒學和佛教探討的物件都是人，都是對人生的一系列基本問題作出獨特的說明，各自構成了一套人生哲學體系。由於地理、歷史和傳統等因素，佛教和儒學在人生哲學問題上，雖有相通之處，但總的說來相距甚遠。

（一）相異之點

（1）關於人類在宇宙中地位的異說。如上所述，佛教比較貶低人類在宇宙中的地位，儒家不同，它重視人在宇宙中的地位，稱人和天、地為「三才」，又強調人優於禽獸，為萬物之靈，帶有人本的色彩。同時儒家傾向於人在人倫關係網中存在的意義，而比較忽視個體存在的價值。總的說來，在這個問題上，儒家的觀點是比較合理和正確的。此外，佛教又認為，在六凡中天過於享樂，不會修行，畜生、餓鬼、地獄則太愚蠢，難得有機會修行，只有人身難得，可以修行，即重視人的地位的轉化，教導人由凡轉聖，這又和儒家重視對人的教化有相似之處。

（2）關於人生價值的異說。佛教認為，人的肉體是「臭皮囊」，汙穢之物。它還從變化、流動，即無常的視角去觀察人生，強調人及其所處的環境都處於不斷變化的過程中，人的生、老、病、死，作為生理規律是不可改變的。人類對自由、快樂的主觀追求，與不斷變化的客觀現實形成衝突，這都造成矛盾的人生、痛苦的人生。儒家和佛教的看法不同，認為人生是樂，主張「自樂其樂」，「樂知天命」。孔子說：「知者樂」，「仁者不憂」，「君子不憂」。他還讚揚弟子顏淵

（回）貧居陋巷，簞食瓢飲，安貧守儉，而不改其樂。後世儒家更有「尋孔顏樂處」之說。孟子說「反身而誠，樂莫大焉」。他主張「與民同樂」，說「君子有三樂」：「父母俱在，兄弟無故」，「仰不愧於天，俯不怍於人」，「得天下英才而教育之」。佛教與儒家對人生價值的截然相反的看法，實際上反映了人生現實價值的不同方面。

（3）關於人生理想價值的異說。佛教認為人生是痛苦，人間世界是苦海、火宅，要求出家脫離日常生活，進而超脫現實世界，成就為佛，也就是以涅槃、解脫為人生最高理想境界。儒家重視人的地位並讚美人生，所以也重視社會組織和人與人的關係，即社會內部整體的事情。由此，人生的理想是修身、齊家、治國、平天下。也就是要立德、立功、立言，即提倡所謂「三不朽」。雖然佛教和儒家都重視精神境界，在價值取向上有近似之處，但是，儒家是積極涉世、入世的，具有強烈的現實性和政治性，佛教是超世、出世的，具有鮮明的虛幻性和超俗性，兩者形成了尖銳的對立。

（4）關於人的生死的異說。佛教與儒家對人生價值和理想看法的不同，有其深刻的認識論根源，即對人的生死有不同的了解和態度，由生死問題的不同看法又必然引出鬼神問題。生死、鬼神問題，是牽動人們情志不安的大問題。佛教大講「生死事大，無常迅速」，宣傳因果報應，輪回轉世，強調人死後將按照生前的善惡行為而轉化為另一種生命形態。儒家不同，一般地說，儒學認為人是由氣構成，人的生死是氣的聚散，有生就有死是自然現象。孔子關注人生，不重視人死，「未知生，焉知死？」「未能事人，焉能事鬼？」「敬鬼神而遠之」，獨重現世而不講來世。佛教重視人死的問題，由此又生出一套鬼神系統，儒家重視人生的問題，由此又從原則上排斥靈魂鬼神之說，這也是佛教與儒家根本性的差異。

由上可知，佛儒兩家在人生的根本問題上的觀點是對立的，人生

價值觀念的不同，導致佛儒的對立，以致長期以來多數儒家學者對佛教持排斥的態度；也導致佛教不斷地自我調節和改造，竭力和儒家的價值觀念相協調，如禪宗等以返本歸原為人生理想境界，又和儒家在人生哲學理論方面形成了互補的格局，對古代不同類型的人們發揮了支配其人生道路的作用。

（二）相似、相通、相同之點

佛教和儒家的人生哲學也有相似、相通或相同之處，主要有以下三點：

（1）重視建設理想主體的共識。佛儒兩家都以人為探討物件，重視人生問題，追求人生的理想境界，致力於建設理想的主體。也就是說，從哲學的層面來看，儒學和佛教都是主體性的哲學，是闡述個體的自我塑造、改良和完善，以實現最高主體性的哲學。在價值取向上，儒佛兩家有驚人的一致性。由此，雖然佛教淡漠人世，棄絕人倫，儒家重視現世，篤於人倫，但是兩者都十分重視個體的自我道德修養，都十分重視教化，而且兩者的道德規範也是相通的，如佛教的五戒和儒家的仁、義、禮、智、信「五常」，雖然具體含義和實踐目的不同，但又確是相應的，反映了佛儒兩家代表人物對人們的基本道德規範的近似看法。

（2）性善論的共似理論基礎。佛教的根本宗旨是教人信佛，通過長期的修持，成就為佛。人之所以能成為佛，其內在根據是有佛性。有的宗派還把佛性看為宇宙萬物的本原。佛性論是整個佛教的理論基礎之一。從道德價值來看，所謂佛性論也就是性善論。這和儒家在人性問題上的基本觀點是一致的。儒家重視個人修養和道德教化，所以一直重視探討人性的善惡問題。從多數儒家學者的說法來看，強調人的特性，即人之所以為人者是善。孟子是這種主張的代表，他強

調人性中有仁義禮智四端，仁義禮智是四種根本的善，在人性中已先天地具有其端，並不是後天修養而成的。荀子宣揚人性惡，好利多欲，但荀子所謂的人性是指「生之所以然者」，即生而完成的性質，與孟子所講的人性意義不同。荀子也承認人有善的可能，強調人性是可化的，一切善都是人性的改造。宋代理學家又以「天地之性」或「本然之性」為人生的究竟根據，從而為封建道德原則提供宇宙論的依據。儒家的這些人性理論都強調封建道德是善的，有的還把人性歸結為人生乃至宇宙的根本，這和佛教把佛性看為成佛乃至宇宙的究竟根據，在理論思維路線上是一致的。

（3）向內用功的近似修養方法。佛教和儒家都重視主體的道德修養，在修養方法上也都重視向內用功，強調心性的修煉，內心的體驗。為了向內用功，佛教運用禪定、直觀，儒家提倡主靜、省悟；佛教奉行禁欲主義，儒家宣導節欲主義，這都反映了佛教和儒家在主體修養方法上的近似之處。

由上可見，佛教和儒家在人生哲學問題上的相似、相通或相同之點，主要集中在心性學說和道德修養方法方面，這也是兩家得以長期共存乃至互補融通的思想理論基礎。

三　中國佛教對待與儒家人生哲學差異的態度

佛儒兩家的人生哲學體系是根本對立的，佛教傳入中國以後，在思想理論上遇到的最大挑戰就是儒家的人生哲學、價值觀念，這也是佛教難以排除和逾越的最大思想理論障礙。那麼，佛教又是怎樣處理與儒家人生哲學的差異的呢？綜觀佛教與儒學的交涉史，主要有以下幾個方面：

（1）在生死、形神和因果報應等問題上堅持固有立場：佛教和

儒家在人生哲學問題上的最大理論分歧，主要是生死、形神和因果報應問題。自東晉以來，尤其是在南北朝時期，雙方更是在這些問題上形成了全面衝突。在爭論中，中國佛教學者強烈地堅持佛教觀點，如東晉後期南方佛教領袖慧遠，著文闡明「形盡神不滅」和因果報應、業報輪迴的理論，梁武帝蕭衍也撰文宣揚形盡神不滅的觀念，他曾動員 60 多人，撰寫約 70 篇文章，集中反對儒家學者范縝的《神滅論》，表現了中國佛教學者堅持有神論的堅定立場。

（2）高唱佛儒一致、互補論：中國佛教學者都主張從總體上與儒學認同，強調總體上的一致。如《牟子理惑論》，針對佛教傳入中國後在社會上引起的種種反響、疑難，廣泛引用孔子、老子的論點，為佛教辯護，宣揚佛教與儒、道精神一致。文中高唱佛儒之間如同金與玉、精與魄的關係一樣，是不相衝突的。又如東晉慧遠一面宣揚佛法，一面講授儒家的《喪服經》，他著力宣揚「內（指佛教）外（指儒學）之道，可合而明」，強調佛儒兩者的社會功能的互補作用。通常佛教學者都宣揚佛教可以「治心」，儒學可以「治世」；佛教可以「治出世」，儒學可以「治現世」，彼此互補，以共同穩定社會秩序。

（3）高揚儒家的忠孝思想：佛教和儒學的倫理道德觀念雖有相通之處，但從根本上說是對立的。無君無父、不忠不孝正是儒家攻擊佛教的主要論點。這也是佛教和儒學在政治倫理思想上的最大矛盾。佛教為了求得在中國的生存和發展，早期來華的佛經翻譯家，就以其特有的宗教敏感，通過刪、改等方法，與儒家倫理觀念相妥協，以消除矛盾。如早期譯出的《六方禮經》、《善生子經》和《華嚴經》等，凡其中有關男女關係、家庭關係、主僕關係等人際關係的內容，譯者都作了調整，以求與儒家道德觀念相一致。後來，一些佛教學者進一步宣揚佛教的五戒和儒家的五常的一致性。唐代以來佛教學者更是公開提倡忠孝，沙門上疏改稱為「臣」，寺廟上香首先祝頌「皇帝萬歲

萬萬歲」。佛教學者專門編造了講孝的佛經，如《父母恩重經》，宣揚父母的養育之恩。印度佛教《盂蘭盆經》敘述釋迦牟尼弟子目連入地獄救拔餓鬼身的母親的故事，被中國和尚視為孝經。寺院每逢農曆七月十五日要舉行盂蘭盆會，追薦祖先，影響深遠。宋代名僧契嵩專門作《孝論》12 章，系統闡發了戒孝合一論，強調持戒就是孝，就是為前世、現世、後世即三世父母修福，由此契嵩還論定佛教比儒家還要重視孝，佛教的孝超過了儒家的孝。

從中國佛教對待與儒家人生哲學差異的態度來看，反映出佛教的自組織、自調節的功能，這種功能是佛教中國化的重要機制，也是佛教得以長期保持活力的內在因由，由此又體現出中國佛教的特色來。

（原載《中國哲學史研究》，1989（1））

佛教與中國傳統文化

一　佛教與中國傳統文化發生聯繫的機制

　　從宗教與文化的發生學來看，宗教與文化存在著必然的聯繫，而人的意識、思維、情感的發生則是兩者的聯結點。人與其他動物不同，具有其他動物所沒有的高級思維和深沉情感，人是以思維等文化媒介與自然、社會接觸、交涉，以滿足自身的生存需要。也就是說，人的需要不只是單純的生理需要，而且轉化為不同層次的心理需要，即心理平衡、情感滿足、精神寄託的需要。人在追求滿足生存需要的實踐過程中，存在著人與自身、社會、自然三組矛盾，如何適應調節這些矛盾成了人生的永恆的困惑和難題。這樣，人的思維既是改造客觀的主觀手段，也是需要改造的客觀物件。人在現實生活中有時難以把握自我、主宰命運，甚至還會發生人的本質分裂、異化，這就需要用宗教和其他文化方式、手段來緩和、解決矛盾，彌補、克服分裂，這也就形成了宗教與文化發生聯繫的內在機制。比如，原始人對人生最直接的生與死的問題極為關注，表現出強烈地執著「生」和畏懼「死」的原始情感、原始思維，這就是後來的宗教觀念和文化觀念的重要的共同生長點。各種宗教無不以人的生死觀為重要教義，哲學、道德、文學、藝術等文化形態也都以人的生死問題為重要論題。迄今為止，人類的發展史告訴我們，一部分人，甚至是多數人往往以宗教信仰為依歸，一部分人則尋求其他的安身立命之道。

　　佛教傳入中國內地時，中國本土文化已十分繁榮，儒學、道學等思想體系在社會生活中發揮了巨大作用，並轉為社會心理。佛教與儒、道等本土文化，是宗教與非宗教兩種不同性質的文化，在理論思維上互有高下。一般說來，外來文化與本土文化以及兩者的文化元素之間具有相容不相容、互補互斥的錯綜複雜的關係。佛教在與中國傳統文化的撞擊、交涉過程中，與中國傳統文化發生聯繫的內外在機制主要是佛教思維，其內容和形式就是價值觀念和思維方式。這是佛教與中國本土文化發生交涉的重要根源，也是佛教滲透、轉化為中國傳統文化組成部分的重要原因。

　　佛教價值觀念的主要內容是人生痛苦論和解脫論。佛教認為一切事物都是由多種原因和條件構成並處於不斷變化、流動的過程中。人生也是如此。人有生老病死的自然變化，人有對自由、幸福、永恆的強烈追求，有從自我出發的無窮欲念。但是與不斷變化的客觀現實相矛盾、衝突而不能得到滿足，因此人生是痛苦的。中國僧人說，人的臉形就是「苦」字形，是一副苦相：眼眉是草字頭，兩眼和鼻子合成十字，嘴就是口字。佛教還認為，人要根據生前的行為、表現，死後轉生為相應的生命體，這叫做「生死輪回」，輪回是無休止的。所以，人就陷於不斷地生死輪回的痛苦深淵中。佛教認為，人的理想、目標是解除痛苦、超脫生死輪回，就是「解脫」。解脫的境界稱為「涅槃」。「涅槃」梵語原意為「火的熄滅」。涅槃作為佛教所追求的一種解脫，是通過佛教修持，熄滅、超越一切欲念、煩惱、痛苦和生死輪回而達到的理想境界。人生現實是痛苦的，這是現實性，人生理想是涅槃，這是超越性，人生活在現實社會中，又要超越現實生活求得解脫，就是要由現實性轉化為超越性，從而達到更高的主體性。

　　應當承認，佛教對人生所作的價值判斷有其一定的合理性。人生確有歡樂的一面，但也有痛苦的一面，佛教看到了人生的痛苦，是符

合現實的。佛教強調人生是痛苦，這是現實生活的深刻反映，表達了人的心靈深處的基本憂慮，這也是人的一種覺醒、自覺，對於人們清醒認識人生是有一定意義的。特別是對於在人生歷程中遇到困難挫折、磨難、不幸的人，更會引起他們的贊同與共鳴。馬克思說宗教是「人的自我異化的神聖形象」[1]。佛教的價值觀念表現了人的內容，體現的是無情世界的感情，人們在贊同佛教價值觀念後就會產生出一種積極的甚至狂熱的情感，從而獲得心靈的撫慰和心理的平衡。人是有精神的，人的精神是平衡的整體。若人的精神長期失衡得不到調節，人也就失去為人。佛教的價值觀念為一些人的現世生活與出世願望提供信念，具有平衡心理的功能。

中國傳統文化中儒家的價值觀是重視人類在宇宙中的地位的，稱人和天、地為「三才」，有鮮明的人格意識，如「三軍可奪帥也，匹夫不可奪志也」（《論語·子罕》）。重視獨立的意志、人格，提倡剛毅觀念，強調自強不息。但是儒家又竭力主張等級制度，宣傳濃厚的等級思想。儒家肯定人生是快樂的，主張「自樂其樂」、「樂知天命」。孟子說：「反身而誠，樂莫大焉。」（《孟子·盡心上》）道家的價值觀念和儒家不同，具有強烈的批判意識，對現實不滿，抨擊儒家的倫理道德觀念，與此相應，道家以個人的自由超脫為人生理想，個人不受約束，也不損害社會。莊子更提出「逍遙遊」的觀念，認為任何事物都不能超越自己本性和客觀環境，主張人要各任其性，取消差別，超然物外，從而在精神上產生一種超越現實的逍遙自在境界，成為「神人」。佛教傳入後產生的道教則主張經過修煉得道，使形神不滅，超越生死，變幻莫測，成為「神仙」。所以道教是樂生、重死、貴生的，認為人生活在世上是一件樂事，而死亡是痛苦的，人們應當爭取

1　《馬克思恩格斯全集》，中文1版，第1卷，453頁，北京，人民出版社，1956。

長生不死，起碼要竟其天年。儒家是入世的，道家帶有出世的傾向，道教是出世的，佛教也講出世。在價值觀念上，佛教與儒家是對立的，與道家則有相通之處，既同又異，主張超越現實是同，超越的途徑、方式和目標不同是異。儒家更注重生，孔子說：「未知生，焉知死？」（《論語‧先進》）而佛教認為生死事大，講生也講死，特別重視人的「來世」。生和死是人生的兩個對立面，是一個十分嚴肅的整體人生觀問題。儒家重視生，是一個方面，佛教重視死也是一個方面，兩者可以互補。道教追求的長生不死，成神成仙，事實上不可能。佛教講有生必有死，在理論上比道教圓滿，更具有思想吸引力。

佛教的思維方式內容豐富，類別頗多，其中的直覺思維、否定思維和具象思維等，與中國傳統文化的思維方式，既有相同性，又有相異性，既有相容性，又有不相容性，這也是兩者發生聯繫的重要機制。

直覺思維是佛教的基本思維方式。這是因為佛教是一種人生解脫論，其宗旨是對人生的終極關懷，追求人生的最高理想境界。按照佛教說法，這種境界大體上有三類：成佛進入佛國世界；對人生和世界的本質的最終認識、把握，如悟解一切皆空；對人類自我本性的最終認識、返歸，如體認人的本性清淨、覺悟。這三類境界雖側重點不同，同時又是可以統一的。這些境界具有虛幻性、神祕性、意向性、整體性、內在性等特徵。一方面可以滿足某些人的精神需要，一方面也決定了這種境界的把握是非邏輯分析的直覺思維。佛教的直覺思維方式極為豐富，主要有禪觀，要求一邊坐禪，一邊觀照特定的物件；現觀，運用般若智慧直接觀照物件，並合而為一；觀心，返觀自心，顯示本性，這也是內向思維；禪悟，中國禪宗提倡在日常行事中，排除妄念，體證禪道。這些直覺思維方式具有直接切入性、整體契合性和神祕意會性等特徵。中國儒家和道家也都重視追求人生的最高理想境界，強調把握天道、道或理，所以，也重視和運用直覺思維。如老

子提倡「玄覽」，莊子主張「坐忘」，孟子講「盡心、知性、知天」，張載主張「體悟」。這種思維方式的相同性、相容性，有利於佛教與中國傳統文化的共存。同時，佛教與中國傳統文化的直覺思維方式的內容又有很大差異。佛教直覺思維是追求對人們現實生命的超越，終極目的是超越人成為佛，帶有神祕性。儒家和道家的直覺思維是對現實生活的超越，或追求理想人格，或追求精神自由，帶有平實性。這些相容性、不相容性，又為佛教與中國傳統文化帶來互斥，也帶來互補。魏晉以來迄至近代，佛教哲學與中國傳統哲學的長期相互激蕩、交滲、影響，充分地表明瞭這一點。

否定思維是佛教特有的重要思維方式。佛教追求超越現實的人生理想境界，除了運用直覺思維外，還運用否定思維，以貶低否定現實，讚美肯定理想。這種否定思維是奠定在相對性的原理和以破為立的方法論的基礎上的。佛教的基本哲學學說是緣起論，認為世界上一切事物和現象都是因緣（條件、原因）和合而成，都是互為因果、互相依存的，都是相對的、變化的，並由這種相對性、變化性說明事物沒有永恆實體，沒有主宰，是空的。與緣起論相應，佛教還提倡以破為立，甚至是只破不立的思維方法，強調主觀上對世界破除淨盡是成佛的基本條件，甚至就是成佛的理想境界。佛教運用否定思維方式主要是否定兩種真理，即主張主體和客體的空，這就是「人無我」和「法無我」的兩個著名命題。「我」指實體、主宰，「法」，事物。人和一切事物都是因緣和合而成的，是不斷變化的，是沒有永恆的實體和主宰的，也就是說是空的。佛教還特別強調，人和事物都是「假名」，即假立的名言、名稱、概念，並不是事物的本身，因此人們對外界不能執為實有。由此佛教又對主體提出一種思維規定，排除欲望、妄念、情感、意志、認識等精神活動，呈「無心」狀態，這種主觀的思維等精神活動的寂滅，被視為眾生成佛的基本條件，甚至是成

佛的理想境界。在中國傳統文化中否定思維沒有得到充分的運用和發展，儒家講現實，不重玄想和否定。道家雖有批判意識，但它的順應自然觀念仍然是肯定思維的運用。道教多虛幻怪誕，但它肯定人的形神不滅，成仙得道。佛教的否定思維方式具有兩重性，既有不符合實際的一面，也有合乎實際的一面。它否定人和事物的客觀真實存在是不能成立的，而否定人和事物的主宰性、永恆性又是正確的；否定人的欲望、認識也是不能成立的，而否定人的無限欲望、片面認識，以及揭示名稱、概念和事物之間的差異、矛盾是合理的。佛教的否定思維方式受到儒家等傳統文化的排拒，但卻為具有強烈宗教意識和宗教需要的人們所接受，一些佛教學者並運用於哲學、道德、文學、藝術等領域，從而又豐富了中國傳統文化的思維方式。

形象思維也是佛教的重要思維方式，這是與佛教的宗教特質直接相關的。佛教既是人們受自然力和社會關係的壓抑的表現，也是對這種壓抑的超越，它所追求的理想境界、彼岸世界是排除卑俗的欲求、汙濁的功利的。與之相應它所描繪的人類應當超脫的地獄、餓鬼等是充滿罪惡和痛苦的。這兩種帶有強烈反差的世界，極易使信徒或引生美感，或引生恐怖感，或抒發虔誠的情感，或抒發畏懼的情感。佛教為了以情動人，使信仰者進入既定的境界，就需要有豐富、奇特的想像，浪漫神異的意象，需要豐富多彩的藝術去描繪佛國境界和地獄苦難，描繪佛、菩薩的法術威力，高僧大德的靈異業跡，這就要充分運用形象思維。佛教的形象思維既是具象思維，又是意象思維。具象思維是一種對特定的具體形象的反復、專一的思維活動，意向思維是一種內心的意想活動，在意想中形成各種形象。這兩種思維是相連相通的。佛教運用這些思維方式構成佛、菩薩、羅漢與佛國樂土、地獄餓鬼以及高僧與法術等形象或境界，而且用於宗教修持實踐。比如小乘佛教禪觀的不淨觀、白骨觀，就是專以人身或白骨為物件進行觀照活

動，以排除欲念，不執著自我為實有，體悟「人無我」的佛理。再如
密教，尤其是它的意密是以大日如來為觀想對象。又如佛教觀想念佛
的思維方式，教人集中思維觀想阿彌陀佛的美妙、莊嚴，以生起敬
仰、嚮往之心，並說眾生因如此虔誠而會由阿彌陀佛接引到西方極樂
世界。如此等等。佛教的形象思維具有自由無羈的聯想、想像的性
質，也是自身豐富的審美潛在力的藝術展現，為中國傳統文化，尤其
是為文學藝術提供了大量的想像、意象。中國儒學道學文化也都具有
豐富的形象思維，在審美情感和表現方法等方面與佛教都有驚人的一
致之處，但是它們的浪漫性、想像力遠遠不如佛教，也沒有人類最高
潛在力的神化，沒有出世、超世的宗教審美價值。佛教對於中國傳統
文學藝術的豐富和發展起了巨大的作用。

二　佛教與中國傳統文化交涉的方式

　　佛教傳入中國以後，就一直與中國傳統文化相互擊撞、相互激
蕩，演成外來文化與本土文化波瀾壯闊、錯綜複雜的交涉關係史。作
為傳播主體的佛教，對中國傳統文化的交涉，採用了迎合、比附、衝
突、抗衡、融會、重建等基本方式，生動地表現出佛教的思想性格及
其與中國傳統文化交涉的特點。

　　迎合、比附：這在佛教傳入前期比較突出。漢代時，佛教在宗教
哲學觀念上依附道術、道學，到了魏晉則主要依附於玄學。在政治倫
理觀念上，佛教一直迎合儒學。佛教通過翻譯、釋義、著述和創立學
派等不同途徑迎合、比附中國傳統文化。佛經是佛教的主要傳播媒
介。由於中印語言文字的不同，就需要翻譯。而了解印度語言並非易
事，譯經者往往用道家等術語翻譯佛經。如將佛教譯為「釋道」，佛
教的最高理想境界「涅槃」譯為「無為」，本體「真如」譯為「本

無」，其實無為與涅槃、本無與真如的含義是有很大差別的。又如用「五陰」翻譯構成人的五類因素就含有陽尊陰卑的貶義。再如佛教中涉及的人際關係和倫理道德的內容，像主張父子、夫婦、主僕之間的平等關係，就與儒家道德學說相悖。漢魏晉時代譯者通過選、刪、節、增等手法，將譯文作了適應儒家綱常名教的調整，從而減少了佛經流傳的阻力。

與譯經密切相關，還有一個理解佛經、解釋經義的問題。東晉時的佛教學者創造出一種「格義」方法。史載：「雅（竺法雅）乃與康法朗等，以經中事數，擬配外書，為生解之例，謂之格義。」（《高僧傳・竺法雅傳》）格義就是用老莊等著作（外書）去比擬、解釋佛經義理的條目名相（事數），以量度（格）經文正義。因初學佛的人對佛教思想並不了解，而對傳統文化則有一定認識，用傳統文化去解說佛理，觸類旁通，使人易於理解。當然也有牽強附會、背離原意的情況。佛教學者還通過著述來把佛教與中國傳統的宗教迷信、文化觀念附會、等同起來，如我國早期闡述佛教義理的著作《理惑論》，就把佛教視為「道術」的一種，說：「道有九十六種，至於尊大，莫尚佛道也」。佛教是九十六種道術中最高的一種。該書還把佛比作中國傳說中的三種神：一種是道家所講的「修真得道」的真人；一種是神仙家所說的「恍惚變化，分身散體」、法術多端、神通廣大的仙人；一種是「猶名三皇神、五帝聖」的神人、聖人。該書還批判那種把佛教的佈施等修持與「不孝不仁」對立起來的觀點，強調佛教的修行是完全符合「仁」和「孝」的。

晉代佛教般若學六家七宗（參閱湯用彤《漢魏兩晉南北朝佛教史》第九章），即解說空的六、七個學派，實際上也是用魏晉玄學比附般若學的結果。佛教般若學的主旨是講空，破除人們對一切事物的執著。魏晉玄學的中心是本體論問題，探索本末有無的關係。兩者主

題不同，但可以相通。般若學者深受中國傳統思想的影響，依附玄學，用玄學本體論去看待般若學派，以為玄學的「無」就是般若學的「空」，實際上玄學家的無是指無形無名的絕對本體，般若學的空是針對無自性、無實體而言。中國般若學者所講的空，是與印度般若學所講的空即否定事物實體真實性的觀點大相徑庭的。當時一些般若學者不僅援用玄學來解說佛學，而且言談舉止也力求仿照名士風度，東晉孫綽在《道賢論》中就以竹林七賢配佛教七道人。

衝突抗衡：東晉以來佛教經典翻譯日益增多，流傳更趨廣泛，與中國傳統文化的矛盾日益暴露，也更趨明顯；同時由於佛教寺院經濟的壯大，佛教僧侶涉足政治，形成了佛教與統治階層的直接現實利益的衝突。佛教與傳統文化的衝突，集中表現在佛教與儒家、道教的關係上，衝突的領域主要是哲學思想、政治倫理觀念和儒、道、佛三教地位高下幾個方面。

在哲學思想方面，佛教和傳統哲學的衝突，主要是「生死」、「形神」之辯和因果報應之辯。佛教主張人有生必有死，在沒有超脫以前，生死不斷迴圈，陷於輪回苦海之中，只有超脫了生死才能進入理想境界（涅槃）。一般地說，佛教是反對靈魂不滅的，但它的輪回轉生和進入涅槃境界的主體，在儒家看來就是靈魂，就是一種神不滅論。儒家也持有生必有死的自然觀點，但不贊成轉生說和靈魂不滅論，所以後來釀成了分別以梁武帝和范縝為代表的神不滅論與神滅論的大論戰。與生死、形神問題相聯繫，佛教宣揚因果報應論，認為人的善或惡的思想言行都是因，有因必有果，就有報應。這種報應有現報、生報（來世受報）和後報（在長遠的轉世中受報）三報。一些儒家學者抨擊這種思想：「西方說報應⋯⋯乖背五經故見棄於先聖。」（何承天《報應問》，見《廣弘明集》卷 18）但是，儒家提倡祖先崇拜，鼓吹「神道設教」，佛教和儒家的善惡觀念又可相通，從而因果

報應論又成了儒家倫理道德的輔助工具。這樣，無論是生死、形神之辯，還是因果報應之辯，爭論的結局不是一方壓倒另一方，而是各持己說，彼此存異。

在政治倫理方面，主要是「沙門應否敬王者」之爭，其實質是禮制問題，是涉及君權與神權、佛教與儒家名教的關係問題。佛教出家沙門見到包括帝王在內的任何在家人都不跪拜，只是雙手合十以示敬意，與中國傳統禮制相悖，因而逐漸形成了與封建皇權和儒家名教的尖銳矛盾，不斷出現沙門應否向帝王跪拜的爭論。在儒、道、佛地位高下方面爭論的主要表現是老子化胡之爭。這一爭辯是佛道兩教之爭的重大歷史事件，也涉及儒、道、佛三家的地位問題。佛教與儒道的衝突、鬥爭，通常都是採用撰文筆戰和朝廷殿前辯論的方式，其中有的涉及深刻的思想內容，有的則純粹是宗教偏見。化胡之爭更表明佛道雙方杜撰編造，不擇手段。值得注意的是，道教徒曾借用信仰道教的皇帝的最高政治權力打擊佛教，這就是歷史上著名的三武滅佛事件——北魏太武帝、北周武帝和唐武宗的毀佛運動。這三次滅佛事件雖有其深刻的政治、經濟原因，但又和佛道兩教的矛盾直接相關。

融會、重建：佛教傳入中國以後，一直與中國傳統文化相融合，這種融合是全面的持久的，尤其是隋唐以來，融合的勢頭更大，吸取傳統思想而創立的中國化的佛教宗派，大大改變了佛教的面貌。以下是佛教融合中國傳統文化的方式和重點。

提倡圓融方式。佛教傳入中國內地面對著強大的中華民族文化，出現了如何對待儒道的問題。從總體上來說，佛教一直採取調和融合的態度。如《理惑論》就包含了儒、道、佛三教同源的觀念，南朝梁武帝也宣導三教同源說，唐代以來佛教學者如神清在《北山錄》中力主三教一致的說法，到了唐宋之際更形成了三教合一的思潮。為了與中國傳統文化相融合，有的佛教學者推崇《法華經》中的《方便

品》，提倡方便法門，運用各種靈活方便教化眾生。有的佛教學者突出《華嚴經》的圓融無礙（無矛盾）思想，宣揚各種事物、現象都是無矛盾的。有的宣傳佛教的無上菩提之道與孔子之道無異，「儒以治皮膚之疾，道以治血脈之疾，佛以治骨髓之疾」（張商英《護法論》）。還有說佛教治心，道教治身，儒教治世的。這種「方便論」、「無礙論」、「合治論」為佛教融合中國傳統文化提供了方便的根據，也表現了佛教的內在的調適機能。

吸收儒道思想，創建新宗派。這主要是天臺、華嚴和禪諸宗。如天臺宗學人吸收道教的丹田、煉氣和神仙等說法，作為本宗的修持方法，主張先成仙而後成佛。華嚴宗學人竭力吸取《周易》思想和儒家道德，作為本宗思想體系的內容。禪宗學人也是在道家的自然無為、玄學家的得意忘言和儒家的心性學說的薰陶和影響下，創立以「不立文字」、「教外別傳」和「性淨自悟」為宗旨的宗派。這些宗派還和中國儒道兩家重視心性修養的歷史傳統相協調，以心性論為宗派學說的重心，著重闡發心性理論，從而又反過來豐富了中國傳統的心性思想。

突出宣傳佛道儒道德的一致性。佛教和中國傳統文化的矛盾最集中的表現就是與儒家忠孝觀念的對立。面對這種道德觀念的對立，佛教運用各種手段加以調和。早期漢譯佛經，就通過刪節經文來避免和儒家倫理觀念發生衝突。後來佛教著重強調五戒與儒家五常的一致性。到了唐代，僧尼已拜父母，後來又對皇上稱「臣」而不稱「貧道」。佛教徒還編造《父母恩重經》，宣揚應報父母養育之恩。又注疏《盂蘭盆經》，該經講釋迦牟尼的弟子目連入地獄去救餓鬼身的母親的故事，被中國僧人視為佛教的孝經。寺院還要在農曆七月十五日舉行盂蘭盆會，以追祭祖先。宋以來一些佛教學者撰文宣揚孝道，強調戒就是孝。如名僧契嵩作《孝論》12 章，闡發持戒就是行孝，為父母修福，由此又論定，佛教最重視孝，遠比儒家更尊崇孝道。這都是

佛教求得與當時社會道德相協調的鮮明表現。

適應社會的心理，重調諸神的形象和地位。佛教傳入中國後，日益適應中國的觀念、願望、習慣、趨向，重新調整、塑造佛教諸神的形象。如中國佛教所突出的觀音、地藏、文殊、普賢四大菩薩，在中國人心目中的地位實在釋迦牟尼之上。尤其是大慈大悲的觀音菩薩被奉為能解除眾生現實苦難的大救星而極受中國人的崇敬。由於中國的宗法制度和傳宗接代的觀念的影響，約自唐代以來觀音菩薩的形象就由中性變為女性，送子成為她的重要職能之一。地藏菩薩由於被奉為保佑風調雨順、五穀豐登的神，也極受農民尊崇。至於阿彌陀佛是由於能接引眾生到西方極樂世界過極其美好幸福的生活，即能滿足人們對未來的幻想，也極受中國人的歡迎。諸如此類的神，有的成為佛教名山主奉的「本尊」，有的是佛教某一宗派崇奉的主神，在中國佛教中受到特殊的崇拜，這都是佛教融合中國傳統文化，從而使自身發生重構的表現。

上述佛教與中國傳統文化的交涉方式與過程，昭示人們以下一些帶有規律性的現象。

整個佛教與中國傳統文化交涉的過程，就是通過相互激蕩，逐漸走向彼此融合的過程。佛教對中國文化的迎合、比附，可以說是一種外在的融合，經過衝突、抗衡而後的融合、創宗，可以說是一種內在融合，整個交涉是由外層融合進入內層融合的過程。佛教與中國傳統文化的衝突、抗衡，在整個交涉史上並不占主要篇章，而且除了生死和因果報應問題以外也缺乏理論意義。如老子化胡之爭，雖然持久而熱烈，實際上是互相戲謔與捉弄，這不能不說是佛道兩教思想的某種低劣性。佛教傳入中國以後，一直是自發或自覺地尋求與中國傳統文化的結合，它與傳統文化的衝突、抗衡也是被動的，是守衛性的，除了佛道兩教鬥爭以外，佛教幾乎很少向中國傳統文化發動進攻性的挑

戰，佛教在中國傳播並進而成為中國傳統文化的一部分，其原因就在於它的融合機制。外來文化與本土文化相結合，是文化交流的成功之路。

三　佛教對中國傳統文化的影響

　　佛教本身也是一種宗教文化，是以信仰觀念為核心的多層次多形式的文化，是全面包含各種文化形態的綜合文化。佛教在中國流傳過程中，通過自身的文化呈現出對傳統文化的強大滲透力，從而對漢以來整個中國文化發生了極其廣泛和深刻的影響。

　　1.佛教與藝術。這是佛教與中國傳統文化關係最密切的領域。宗教與藝術在價值觀念、思維方式、情感體驗和表現手法等方面是相似、相近和相通的。宗教需要通過自身的審美潛在力的藝術展示來顯現自身的存在，佛教也需要藝術，沒有藝術活動它就不能存在。漢魏以來，佛教在建築、美術和音樂等方面都取得了輝煌的成就，使中國藝術大放異彩，進入嶄新的階段。佛教建築主要是寺塔，這是隨佛教的傳入而發展起來的。最古老的是石窟寺，其中舉世聞名的如敦煌、雲岡、龍門三大石窟，都是根據印度佛教造型藝術，糅合中國民族形式建造的。佛塔的建築大約起源於三國時代，除了印度式的，多為中國式樣，採取中國原有閣樓形式，建成可供憑眺的樓閣式建築。藏傳佛教的寺廟，一般都有龐大的建築群，體現了藏族古建築藝術的特色和漢藏文化融合的風格。佛教美術主要是繪畫、雕塑，也是隨佛教的傳入而發展為具有中國民族的風格和特色。早在梁代，以善畫佛像名世的張僧繇，是佛畫中國化的開創者和推動者，創立了筆法簡練的「張家樣」，在南北朝後期影響很大。北齊佛畫家曹仲達創立了「曹家樣」，其特點是衣服緊窄，與印度笈多王朝的雕刻風格相近。唐代

吳道子創立的「吳家樣」，其特點是衣頻寬博，飄飄欲仙，突出了濃重的中國風格。佛教的壁畫也很著名，敦煌莫高窟和麥積山石窟都保存有壁畫，敦煌 570 個洞窟中至今保存的壁畫約近 6 萬平方米，這些作品色彩豔麗、輝煌燦爛，具有極高的審美價值。[2]佛教音樂也是佛教藝術的重要方面。佛教認為，音樂有「供養」、「頌佛」作用，在舉行宗教儀式時都要用音樂——聲樂和器樂。佛教音樂傳入中國內地稱為梵唄。由於漢梵語音不同，曲調難以通用，約在三國時佛教音樂就「改梵為秦」，用中國的音調來配唱經文，形成了中國佛教音樂。中國地域遼闊，佛教音樂在創作過程中，由於各地方言、地方民間音樂和風俗習慣的差異而形成了各種各樣的獨特風格。在唐代進入鼎盛時期，佛教音樂家輩出，在創作、演唱、演奏上都達到了很高水準。佛教音樂對中國民間說唱音樂、聲韻學、樂律、音階、音型、音調和字譜學的發展，都產生了重大影響。

2. 佛教與文學。和宗教與藝術的關係一樣，宗教與文學也有不解之緣。自由無羈、豐富熱烈、奇詭神異的聯想、想像和意象都是宗教和文學不可或缺的內在機制。佛教對中國文學的影響是全面的、長期的，給中國文學帶來了內容和形式兩方面的巨大推動和變化。佛教典籍中如《維摩經》、《法華經》、《楞嚴經》和《百喻經》等，本身也是瑰麗多彩的文學作品，向為文人所喜愛。又如《本生經》是敘述佛陀生前的傳記文學，《佛所行讚》是長篇敘事詩，這些佛典的譯出，不僅創造了融冶華梵的新體裁——翻譯文學，而且為中國文學的創作帶來了新的意境、新的文體和新的命意遣詞的方法。佛教典籍鼓舞了中國晉、唐小說的創作，並為後來的古典小說如《西遊記》、《三國演義》、《金瓶梅詞話》和《紅樓夢》等的創作提供了故事情節和思想內

---

2 敦煌洞窟不斷有所發掘，現已增至735窟。

容。佛教的俗講、變文，也直接推動了後來的平話、寶卷、彈詞、鼓詞、戲曲等通俗文學藝術的形成。佛教禪宗語錄也對後來的民間文學作品發生影響。佛教不僅對我國古代文學產生過重大影響，而且還深刻地影響到我國古代文學理論批評。如佛教的「言語道斷」說、「頓悟」說、「妙悟」說、「現量」說和「境界」說以及「以禪喻詩」，用禪宗的一套禪理來論述詩的創作、欣賞和評論，就是這方面的突出表現。可以說，沒有佛教的影響，中國漢代以後的古代文學將是另一番面貌。

3. 佛教與語言。印度聲明學（訓詁和詞彙學）影響漢語體系的發展，因明學（認識論和邏輯學）則影響到邏輯思維的發展。佛教文化是漢語文化源之一，它推動了漢語語言方法論的變化。漢字是以音節為單位的象形文字、表意文字，南朝時人在佛教梵聲的影響下，把字音的聲調高低分為平上去入四聲，用於詩的格律，推動了音韻學的前進和律體詩的產生。在注音方式上，東漢以來盛行用直音改用反切，這也可能與受梵文拼音的影響有關。至於在唐末僧人守溫制定 30 個字母的基礎上，在宋代形成的「36 個字母」──漢語語音的 36 個聲母，和分析漢語發音原理及發音方法的學科「等韻學」更是梵語語音體系漢語化的產物。還有佛教音義之書，由於保存了大量久已失傳的古代字韻和其他文史典籍，又為古籍的輯佚、校勘、訓詁提供了寶貴的資料。在語法學方面，佛教對漢語的句法結構產生了潛在的影響，以至中國佛教著作與其他著作的語言表達呈現出顯著的差別，如佛教著作判斷句用「是」來承接主賓語，句末不再用「矣」、「焉」、「也」、「耳」等語氣詞。佛教還為中國文學語言寶庫增添了新的詞彙。佛教成語占中國漢語史外來成語的 9/10，而且許多佛教用語逐漸演化成日常用語，如世界、實際、方便、平等、知識、相對、絕對等等。至於出現姓氏、人名、地名的佛教化，更反映出佛教對漢民族心

理和文化意識的深入滲透。

4. 佛教與哲學。佛教作為解脫學，歸根到底也是以哲學為理論基礎的。佛教的世界觀和人生觀是其整個思想體系的核心。佛教哲學豐富和發展了中國古代哲學，並與中國固有哲學合流，成為古代傳統哲學的一部分。佛教對中國哲學的影響，表現在人生論上，提出人生價值是痛苦、人生本質是空的命題，並把因果報應說視為支配人生的鐵的法則，成為對儒、道人生哲學的補充。在心性論上，南北朝，尤其是隋唐時代的佛教多講心性之學，對於人的本性、欲望、煩惱等的性質和轉換問題，作了細緻的闡發，極大地影響了唐以來中國哲學的方向，也是佛教對古代哲學的最大發展。在宇宙論上，佛教不僅提出現象和本質皆空的學說，還著重闡發了以個人的意識和共同的「真心」為本體的學說，豐富了中國古代唯心主義本體論。在認識論上，佛教以其神祕直覺思維方式、主體與客體的關係學說，以及強調主體、自我意識和主觀能動性的學說，豐富了中國古代的認識論，並在倫理道德和文學藝術領域發生了深刻影響。此外，這裡還應當指出佛教對玄學和理學的思想內容、思維方式和學說取向的深刻影響。

魏晉玄學家探討有無、言意和動靜等問題，各執一端，相持不下。佛教學者僧肇著文，闡述非有非無、不知即知、動靜相即的觀點，客觀上對玄學的基本問題作了總結，把玄學理論推向了一個新的階段。東晉以來，張湛《列子注》顯然受佛學影響，內中玄學與佛學趨於合流，並走向衰微，其顯要地位也為佛學所取代。佛教對於理學的影響，是大家公認的，應當說這種影響是全面的、深刻的。從學術的角度來看，主要是隋唐佛教大講心性之學，大談修持方法，對儒道造成了強烈的刺激，推動了儒學形態諸方面的變化：（1）促進了儒學要典的確定。一些涉及心性修養問題的典籍《孟子》、《大學》和《中庸》被表彰出來，與《論語》相配合，合稱「四書」，作為儒家要

典，以與佛教相抗衡，並長期成為封建統治階級科舉取士的初級標準書。（2）推動了儒學學術旨趣的轉移。宋明新儒學——理學和以往儒學風格不同，不是側重社會政治倫理、少言性命之學，而是重視修心養性，是性命之學。（3）影響理學思維方式的轉換。佛教心性學說著重講人的本性與欲念的對立，本性清淨、覺悟，欲念汙染、迷惑，應當去掉情欲妄念，恢復本性。這種本性與欲念對立的思維方式為理學家所吸取，轉化為天理與人欲對立的觀念，「存天理，滅人欲」成為理學家的核心思想。（4）促使理學修養方法的確立。佛教的止觀學說，直指本心觀念，即觀心、禪定的方法，也為理學家所效仿，形成了主靜、主敬的修養方法。

5. 佛教與道德。佛教倫理道德與中國封建宗法社會的等級制度和儒家綱常名教存在著嚴峻的對立，佛教對此一直採取調和的立場，協調兩者的關係。中國佛教通過比附融合、撰文論證、編造佛經以及確定有關宗教儀式，突出宣揚忠孝觀念，對於忠孝道德觀念的深入人心，積澱為社會心理起了輔助的作用。佛教的基本道德標準是大慈大悲、利己利他。這種觀念在歷史上曾經產生過正反兩方面的作用。而在近代曾為一批先進人物如康有為、梁啟超、譚嗣同、章太炎等，作為改造社會道德的工具，它顯示出的積極作用是不能不承認的。至於在學術的層面上，佛教道德中的禁欲主義、去染轉淨的心性修養方法，不僅補充了儒家學者的倫理道德理論，也豐富了中國古代倫理道德學說。

6. 佛教與科學。佛教與自然科學有其對立的一面，也有其統一的一面，佛教徒的物質生活、宗教實踐和宗教宣傳，使佛教在醫學、天文和印刷術方面作出了卓越的貢獻。佛教與醫學的聯繫不是偶然的，佛教的寺廟多集中在遠離都市的山區，寺廟僧人形成相對獨立的社會實體，需要有和尚兼任醫生專門醫治疾病。佛教講樂善好施、普度眾

生，濟世治病也是寺院的一大功能。中國佛教寺院有的設專科，有診堂、藥室，為患者治病。如浙江蕭山竹林寺女科，歷史悠久，遐邇聞名，一度門庭若市。唐代寺院立的福田院或悲田院，就是養病院。宋代政府的安濟坊（救濟機關）置官醫，也往往請僧人擔任。現在有的藏傳佛教寺廟還設有專門學習醫學的經學院。我國敦煌石窟壁畫和藏經洞遺書中，保存了大量的醫學史料，遺書中有近百件醫藥文書。其中有已知的反映我國最早的一幅有關口腔衛生的繪畫，還有不少久已失傳或書目上未見記載的醫書，都是彌足珍貴的。唐代名僧鑒真，也是一位名醫，相傳著有《鑒真上人祕方》，他將中國的醫藥以及建築、雕塑介紹到日本，增進了古代中日文化交流。佛教與天文學的聯繫也不是偶然的，人類的生產和生活都與季節變化密切相關，而季節變化和天象直接相連，所以古代都重視對日、月、星等天體現象的觀察。由此各國也都流行占星術，以觀察星辰運行、人事禍福。還依據天象編制曆法作為計算年、月、日的時間系統。唐高僧一行，也是精通曆法和天文的天文學家。他與人同制黃道游儀，用以測定恒星的位置和研究月球的運動。又與人根據實測，在世界上第一次測量出子午線一度的長度。他還訂《大衍曆》，這是一部當時先進的曆法，施行了 29 年，並對後來曆法家的編曆產生了很大影響。敦煌遺書中保存著兩幅星圖，其中一幅是世界上迄今為止發現的最古老的，還有曆日、天文圖等文獻資料和繪畫，對於研究古代天文學史具有重要的價值。印刷術被稱為「文明之母」，雕版印刷和活字印刷都為我國首創。佛教不僅推動了印刷術的進步，而且它保存的大量古代印刷品，為研究印刷術的演變提供了寶貴的實物例證。例如現存世界上第一部標有年代的雕版印刷品，就是唐懿宗咸通九年（西元 868 年）王玠為父母祈福所刻的《金剛經》，全卷完整無缺，雕刻精美，印刷清晰，表明絕非雕版印刷初期的印本。自宋太祖最初雕印大藏經而後一千

年，先後有二十餘次刻本，完整地體現了宋以來印刷術的前進歷程。佛教對造紙也是有貢獻的。有的寺院植楮樹，取皮，浸以香水（香料），製造經紙，用以抄寫佛經。如唐代法藏在《華嚴經傳記》卷五《書寫》中就有僧人造紙的明確記載。

7. 佛教與道教。道教經典貧乏，為了宣傳教義與佛教爭高下，就大量仿照佛經編造道教的經典。如《洞玄靈寶太上真人問疾經》就源於《法華經》，《太上靈寶元陽妙經》是據《涅槃經》改編而成，《太玄真一本際經》是深受《般若經》空論影響的產物。在《道藏》中還有一些題屬佛教的著作，如《曇鸞法師服氣法》、《達摩大師住世留形內真妙用訣》等，也包含了鮮明的佛教內容。一些著名道士改革道教、推動道教的發展，其內容之一就是吸收佛教的內容。例如北魏著名道士寇謙之，改革天師道，主張六道輪回就引佛入道，還模仿佛教儀節和修行方式，提倡立壇宇、積累功德、持戒修行、誦經成仙等等。南朝齊梁時著名道士陶弘景，開道教茅山宗，是南朝道教上清派的代表人物。他主張佛道雙收，親受佛戒，建佛、道二堂，輪番朝禮。金初王重陽創立的全真道，主張三教合一，以《道德經》、《般若波羅蜜多心經》、《孝經》為主要經典。此派在北方影響頗大。

8. 佛教與民間宗教。佛教對民間宗教的影響極為深遠，可以說宋以來的重要民間宗教幾乎都與佛教有關。民間宗教中最大的教派白蓮教就淵源於佛教淨土宗，並混合明教等教義而成。南宋僧人慈昭（茅子元）在流行的淨土結社的基礎上創立新教門，稱白蓮宗，即白蓮教。此教也崇奉阿彌陀佛，以往生西方極樂世界為目標。師徒傳授，宗門相屬，並形成了一大批有家室的職業教徒，稱白蓮道人。白蓮教一度被視為「事魔邪黨」，後在元代勢力極盛，隨之又發生分化，以致宗派林立，迄至清代，白蓮教的支派竟多達百餘種。白蓮教的重要支派有大乘教、弘陽教、黃天教、龍天教和無為教（羅祖教、羅教）

等。白蓮教各派的成分複雜，有的攀附上層、取悅朝廷，有的與下層
群眾結合，發動武裝起義反對朝廷。自宋至清，不僅影響了民間信
仰，而且在社會生活中也發生了重大的作用。

9. 佛教與民間習俗。佛教的傳入和佛教徒的生活帶給中國民間習
俗的影響是十分廣泛和深遠的。首先在飲食文化方面，印度佛教戒律
規定僧尼不准吃葷，不是指禁食肉食，而是指禁食蔥、蒜等氣味濃烈
的刺激性較強的食物。南朝佛教信徒梁武帝蕭衍根據佛教禁戒殺生和
《大般涅槃經》等的教義，提倡茹素，並在漢族僧尼中普遍實行。這
種素食制度推動了蔬菜、水果和食用菌的栽培和加工，包括豆製品、
麵筋製品業和製糖業的發展，並形成了淨素烹飪流派。素食對人民的
飲食結構和身體健康影響極大。由於坐禪養神的需要，寺院飲茶成
風。種茶、製茶、品茶、飲茶是山寺僧人的重要生活內容。名山、名
茶、古剎幾乎是三位一體。寺院的飲茶風氣，極大地促進了民間飲茶
習俗的普及。此外，佛教以農曆十二月初八為佛祖釋迦牟尼的成道
日，自宋代開始，佛寺於是日供應臘八粥。這是民間臘八節喝臘八粥
習俗的由來。其次，在節日文化方面，民間元宵燈節就從佛教法會演
變而來。佛教視火光為佛的神威，謂燈火的照耀，能現佛的光明，破
人世的黑暗，摧眾生的煩惱。所以燈是佛像、菩薩像前的供具之一。
據傳，佛祖釋迦牟尼示現神變、降伏神魔，是在東土正月十五日。為
紀念佛祖神變，是日舉行燃燈法會，以表佛法大明。在佛教法會的影
響下，從唐代起，元宵張燈漸成民間習俗。又，漢地佛教每逢農曆七
月十五日舉行盂蘭盆會，以超度先靈。後演成民間的中元節，屆時以
各種形式祭奉祖先。還有佛教紀念佛、菩薩的誕生日、成道日，也演
化為廟會和民間信仰節日。如按照佛教傳說，農曆二月十九日是觀音
菩薩誕生日，漢族、滿族地區普遍舉行盛大的觀音廟會，十分熱鬧。
至於藏族和傣族地區，佛教節日和民間節日更是融為一體了。再次，

在葬儀方面，人死後不僅要請和尚誦經修福，超度亡靈，而且宋元時代火葬習俗的流行也受佛教葬儀的影響。相傳釋迦牟尼逝世後實行火葬，其舍利安置在塔中。佛教沿襲這種做法，僧尼逝世後一般都實行火葬，中國漢地佛教也是如此。中國火葬起源很早，但火葬的流行是受佛教的影響，時至今日也有佛教徒死後送到佛寺火葬和安置骨灰的。

10. 佛教與社會心理。社會心理是一種普遍存在的潛意識，是不見文字著作表述的內在觀念。佛教對中國社會心理所造成的最大影響是命運觀念和鬼神觀念。佛教宣傳因果報應理論，強調「未作業不起，已作業不失」，人們的現實社會地位和各種遭遇都是自身前世作善惡業的結果，今世所作的業將決定來世的命運。這種理論和中國傳統的報應觀念相融合，長期積澱在人們的心理，形成了十分頑固的命運觀念，人生的一切都被歸結為命運支配，「在劫難逃」。再是，佛教以佛、菩薩、羅漢和地獄、餓鬼為兩極的意象結構，在人們的心理中造成強烈的震盪，崇敬佛、菩薩，畏懼地獄、餓鬼，成為俗文化層民眾的普遍心理結構，極大地影響了人們的價值取向。此外，佛教提倡忍辱以求得好報，帶來了容忍、寬容、忍辱、忍受、忍讓的心理影響。佛教講普度眾生、佈施，也發出同情心理、助人精神，而這些心態和精神的正負作用是隨具體條件而定的。

（原載《天津社會科學》，1989（6））

儒佛人生價值觀之比較

一　人生價值觀是儒佛思想的核心

　　價值是近代出現的名詞，在古代中國與價值意義相當的詞是「貴」[1]。儒學和佛學雖無價值這個名詞，但關於價值的思想學說，尤其是關於人生價值的思想學說，是十分豐富的。

　　人生價值觀是價值觀的基本類型和主要方面，在價值觀中具有最突出的意義和最重要的地位。人生價值的含義是多層次的：第一，生命價值。人的生命是實有的，還是空無的，人的生命有沒有實際意義？第二，人類價值。人類在宇宙中的地位如何，有無價值？第三，人格價值。每一個人在社會中的地位如何，有無價值？第四，理想價值，即最高價值。人的價值的最高標準是什麼？如何衡量一個人的價值？怎樣生活才有價值？如何成就生活的最高價值？這些就是人生價值觀的基本問題和基本內容。

　　儒學和佛學是幾乎同時在西元前 6 至前 5 世紀產生的思想學說，是古代東方文明的巨大成果。佛教約在兩漢之際傳入中國，經過與中國固有文化的碰撞、交涉、融合，又日益成為漢以來中國傳統文化的一部分。值得強調指出的是，儒學和佛學思想的核心都是人生價值觀。儒學和佛學所探討的物件都是人，都對人生價值的一系列問題作出了獨特的說明。儒家奠基人孔子創立仁學，其思想學說的核心是重

1　此據張岱年先生說，見《中國古典哲學的價值觀》，載《學術月刊》，1985（7）。

視道德價值的觀點。所謂「仁」就是「愛人」(《論語‧顏淵》)。所謂「愛人」就是「己欲立而立人，己欲達而達人」(《論語‧雍也》)。意思是說自己要求成立和提高，也幫助別人成立和提高。孔子強調「好仁者無以尚之」(《論語‧里仁》)，「仁」是最高的道德規範。在戰國時代，儒家分化出不同的學派，其中影響較大的是孟子和荀子。孟子發揮孔子的「仁」的學說，提出「性善」論。孟子還強調「義」，所謂「義」，是指思想行為符合一定的標準。荀子反對孟子的「性善」論，主張「性惡」論。荀子講仁、義、禮，並特別強調禮的重要。所謂「禮」，是指行為規範和政治制度。十分明顯，先秦時代儒家主要代表人物的思想學說主要是關於人、人的價值問題。此後，儒家一直繼承這個心脈，在不同歷史時期闡發了各種各樣的人生價值理論。

佛教創始人釋迦牟尼有見於人生的痛苦，為求解脫而創立佛教。原始佛教的基本教義是「四諦」和「三法印」。其核心內容是講現實人生的苦難和解脫苦難的辦法。「四諦」是苦、集、滅、道。「苦」指受逼迫苦惱的意思，主要指人有生死輪回的苦惱；「集」指人們貪瞋愚痴的行為能感召未來的生死苦果；「滅」指滅盡因果報應，解脫生死，達到涅槃寂滅境界；「道」是達到寂滅解脫的方法和手段。「三法印」是：「諸行無常」，世界萬物變化無常；「諸法無我」，世界萬物都是因緣和合而起，沒有獨立的實體或主宰者；「涅槃寂靜」，佛教徒經過修行，斷盡煩惱痛苦，超脫生死輪回，達到寂滅解脫的境界。「四諦」和「三法印」都是從緣起思想出發，闡發現實世界和現實人生的痛苦和造成痛苦的原因，解除痛苦的途徑和目標。原始佛教是解脫道，是一套解脫人生苦難的說教。雖然後來佛教又不斷形成新的派別，但「四諦」、「三法印」這一套人生解脫之道是始終堅持的，而且一直是佛教各派思想的重心所在。

從儒家和佛教思想的內核來看，考察研究的物件都是人，主要內

容都是人生哲學，是對現實人生在宇宙和社會之中的價值作出種種判斷，指出提高人生價值和完滿實現人生最高價值的道路、方法，是在古代中國和印度大地上產生的各具不同特色的人生哲學體系。儒學和佛學都著重研究人生價值，但由於地理、歷史、社會和傳統等因素的不同，形成了不同的人生價值學說。顯然，對於東方這兩大人生價值體系進行比較是有重要意義的。

儒佛人生價值觀在中國思想文化史上具有極重要的地位。漢代以來，儒學被定於一尊，儒家的人生價值觀成為占支配地位的統治思想。儒家的肯定人生價值，強調道德價值的重要，對於中國古代精神文明的發展起過非常巨大的作用，對於中國文化的發展產生了非常深刻的影響。實際上，儒家的人生價值觀是漢以來中國古代文化的主導思想。佛教傳入中國以後，在兩晉南北朝和隋唐時代獲得了廣泛的流傳，盛極一時。它的諸惡莫作、諸善奉行、業報輪回、因果報應、吃素念經、修持成佛的人生解脫之道深入人心，在民間的影響是相當巨大的，在藏、蒙古、傣等少數民族地區，幾乎成為人人恪守的人生信條；在漢族地區，其影響雖不及儒家，但超過了道家和道教。佛家的人生價值觀與儒家不同，但適應了社會上某些有失落感、孤獨感的人群的需要，從而又可作為居於統治地位的儒家人生價值觀的補充。儒佛兩家人生價值觀既鬥爭、衝突，又統一、融合，在中國古代思想文化史上呈現出錯綜複雜的關係。從儒佛人生價值觀的地位和相互關係來說，對它們的思想進行比較，也是十分必要的。

儒家和佛教都流傳兩千多年，內部派別眾多，對於人生價值的具體學說並不相同，本文只選取兩家的最基本、最典型、最具代表性的觀點進行比較，對兩家的內部分歧和枝末觀點則略而不論。

二　儒佛人生價值觀之異

儒佛兩家的人生觀表現出現實主義與出世主義的鮮明對立。在人生價值觀方面表現為一系列的差異，尤其是在對待人的地位、生命、生活、理想、生死等問題上，都有著相異甚至截然不同的看法。

（一）對於人的地位高下看法的不同

關於人的地位，包括兩個方面，即人在宇宙中和社會中的地位，也就是關於人類價值和自我價值的問題。

1.人類在宇宙中的地位。儒佛對於人類在宇宙中的地位所取的參照系很不相同。儒家是就與其他「物」尤其是一般動物的比較而論人在天地間的意義。佛教則主要就「佛」而言人在世間的地位。儒家創始人孔子區別了人與其他動物的不同，說：「鳥獸不可與同群，吾非斯人之徒與而誰與？」（《論語‧微子》）強調人不能與鳥獸同群，只能與人合群並應努力改善人群的生活。孟子強調人之性與其他動物之性不同，人性的特點是有道德意識。孔孟都認為人高於一般動物，關於這點，荀子講得更加明確。他說：「水火有氣而無生，草木有生而無知，禽獸有知而無義，人有氣有生有知，亦且有義，故最為天下貴。」（《荀子‧王制》）宇宙萬物有水火、草木、禽獸和人類四個層次。人比其他物都高貴，因為人有「義」，即有道德規範。《周易‧繫辭下》稱人為「三才」之一：「《易》之為書也，廣大悉備，有天道焉，有人道焉，有地道焉。兼三才而兩之。」「才」是本始、基本的意思，人和天地合成宇宙萬物的根本，具有重要的地位。漢代董仲舒發揮《易傳》的觀點，說：「天地人，萬物之本也。天生之，地養之，人成之。天生之以孝悌，地養之以衣食，人成之以禮樂。三者相為手足，合以成體，不可一無也。」（《春秋繁露‧立元神》）他從天

地人三者分工配合的角度，強調人能成就禮樂，是高於萬物的。宋代理學家周敦頤、邵雍、朱熹等人也都肯定人有高於禽獸的價值，在宇宙中具有崇高的地位。邵雍喜歡談「數」，說一個人的價值等於一兆物的價值，最為卓越。可以說，儒家學者都是肯定人在宇宙中的優越地位的。

　　佛教有其特殊的宇宙結構論，它把宇宙間有情識的生命體分為四聖、六凡，即兩類十等。第一類是佛、菩薩、緣覺、聲聞，稱為四種「聖者」；第二類是天、人、阿修羅、畜生、餓鬼、地獄，稱為「六凡」、「六道」，也稱為「凡夫眾生」。從佛教對人的地位的排列來看，人與佛等相比有凡、聖本質的區別，是分別居住在兩個世界的生類。四聖是超越生死、獲得了解脫的，六凡則陷於生死輪迴流轉之中，沒有解脫。人若不信佛教，就將在六道中輪迴轉生，永遠不得解脫。包括人類在內的六凡，地位是低的。但是，人類在六凡中處於第二等次，地位又是比較高的。佛教學說畢竟是以人類為主要對象，以覺悟人群為主要目的，這樣它又經常強調人類的優勝，「人生難得」。佛典云：「何故人道名摩㝹沙（譯為意）？此有八義：一聰明故，二為勝故，三意微細故，四正覺故，五智慧增上故，六能別虛實故，七聖道正器故，八聰慧業所生故。」（《立世阿毗曇論》）人類聰明，富有智慧，容易成就佛道。有的佛典還認為人道勝於天道，如《大毗婆沙論》說：「能寂靜意故名人，以五趣中能寂靜意無如人者。故契經說，人有三事勝於諸天：一勇猛，二憶念、三梵行。」（《法苑珠林》卷 5）天過於享樂，憶念也差，又不會修行，人則勇猛精進，長於憶念，又能堅持修行，在這些方面都超過了天。在六凡中，佛教對人寄予希望最大。人的地位在一般動物之上，在天之下，但在不少方面人又高於天。從這個意義上說，人的地位是比較高的。

　　佛教把人與畜生等同歸於「眾生」以及人在六道中輪迴的說法，

遭到儒家的反對。南朝宋代學者何承天根據「天地之性人為貴」的思想，批判佛教說：「夫兩儀既立，帝王參之，宇中莫尊焉。……人非天地不生，天地非人不靈。……安得與夫飛沈蠉蠕並為眾生哉？……至於生必有死，形斃神散，猶春榮秋落，四時代換，奚有於更受形哉？」（《達生論》）何氏強調不應把人與一般動物同等看待，人也沒有來生來世。

關於人在宇宙中的地位問題，儒家排除了佛教中佛高於人的虛構，批評佛教把人與一般動物同等看待的觀點。但需要說明的是，佛教一方面把人與一般動物並列為「眾生」，另一方面又認為一般動物愚蠢，難以修行，肯定人是高於一般動物的。

2. 人在社會中的地位。每個人作為人類中的一分子，是否具有價值？這是關於人格價值的問題。對於個人在社會中的價值，儒家主要是從群體觀念和等級觀念出發去闡述的。儒家認為，社會是人群組合而成的集合體，每個人只有在群體中才能生存、發展，群體高於個體，個體利益應服從集體利益。群體內部是有不同等級區別的，每個人只有恪守分位，才能維繫群體的穩定和實現自身的價值。孔子主張君臣父子的等級隸屬關係，孟子更提出「父子有親，君臣有義，夫婦有別，長幼有序，朋友有信」（《孟子‧滕文公上》），把社會人際關係分為五個層次，不同身份的人具有不同的義務，並且相應地有一套嚴密的等級規範，以維護封建等級秩序。同時，儒家從群體觀念出發，又強調要「愛人」、「博愛」，更高的要求是要「博施於民而能濟眾」。再者，儒家一方面主張人的等級差別，一方面又肯定每個人的固有的價值。孔子說：「三軍可奪帥也，匹夫不可奪志也。」（《論語‧子罕》）肯定一般平民具有獨立意志、人格。孟子更提出「良貴」觀念[2]，明

2　張岱年先生首先闡述孟子的這一思想。

確肯定人的價值。他說：「欲貴者，人之同心也。人人有貴於己者，弗思耳。人之所貴者，非良貴也。」（《孟子‧告子上》）「人人有貴於己者」，是指「良貴」，即人自有的價值。

佛教對於人在社會中的價值有其獨特的看法，它從眾生平等的觀念出發，強調人與人之間是平等的。釋迦牟尼在創立佛教時反對婆羅門的四種姓[3]不可改變和「婆羅門」至上的觀點，主張「四姓平等」：一是在出家修行和僧伽內部實行平等，即所有人不問其出身如何都有權出家學道加入僧團，而且在僧團內部不管原來種姓高低，都是平等的。二是業報輪回方面的平等，即不管種姓、出身、職業的高低，都根據自身的業報決定生死輪回。三是成就正果方面的平等，所有人在成就正果的機會、條件方面也都是平等的。後來，雖然有的佛教派別主張有一種人沒有善根種子，不能成佛，但是多數派別都反對這種說法，認為一切眾生都具有成佛的根據。

儒家肯定群體觀念和人的自我價值是很正確的，它所主張的「愛人」說、「博愛」說也有積極的意義。至於儒家宣揚等級觀念，則與人的自我價值相悖，是應當批判的。佛教反對在現實人群中區分等級，這是它的合理之處。但它所主張的平等主要是宗教意義上的平等，而且以追求超越社會、進入彼岸世界為目的，這與儒家的現實主義人生價值觀相比，又顯示出它的脫離實際的傾向。

（二）對於人的生命——空有觀點的對立

儒佛兩家對於人的生命的看法也是對立的。儒家認為人是生物，人的生命是一種自然現象，是有實體的，且在天地間有重要地位。所以，儒家一般主張「保生命」，「君子不立危牆之下」，不主張無謂的

3　四種姓指古印度的婆羅門、剎帝利、吠舍和首陀羅四個等級。

犧牲。據《論語‧鄉黨》記載:「廄焚,子退朝,曰:『傷人乎』?不問馬。」表示出孔子對於人的生命的重視。孟子也說過「生,我所欲也」的話。同時,孔孟都持這樣的觀點:一個人的生命價值與道德價值都應重視,但兩者相比較,道德價值最為重要。所以,孔子有「殺身成仁」之說,孟子有「捨生取義」之語。後來宋明理學家又有「餓死事小,失節事大」之論,表現出強調道德價值、忽視生命價值的傾向。針對宋明理學家忽視生命價值的偏頗,王夫之提出「珍生」之說:「聖人者人之徒,人者生之徒。既已有是人矣,則不得不珍其生。」(《周易外傳》卷 3)人是生物,人應當珍視自己的生命,反對鄙視自己的身體。王夫之一方面充分肯定生命的價值,另一方面又強調人的生活只有合乎道義才真正有價值,在必要時也應當捨生取義。這是比較全面的觀點。

佛教認為人也是自然的產物,原先是發光的氣體,沒有物質性的固定形態,後來因為在世界上食用香土和植物,逐漸形成粗糙的物質身體,並有了膚色和性別的區別。同時,佛教又認為人是沒有實體的,是空的,稱為「人無我」(人空)。為什麼人是空無實體呢?因為人是由五蘊[4]假和合而成,所以沒有恆常自在的主體——我(主宰、靈魂)。佛教的「人無我」說,具有反對婆羅門教的宇宙間存在最高主宰和靈魂不滅說的積極意義,但是它的人空學說又不免導致否定生命價值,視人體為「臭皮囊」,是汙穢之物,不值得珍視;人只是在能修持佛法的意義上才被重視,人應當努力修持,超越生死,轉凡為聖,成就佛果,進入另一境界。應當說,儒家對於人的生命價值的看法基本上是正確的,而佛教雖然在反對永恆的主宰和靈魂方面是合理的,但是它畢竟貶低了人的生命價值,這是不足取的。

4　五蘊指構成人的五種類別——色、受、想、行、識。

（三）對於人的生活──苦樂感受的懸殊

　　人的生活有沒有意義、價值？有什麼樣的意義、價值？儒佛兩家的看法是截然不同的。儒家認為人的生活是快樂的，人生是幸福的，主張「自樂其樂」、「樂知天命」。孔子非常樂觀，他說：「仁者不憂」（《論語‧憲問》），「發憤忘食，樂以忘憂，不知老之將至」（《論語‧述而》）。孔子對於弟子顏回堅持道德修養，能忍受物質生活的困苦，十分讚賞地說：「一簞食，一瓢飲，在陋巷，人不堪其憂，而回也不改其樂」（《論語‧雍也》），鼓吹安貧樂道的思想。孟子主張「與民同樂」，並說君子有三樂：「父母俱存，兄弟無故，一樂也；仰不愧於天，俯不怍於人，二樂也；得天下英才而教育之，三樂也。」（《孟子‧盡心上》）以家庭成員健存、個人內省不疚和教育天下英俊賢才為快樂。宋代儒者周敦頤據孔子的「樂以忘憂」和顏回的「不改其樂」，提出「孔顏樂處」，作為人生追求的最大幸福。

　　佛教認為人生是痛苦的。佛教所講的痛苦是受逼迫苦惱的意思，主要指生死輪迴的痛苦。佛教從緣起、變化、無常的基本哲學觀念出發，觀察人間和人生，認為一切都在無常變化之中，人生沒有快樂、幸福可言。佛典說：「危脆敗壞，是名世間。」（《雜阿含經》卷 9）世間一切都在變異破壞，所以世間一切皆苦。又說：「天下之苦，莫過有身。饑渴瞋恚色欲怨仇，皆因有身。身者眾苦之本，禍患之源。」（《法句經》）由此佛教宣揚三苦、八苦說。三苦，指三類基本的苦惱。一是苦苦，即在受痛苦時的苦惱；二是壞苦，指快樂享受結束時的苦惱，所以有「樂即苦因」之說；三是行苦，指不苦不樂時，為無常變化的自然規律所苦惱，包括生、老、病、死在內。八苦即除生、老、病、死四苦外，再加求不得苦、怨憎會苦、愛別離苦、五陰盛苦。總之，在佛教看來，人的生命、生活就是苦，人世間是苦海無邊，應當回頭信佛，解脫苦難。

從儒佛對人的生活意義所作的判斷來看，儒家側重於從道德修養與事業成功的角度去揭示人生價值，如孔子以修成仁人君子為樂，孟子也以修身和教育為樂。佛教則著重從自然變化規律的作用去體察人生，從而得出低沉的結論。應當承認，儒佛兩家對人生的一苦一樂判斷，都有其合理內容，但又陷於絕對、片面。實際上，人生既有樂又有苦，是樂和苦的統一，重要的是要正確對待樂和苦。

（四）對於人的理想 —— 佛聖境界的異趣

人的理想是什麼？這也是儒佛兩家著意探討的問題。對於人生的理想價值，儒家以聖人為最高榜樣，佛教則以涅槃成佛為理想境界。

儒家創始人孔子認為道德是至上的，他提出「義以為上」、「仁者安仁」的命題。孔子所講的義，其內容就是仁，仁被視為最高的道德範疇。孔子主張「安仁」，就是要安於仁而行之。董仲舒尊崇孔子，也提出「莫重於義」的價值觀，認為道德具有最高的價值。儒家強調道德至上論，把道德價值看作理想價值。一個人具有崇高的道德，也就具有理想人格。儒家認為最高理想人格是「聖人」，其次是「仁人」。所謂聖人是具有崇高的道德並「博施於民而能濟眾」者，所謂仁人是能愛人者。怎樣才能成就人生的理想價值？儒家提倡三不朽說，即認為「立德」、「立功」、「立言」是一個人理想價值的標準，也是一個人成功的途徑。所謂「立德」，是指道德修養、人格不朽。所謂「立功」，是指事業、英名不朽。所謂「立言」，是指文章、學說不朽。三不朽說是強調人生應當道德高尚，有所創造，有所貢獻。

佛教從人生是痛苦的價值判斷出發，主張個人出家修行，成就為佛，進入涅槃境界。涅槃就是人的最高理想境界。涅槃的基本含義是滅除煩惱痛苦，超越生死，解脫自在。為了達到這種最高理想境界，佛教強調修習，先後提出「八正道」、「七科三十七道品」、「四攝」、

「六度」等修持途徑和方法。綜括佛教的修行方法，主要是戒、定、慧三個方面，稱為「三學」，是佛教信徒必須修持的三種基本學業。「戒」指戒律，是為了莊嚴操守，防止思想、言語和行為方面的過失。「定」即禪定，是調練心意，排除雜念，專心致志，觀悟佛理。「慧」指智慧，是排除各種欲望和煩惱，專心探求佛理，獲得佛教最高智慧。在三學中，慧是根本，極為重要；戒、定是方便，是獲得慧的手段。只有獲得智慧，才能獲得最終的解脫，達到涅槃理想境界。

從儒家主張的人生理想價值來看，它是以道德修養和事業成就來衡量人的價值。它所講的道德和事業雖有其特定的歷史內容和階級內容，但又確有普遍意義，它所提倡的追求道德理想和獻身精神在中國歷史上起了積極的作用。佛教以解脫人的生死痛苦為目的，以超越世間、進入佛境為目標，這在基調上是與儒家的人生理想價值觀不同的。應當承認，在這方面儒家的人生理想價值觀具有可貴的現實性品格，有利於推動人類的進步。不過，佛家重視智慧，以智慧作為達到人生最高理想境界的根本，這在理論思維上也有其合理之處。佛教所講的慧是和道德方面的「善」分不開的。從一定意義上說，善就是慧，慧就是善，這又與儒家的思想有相通之處。

（五）對於人的生死——輕重觀念的差別

儒佛兩家對於人的生死有不同的看法和態度。儒家重生輕死，佛教輕生重死。由對生死問題的不同看法，又必然引出在鬼神問題上的分歧。

儒家認為生死是自然現象，一切事物都有始有終，人也有生有死。由此對生和死分別持樂觀和冷靜的態度。人生是快樂、喜悅的，人死就是靜息、安寧。孔子認為，一個人只要堅持道德實踐，建功立業，就會自得其樂，感受到人生的幸福。以後的儒家也都持這種觀

點。儒家對人的死亡取順乎自然的態度,據《荀子・大略》載,孔子的學生子貢曾說:「大哉死乎!君子息矣,小人休焉。」人活著就應當努力,只有死才是靜息。宋儒張載更說:「存,吾順事;沒,吾寧也。」(《正蒙・乾稱》)這種生則樂生、死則安死的觀念,對後世影響極大。儒家重視人生,輕視人死,由此又排斥了靈魂鬼神之說。《論語・先進》載:「『敢問死。』子曰:『未知生,焉知死?』」孔子認為,人應當求知生,不必求知死。他還說:「未能事人,焉能事鬼?」(《論語・先進》)對服侍鬼神的一套毫無興趣。南朝儒者范縝更是繼承無神論的思想傳統,著《神滅論》,猛烈地抨擊佛教的靈魂不滅說。

佛教重視人死,即人死後的命運。佛教也有重視人的生命的一些言論,但其目的是為了修持,以求死後成佛。它重視人生是為了人死,為了人死之後的解脫。佛教大講「生死事大,無常迅速」,宣傳因果報應,輪回轉世,人死後將按照生前所作的善惡行為而轉生為另一種生命形態,或轉為鬼,或上升為神(佛),由此又推演出一套鬼神系統。

佛教的生死觀和鬼神觀受到了儒家學者的批判,這對於抵制宗教觀念產生了巨大影響。在廣大漢族地區,宗教觀念比較淡薄,是和儒家的重生輕死觀念深入人心直接相關的。當然,儒家的生死觀在原則上正確,不等於沒有缺陷。孔子不求知死的態度,未必是全面的。對人死的看法是對人生看法的延續,也正是由於儒家對人死置而不論的態度,有利於佛教在這方面大加發揮,並獲得了相當的同情者和擁護者。

三　儒佛人生價值觀之同

　　儒佛人生價值觀存在著根本的對立，同時也有著某些驚人的相近、相似乃至相同之處。這主要是對人的理想價值和道德價值的重視，在人的修養方法上的相似，以及對人的本性看法上比較一致。

（一）突出道德價值的重要意義

　　儒佛兩家同以人為探討對象，重視人生的理想，追求人生的理想境界，並且都把道德價值視為理想價值的基礎。認為有道德才有理想，道德就是理想。儒家甚至認為道德是最高理想。在儒家學者看來，就人與一般動物的根本區別來說是道德，道德應是理想人格的最大價值。就維護社會生活安定和群體關係來說，主要靠道德和刑罰，而二者相比，道德貴於刑罰，「德教行而民康樂」、「法令極而民哀戚」（《大戴禮記・禮察》）。儒家強調人應當講道德，有精神。孟子說：「生亦我所欲也，義亦我所欲也，二者不可得兼，捨生而取義者也。」（《孟子・告子上》）「生亦我所欲」，是重視物質生活需要；「義亦我所欲」，是重視精神生活需要。在二者不可得兼時，應當捨生取義，肯定精神生活的價值高於物質生活的價值。在儒家重視道德價值思想的影響下，歷史上湧現出許多志士仁人，為國為民英勇獻身，是令人敬仰的。

　　佛教尋求人生的「真實」，追求超越生死，解脫成佛。這個「真實」，並不是從知識和科學方面講的真實，而是從倫理道德方面講的「善」。佛教認為成佛的前提是修持，不修持是不能成佛的。所謂修持，就是佛教的道德實踐。在佛教徒中有這樣的說法：「佛陀住世，以佛為師；佛陀滅後，以戒為師。」所有佛教徒都必須受戒、學戒、持戒。只有以戒為師，才能自度度人。戒，屬於倫理道德規範。佛教

的戒律有兩重意義，一是止惡，二是生善。或者說，一是淨化自身，二是利益群眾。一方面防非止惡，遠離思想言行的一切過患；另一方面是修善利他，積聚功德。佛法的總綱是戒、定、慧三學，佛法的修持次第是持戒修定，開發智慧，即由戒而生定，依定而發慧。戒被認為是定、慧的基礎。前面說過，佛教很重視慧，把它看作是達到人生最高理想境界的根本，戒、定都以發慧為目的。也正如前文所說，慧就是善，慧實質上也屬於道德範疇。

值得注意的是，儒佛兩家的基本道德規範也頗有相近之處。如儒家的「五常」仁、義、禮、智、信，和佛教的「五戒」不殺生、不偷盜、不邪淫、不飲酒、不妄語，不僅有對應的關係，而且在某些含義上是可以溝通的。這實際上反映了維護古代社會安定和共同生活的需要，帶有普遍意義。中國佛教還說「周、孔即佛，佛即周、孔」（孫綽：《喻道論》），高揚忠孝思想，竭力會通儒佛，與儒家倫理道德保持一致，這是很有趣的現象。此外，儒佛的道德價值都有特定的內容和意義，有著時代和階級的局限，這也是應當清醒認識到的。

（二）重視內向自律的修養方法

儒佛兩家都重視人生的理想價值、精神價值、道德價值。由此也都重視修養，認為提高思想覺悟、培養高尚品德、完善理想人格、達到最高境界，必須堅持修養或修持。修養即修身養性。修持即修行，按照佛教教義去實行。修行也可以說是一種修養。儒佛兩家在修養方法上的突出共同點是重內向、主自律，即都注重內向用功，律己甚嚴。儒家經典《大學》講「齊家、治國、平天下」，而其根本是「修身」。如何修身？在於「正心」、「誠意」。「正心」是端正心理活動，調節情感，正確思維。「誠意」是始終如一地堅持自己的善良意志。正心、誠意都是內向用功，是內心修養的方法。儒家還提倡「慎

獨」，慎獨就是靠理性的自律，嚴於律己，堅持原則。這種重視自我修養的方法是值得借鑑的。

佛教修行主要是持戒、禪定、直觀。持戒是按照教義淨化自己的心靈，使自身的言行合乎佛教道德。禪定是排除雜念，專心致志，體察佛理。直觀是主體直接與觀照物件合一，是一種內在體驗。持戒、禪定和直觀，實質上都是內心修養，其目的是為了獲得精神上的解脫。中國佛教各宗都盛談心性，禪宗更是提倡明心見性，頓悟成佛。應當說，在修行方面，出家佛教徒對自身的要求是嚴格的，甚至是苛刻的。出家僧尼應奉行的戒條有 250 條，甚至 348 條之多，就足以說明這一點。

儒佛的修養動機、目的、境界是不同的，在修養的具體方法上也並不都相同，但重視內向自律是相同的。應當承認，儒佛的修養方法是古代道德修養實踐的理性總結，它們的具體內容當然不能吸取，但它們所包含的塑造理想人格的內向自律方法具有一定的普遍意義。

（三）強調先天本善的人性學說

儒佛兩家都突出道德價值的意義，重視內向自律的修養，這就有一個道德如何形成的問題，即道德起源問題，也即善惡起源問題，從儒佛的人性學說來看，兩家探討的中心問題就是人性善惡的起源，而且基本觀點也是相當一致的。在人性問題上，儒家學派持性善論觀點的有孟子、宋明理學家和戴震等人，持性惡論觀點的主要是荀子，董仲舒持性有善有惡論，韓愈主性三品說。於此可見，儒家學派多數人是主張性善論的，而且這種學說的影響也最大。儒家論性善的含義主要有二：一是孟子、戴震以「人之異於禽獸者」為性。孟子認為，人類有異於禽獸的本性就是人倫道德的自覺能動性。二是宋明理學家以「極本窮源之性」為人性，所謂「極本窮源之性」就是天地萬物的本

原，這也就是說，以世界本原作為人類本性。理學家還認為，「性即是理」，而理的內容是仁義禮智信。這樣，「五常之德」就是人的本性。儒家的這種理論成為其建立理想人格和「人人皆可為堯舜」的理論基礎。

佛教勸人修行成佛。成佛是否可能？其根據何在？這是一個十分重要的問題，實際上也是佛教學說的一個重要內容。佛教各派都著重探討這個問題，形成了「佛性」說。「佛」是指覺悟，「性」是不變的意思，「佛性」就是覺悟成佛的根據、可能性。佛教的佛性論相當於通常所說的人性論，更確切地說，相當於性善論。大乘佛教多數經典都主張人人皆有佛性。不僅如此，連其他眾生如貓狗等動物也有佛性，也能成佛。有的中國佛教學者甚至認為草木瓦石也有佛性。同時，也有些佛典主張，一部分人由於根器的局限，即使勤修也不能成佛。這和少數儒家學者所主張的性惡論是相通的。但是這種主張不太流行，在中國幾乎遭到佛教學者的普遍反對。還值得注意的是，佛教的一些派別也視佛性為宇宙萬物的本原，即佛性是眾生本性和世界本原的統一物，這和宋明理學家的思維理路是一致的。

性善論是儒佛兩家人性論的主流，它在理論上是片面的，是一種道德先驗論。應當說，人性本是無善無惡的，而在後天則可善可惡。儒佛兩家都探討了道德起源問題，承認人有同類意識，肯定人具有思維能力和自覺能動性，這在認識史上是有理論價值的。

綜上所述，似可以得出如下幾個基本看法：

第一，儒佛的人生價值觀各有側重，有異有同，它們的區別又是相對的。我們可以看到，在對待人生現實方面的問題，如在人的地位、生命、生活、理想境界、生死等問題上，表現出兩家在價值取向上的鮮明對立；而在對待人生道德方面的問題，如道德理想、道德修養方法、道德起源等等，又表現出兩家在價值取向上的驚人相似。同

時，在人生的最高理想價值方面，兩家所追求的理想境界截然對立，但在重視理想人格的塑造以及實現理想價值的方法上又有相當的一致性。這種交叉現象，表明雙方的異同是相對的。它們的人生價值觀是古代東方學者對人類自我反思的認識成果，是力求達到人的自覺和理想的歷史嘗試。

第二，儒佛的人生價值觀是古代人生學說的兩大不同類型。兩相比較，雙方的相異是主要的，相同是次要的。儒佛人生價值觀的根本區別在於：儒主現實主義，佛主出世主義，由此引生出一系列的具體差異。這也是外來佛教傳入中國之後，從漢代至清代，一直受到絕大多數儒家學者排拒的根本原因。應當承認，現實主義和出世主義的人生價值觀各自我調整了不同人群的需要，這是儒佛兩家學說在當今仍然有重大影響的原因。但是在中國，自漢代以來儒學一直居於主導地位，佛教則大體上發揮了配角的作用，而且越來越向儒家靠攏。在確立個人的道德意識和建設人間的理想社會方面，佛學越來越向儒學趨同。出現這種歷史現象的原因，顯然要從中國古代社會的結構和特點中去尋找。

第三，儒佛的人生價值觀既有需要否定的方面，也有值得肯定的方面。佛教的出世主義、儒家的等級觀念以及兩家輕視或忽視人的物質生活需要的主張，是不可取的。儒佛兩家重視人格理想、道德價值和精神生活，也包含了一些合理的因素，值得有分析地繼承。

（原載《中國社會科學》，1990（1））

佛教與漢地習俗

　　晉代（265-420）以來，佛教在我國民間得到日益廣泛的傳播，並逐漸浸潤滲透到了社會生活的方方面面，使漢地民間風俗習慣為之一變。中國的古老文化和民眾傳統對佛教的薰陶影響，也使印度佛教原有的外域色彩漸趨淡化，而漢地佛教民俗氣息日見濃郁。在這裡，我們要談的，主要是佛教給漢地習俗帶來的種種影響和變化。

信仰觀念

　　佛教在思想上對人們所造成的最大影響是信仰觀念的變化，主要表現為命運觀念和鬼神觀念的變化。佛教認為因果關係是宇宙的法則，因果報應是人生命運的鐵則。「未作業不起，已作業不失」，「業」指各種活動，是說人們的命運是由各自前世所作善惡業決定的，今世所作的業則決定來世的命運。佛教的因果論和中國傳統報應觀念相融合，形成一種新的命運論，即善得善報，惡得惡報，人在過去、現在、未來三世輪迴的觀念。這種觀念不僅長期以來支配了不少平民百姓的人生觀，而且改變了一部分士大夫階層的價值觀。根據《維摩詰經》所塑造的形象，維摩詰居士十分富有，又恬淡寡欲，以排除一切是非善惡的差別為他的最高思想境界，一度成為士大夫們最高理想人格的楷模，導致不少人以居士自詡。如唐朝著名詩人王維取名為王摩詰，白居易自稱香山居士，宋朝蘇軾為東坡居士等。這些人都熱衷佛法，以追求精神解脫。

　　佛教引發的鬼神觀念包含了多重層次。首選是神靈崇拜。佛教尊崇的佛、菩薩、羅漢等種種神靈，成為民間膜拜的主要對象，佛教寺廟成為民間的信仰中心。「初一十五廟門開」，百姓到廟宇燒香拜佛，求神問卜成為普遍的風尚。一些寺廟還在佛教節日或固定日子舉行「廟會」（廟市），吸引周圍百姓輻輳而來「趕廟會」。有趣的是，廟會除念經拜佛以外，還成為遠近的集貿市場和娛樂場所，發揮了宗教生活、經濟生活和文化生活的綜合功能。史載，河南開封相國寺曾每月開放五次，供萬民貿易。舊時北京隆福寺每月九日舉行廟會，百貨雲集。在神靈崇拜中，值得注意的是，印度佛教神靈的等級結構，在中國發生了重要變化。中國佛教突出地尊奉觀音、地藏、文殊、普賢四大菩薩，分別為他們安置了四大名山（普陀、九華、五台、峨眉）的專門道場。他們在平民百姓心目中的地位實在佛祖釋迦牟尼之上。尤其是觀音菩薩，因據佛典說能救苦救難、隨時解除人們的現實痛苦而成為佛教諸神中最受崇敬的對象。為了適應中國的傳宗觀念和滿足農業勞動力的需要，在中國寺廟裡，觀音菩薩的塑像還由中性衍變為女性，成為送子觀音，格外受到人們的崇拜。相傳陰曆二月十九是觀音菩薩誕生日，是日，漢族和滿族地區普遍舉行盛大的觀音廟會，成為民間的重要信仰節日。此外，在諸佛中，阿彌陀佛（又稱接引佛）能慷慨地接引眾人到西方淨土。淨土就是極樂世界，最美妙的天堂，在這裡大家過的是自由、清淨、幸福的生活。這對於苦難深重的人們的心靈具有極大的撫慰作用。由此，死後「升天」、「上西天」就成了人們的憧憬與希望。

　　其次，鬼魂崇拜。中國古代盛行人死變鬼、靈魂不滅的迷信觀念，認為鬼有超人的力量，能夠對人進行監視、報復和賞罰。為此，人們設祭獻祀，以崇拜和取悅鬼魂。佛教傳入後，以「六道輪回說」改造和充實了中國固有的鬼魂觀念。佛教認為，人死後要轉為另一種

生命形態，根據善惡報應的法則，分別在六道（天上、人間、阿修羅、畜生、鬼、地獄）中輪回。在六道中，鬼處於低層，此類甚至比畜生還低。鬼類世界的生活苦不堪言。這種觀念帶來了我國民間喪禮的重大變化，死者家屬要舉行佛教法會，以超度鬼魂。

最後，龍王崇拜。中國古代是農業國，水是農業的命脈，先民一向特別重視對雨神、河神的崇拜。戰國（前 475-前 221）甚至有河伯娶媳婦的祭禮。佛教傳入中國後，佛經載，佛教的護法神之一龍王，能夠興風作浪、呼風喚雨。這樣，具有降雨功能的龍王與中國民間的龍神信仰相融合，取代了雨神、河神的地位而成為司水之神。不少著名和尚，如惠遠、法藏等人，在旱年都曾設壇誦經祭拜，向龍王祈雨。在農村也普遍修建龍王廟，龍王成為遇旱降雨、遇澇免災、祈求調風順雨、五穀豐登的崇拜物件。

喪葬習俗

佛教三世輪回觀念和對死者的處理方式，給我國的喪禮制度帶來多方面的變化。佛教輪回觀認為，人死後的四十九天以內，分為七個階段，根據生前所作善惡業轉生。我國自北魏（386-534）以來，在人死後四十九天內，死者家屬要齋僧、誦經，每七天一次，共七次，稱「七七齋」，為死者消弭惡業。後來，有條件的喪家還要舉辦隆重盛大的「水陸法會」（一種遍施飲食以救度水陸鬼眾苦惱的法會），一般以七天為期，也有四十九天的，以超度死者亡靈。蘇東坡就曾設水陸道場，超度亡妻王氏的幽魂。他還曾撰《水陸法贊》十六篇。佛教對我國火葬習俗也起了重要的推動作用。中國雖然自古以來在某些地區就流行火葬，但是「歸土為安」，土葬仍是我國普通的葬法。而佛教規定，僧人死後一律火化。一般僧人的骨灰裝進瓦罐，埋葬在寺院

或其附近，有地位的僧人死後更要築龕或建塔安放骨灰。佛教這一葬俗也影響到我國民間。有的寺院還設有房間，專供俗人停靈之用，並為遺體舉行火葬。火葬逐漸成為僅次於土葬的一種重要葬法。現在我們也提倡火葬，火葬已成為普遍的習俗。再如，中國古代長期實行宗法制度，特別重視祖先崇拜，通常在宗廟裡舉行祭祖活動。佛教傳入中國，其掃佛塔的禮俗與中國民間祖先崇拜相結合，形成了掃墓的風俗。直到現在，我們仍然保留清明掃墓的習俗，以追念先人的業績。此外，佛教的傳入也引起了婦女守節方式的變化。中國傳統禮教提倡「夫為妻綱」，妻子要絕對服從丈夫，要求夫死不嫁，從一守節。有的甚至自盡殉夫，以獲「節婦」、「烈婦」的美名。而佛教傳入後，為寡婦提供了一條不必自盡、又合乎守節要求的新的出路，即出家當尼姑。古時有些皇族或貴族婦女，在丈夫死後，就削髮為尼，青燈長夜，了結一生。一些不出家的寡婦，為了已故丈夫的轉世和自身消除罪孽、求得解脫，也常年吃素念佛，終身不怠。

節祀文化

由於佛教的制度、節日和活動的影響，中國民間形成了新的節祀文化，主要有中元節、臘八節和元宵燈節。佛教規定，每年陰曆七月十五僧人要舉行檢舉懺悔集會，稱為「自恣日」。這一天還要舉行「盂蘭盆會」，以供養諸佛和超度祖先。南朝信佛的梁武帝（502-549年在位），依據佛經說法，率先舉行盂蘭盆會，此後逐漸成為民間習俗。陰曆七月十五，也是道教的「中元節」，是日，道士誦經，以使餓鬼囚徒獲得解脫。盂蘭盆和中元兩節長期並行，後來盂蘭盆節日益漢化，約在南宋（1127-1279）期間，「中元」就逐漸取代「盂蘭盆」，成為社會通行的孟秋望日之節日，並完成了由佛門法事和道門

齋醮向民間常節的轉變，成為民間慶祝農業豐收和祭奠先人的盛大節日。我國民間臘八節和喝臘八粥的習俗也是導源於佛教的。佛教傳入中國後，把臘月初八佛祖成道紀念日和中國原有的臘月初八祭祀諸神的傳統習俗統一起來，在這一天，各寺院都要舉行紀念儀式，並煮臘八粥供佛。這種習俗流傳於民間，自宋代始，喝臘八粥成為流行的習俗，並賦予它以慶祝五穀豐登、驅逐鬼邪瘟疫的意義。我國民間的元宵燈節是從佛教法會演變而來的。燈，是佛像前的供具之一。佛教認為，燈火表示佛的光明，能破人世的昏暗，摧凡人的煩惱，給人帶來光明清淨。又稱，東土正月十五是佛祖示現神變、降伏神魔的日子，為此要在是日舉行燃燈法會，以表佛法大明。在這種佛教燃燈法會的影響下，自唐代始，元宵張燈漸成民間習俗，並延續到現代。

公益事業

　　熱心社會公益事業是佛教對民間習俗影響的一個重要方面。社會公益事業是關係社會群體的生活和利益的大事，在中國古代，主要由官方和民間興辦。佛教提倡「諸善奉行」、「普度眾生」，它以此開導眾生，也以此要求信徒。在大乘佛教的六種修持方法（六度）中，第一條就是佈施，強調要用自己的智力、財力和體力救助貧困者和滿足求索者，為他人造福成智，也使自己成就功德。這也就是所謂樂善好施、廣種「福田」。所謂福田，是生福善之田，有福之田。佛教從事社會公益事業，對於贏得世人的讚揚，擴大宣傳教化的效果也是重要的。廣種福田的思想對世人影響廣泛，甚至深入人心。在古代中國，佛教從事的社會公益事業主要是：（1）治病救人。為世人施藥治病，被有的佛經定為諸福田中的第一福田。中國古代醫院的形成與佛教有不可分的關係。唐代（618-907）寺院設「悲田養病坊」，有的「病

坊」有養病者數百人，規模頗大。宋代朝廷設「安濟坊」，派僧人管理，治病救人。寺院設專科診治，有診堂、藥室。如浙江蕭山竹林寺女科，歷史悠久，遐邇聞名。（2）救災濟貧。這是佛教社會公益事業的又一重點。在古代中國，國家的救貧賑災工作也常常委託佛教寺院代理。寺院也曾設「孤獨園」、「居養院」等慈善機構，收容鰥寡孤獨者和老人，猶如今日的養老院、孤兒院。（3）造橋鋪路。佛教為了方便交通、濟度人民，也很重視造船、架橋、鋪路。據載，福建泉州多水，歷代造橋 260 座，其中僅宋元（960-1368）年間佛教參與建造的就有 60 座。遍佈城鄉的橋梁和道路，其中不少都凝結有僧人的心血。（4）植樹造林。佛教寺廟除在都市以外，多地處山村，為了發展生產，保障生活，有的開墾荒地，辟為菜園、果園；為了綠化和美化寺院周圍環境，大力植樹造林，紅牆、黃瓦和綠蔭、藍天融為一體。史載，有的高僧為了預防水災，說服地方官民，在易於氾濫的河道一帶種樹，造福後人。此外，還有挖井，供民取水；建造公廁，方便路人；等等。

飲食習俗

佛教對我國飲食結構影響最大的有兩項：飲茶和素食。茶最早是作為藥物使用的，後來成為民間最普及的飲料，這是和佛教傳入直接相關的。坐禪是佛教徒的基本功，必須雙足交盤而坐，頭正背直，不得傾斜委倚，更不能昏沉睡覺，有時還要求連續坐 3 個月。長時間的坐禪，有人不免疲勞困倦，這就需要清心提神。佛教規定過午不食，也不准喝酒，而具有興奮神經、解除疲乏功效的茶葉就成為坐禪僧人最理想的飲料。寺院都提倡飲茶，飲茶成為僧人宗教生活和日常生活的風尚。許多寺院地處山村，利於種茶，有的寺院還設有茶場，加工

茶葉，製作名茶。如著名的碧螺春茶，產於江蘇吳縣洞庭山碧蘿峰。
該茶原名「水月茶」，是洞庭山水月院山僧首先製作的。著名的烏龍
山茶的始祖是福建武夷山的「武夷岩茶」，宋元以來武夷寺僧製作的
最佳。相傳具有特殊保味功能的紫砂陶壺，也是明代江蘇宜興金沙寺
一位老僧創制的。寺院飲茶十分周到講究，有「茶頭」，專事煮茶、
獻茶待客。設「茶堂」，以品嘗名茶。置「茶鼓」，擊鼓以召集僧眾飲
茶。還有「施茶僧」，在寺院門前為遊人供應茶水。有的寺院還舉行
「茶宴」進行品嘗，鑒評各種茶葉品質的活動。種茶、製茶、飲茶是
山寺僧人的重要生活內容，名山、名剎、名茶幾乎是三位一體。佛寺
的飲茶方法和飲茶風氣流入民間，形成民間的普遍的飲食習俗。種茶
和飲茶之風還隨著我國佛教東傳朝鮮、日本，也成為這些國家的佛寺
和民間的重要習俗。

　　佛教素食對民間飲食習俗也有重大影響。印度佛教徒托缽乞食，
肉食和蔬食不能選擇，也沒有特定要求。只是禁食蔥、蒜等氣味濃
烈、刺激性較強的食物。佛教傳入中國之初，我國佛教徒對食品也沒
有嚴格規定。梁武帝根據禁戒殺生的教義，提倡茹素，並在漢族僧人
中普遍推廣實行。佛教素食的發展，形成了淨素烹飪流派。和葷食一
樣，素食也為人們所喜愛，而成為民間的一種飲食習俗。

　　綜上所述，佛教對漢地習俗的影響是廣泛而深刻的。有些習俗，
如信仰觀念的作用是消極的，其他不少習俗則具有積極意義，是有利
於社會發展和人民生活的。有人說不懂佛學就不能全面弄懂中國文
化，從習俗方面來看，這句話也有一定道理。

（原載《現代中國》，1991（11））

融合：佛教與中國傳統文化的雙向選擇

　　印度佛教約在兩漢之際傳入中國內地，到唐代時進入隆盛時期，其間大約經歷了 8 個世紀。在這漫長而艱辛的流傳過程中，佛教，作為異質文化的異鄉異客，意欲在中國大地上落地生根，發展壯大，乃至於獨樹一幟，它必須直面燦爛輝煌的中國傳統文化，與滲透到社會生活各方面的勢力強大的儒家和道家打交道，協調關係，否則就終將被拒之門外。而事實上，佛教在流傳過程中，成功地與中國傳統文化進行了交涉，這不僅表現在佛教隨著廣泛深入持久地流傳而日益民族化、中國化，在中國文化圈內爭得了一席之地，十分令人矚目地成為中國文化的一個重要組成部分，而且佛教的特殊色彩和影響遍及中國大地，廣泛地滲透到思想文化領域的方方面面，觸目可見。佛教何以輸入得如此成功，何以會被中國固有文化所容納？考察佛教的全部流傳過程，我們可以清楚地看到，佛教從它帶著陌生的面孔踏上中國這塊熱土開始，就一直十分主動地、自覺不自覺地親近中國傳統文化，尋求與中國傳統文化的結合。可以這樣說，中國的佛教是在中國傳統文化的沃土中成長起來的。佛教的流傳過程，大體上就是依附傳統文化，又與傳統文化相衝突，最後互相融合的過程，這也是佛教中國化的過程。相應地，中國化的佛教也為中國傳統文化拓展視野，充實了內容。

　　本文在下面主要側重於論述二者的協調、融合關係以及佛教對傳統文化的影響，至於二者的衝突則略而不論。

一

　　佛教傳入中國伊始就一直不斷地與中國傳統文化相交涉，演成外
來文化與本土文化複雜交錯的交涉關係史。按照歷史順序，在漢魏晉
南北朝期，佛教對傳統文化較多表現為依附、「格義」，隋唐以來則更
多是交滲、融匯。當然這種區分是相對的，在隋唐以前也早已存在著
融匯現象。

　　佛教的傳播手段最主要的是依賴佛典的翻譯介紹。漢代以來，佛
經傳入日見增多，與之相應的翻譯佛經者也形成了安譯和支譯兩大系
統。安譯即安世高一系，是小乘佛教，重視修煉精神的禪法，比較接
近神仙家；支譯是支婁迦讖一系，屬大乘佛教，宣傳的是空宗般若學
理論，類似玄學。相傳，安世高是把禪觀帶入中國的第一人，他共譯
出佛典 30 多部，其中最重要的是《安般守意經》和《陰持入經》。安
般的原意是吸氣和呼氣。安般守意是講坐禪時通過數念出入氣息的次
數來防止心神散亂，這和道家的胎息吐納之術極為近似。安世高在
《佛說大安般守意經》卷上解釋安般守意時附會了道家學說，他說：
「安為清，般為淨，守為無，意名為，是清淨無為也。」這種解釋顯
然是牽強附會的。再如他翻譯《陰持入經》，也附會中國傳統的哲學
思想。《陰持入經》主要是闡釋佛教的基本名詞概念的。如何把這些
陌生的名詞概念介紹過來呢？安世高也採用中國的常用術語。如在翻
譯構成事物和人的五類因素時，他採用了漢代學者陽尊陰卑、陽仁陰
貪的觀念，用「五陰」來概括、翻譯色（物質）、受（感受）、想（理
性活動）、行（意志活動）、識（認識功能和結果），以表示人是貪欲
之源，含有貶義。

　　支婁迦讖在翻譯《般若道行品經》時，把本體「真如」譯為「本
無」。三國時的支謙在重譯此經時，改名為《大明度無極經》，「大

明」、「無極」就取自於《老子》的「知常曰明」和「復歸於無極」。他把佛教的「波羅蜜」，即到彼岸的意思，用「度無極」來翻譯。而老子所說的「無極」是指宇宙的原始的、無形無象的本體，也就是所謂「道」。這種翻譯反映了支讖、支謙的共同認識，他們以為成佛就是通過佛教智慧來達到與「道」相合，換句話說，就是與「本無」（真如）相合，成佛就是體「道」。支讖、支謙探究人生的真實，把返歸本體「道」作為人生的最高理想，這充分體現了用老莊思想來解釋佛理的附會傾向。總之，佛教初傳時，對道家等專用術語基本上採取了「拿來主義」，譯經家運用道家名詞術語來翻譯佛經的一些概念，以傳播佛教思想。

為了有效地輸入佛教經典，宣傳佛教的義理，東晉時期的佛教學者又創造了一種「格義」的方法。所謂「格義」就是用中國傳統的義理來解釋佛教的道理。這比前面所說的運用道家等名詞概念又前進了一步，表現出佛教對傳統文化在深層次上的依附，而且這種依附是更加自覺的。我國早期闡述佛教義理的著作《理惑論》就是一個很典型的例子。該書在解釋什麼是佛教時說：「道有九十六種，至於尊大，莫尚佛道也。」視佛教為道術，把佛教解釋為九十六種道術中的至尊至大者。怎樣向人們說明佛呢？《理惑論》將佛比作傳說中的三種神。一種是道家所說的「修真得道」的真人；一種是神仙家所說的「恍惚變化，分身散體」、法術多端、神通廣大的仙人；一種是「猶名三皇神、五帝聖」的神人、聖人。同時該書還批評了那種把佛的佈施等修持方法與「不孝不仁」對立起來的觀點，強調佛教的修行是完全符合「孝」和「仁」的。《理惑論》所作的這些解釋，顯然也是附會了中國傳統的宗教和文化觀念。

魏晉時，以格義的方法弘揚佛教義理更為普遍，最富代表性的便是佛教般若學派對魏晉玄學的依附。晉代佛教學者在解說般若學性空

理論問題上產生了分歧，進而形成六家七宗。這種理論分野的形成是與以魏晉玄學比附般若學直接相關的。六家七宗爭論的問題、思辨的方法和論證的思路等都深受玄學的影響。我們舉道安為例。道安是當時的佛教領袖，影響頗大。他跟蹤中國佛教的歷史蹤跡，由學禪數到講般若，由禪觀轉向「性空」。但是般若學的性空究竟是何所指呢？般若學主張「有」「無」雙遣以明「空」義，而道安則以「無」為本。道安的解釋正是糅進了何晏、王弼「本無」思想的結果。道安說：「無在元化之先，空為眾形之始，故謂本無。」（曇濟：《六家六宗論》，見《名僧傳抄‧曇濟傳》）這正是何晏、王弼的觀點。何晏在《列子‧天瑞注》一書引《道論》說「有之為有，恃無以生」。王弼也說「凡有皆始於無」（《老子‧一章注》），「天地雖廣，以無為心」（《老子‧三十八章注》）。這都表明道安對般若學的理解是深深地依附了當時風行於世的崇尚老莊思想的玄學，是援玄入佛，以玄解佛。道安深知，佛教只有與當時思想主流合拍才能傳播流行開來。他說：「以斯邦（中國）人老莊教行，與方等經兼忘相似，故因風易行也。」[1]這道出了創造格義方法的真諦。當時的般若學者不僅用玄學來解說佛學，甚至一些學者的言談舉止也附雅名士風度。東晉孫綽在《道賢論》中就把般若經系統弘傳者竺法護、竺法乘、于法蘭、于道邃、帛法祖、竺道潛、支遁七人比為「竹林七賢」。於此也可見當時佛教對玄學的依附程度。

到了唐代，佛教進入了鼎盛時期，與傳統文化的關係也由依附、「格義」發展到彼此的交滲融匯階段，隨著佛教宗派的創立，已足以與儒家、道家並駕齊驅。

從佛教與傳統文化相互融合的角度看，一方面是佛教融匯了儒、

---

[1] 《毗（鼻）奈耶序》，《大正藏》第42卷，851頁。

道，反之，儒、道也融匯了佛教。下面首先說佛教對傳統文化的融匯。

　　佛教對傳統文化的融匯最集中最鮮明地表現在創立宗派上。例如天臺宗以《法華經・方便品》為依據，宣說度脫眾生可以採取多種多樣、靈活方便的方式方法，宣導方便法門。這就為調和融匯傳統思想提供了理論依據。天臺宗的先驅者慧思立誓發願，第一步要進入深山老林覓得靈芝和丹藥先「成就五通神仙」，第二步再實現最高理想——成佛。天臺宗一系的人還把道教的丹田、煉氣等說法也融入本宗的學說，糅合出修習止觀坐禪除病法。十分明顯，天臺宗的學說體系中，注入了道教的血液。

　　又如華嚴宗的要旨是創造性地宣揚理事圓融、事事無礙思想。認為整個宇宙是一大法界，一即一切，一切即一；彼中有此，此中含彼，這種理論本身就含有儒釋道渾然一家的思想色彩。譬如華嚴宗用《周易》的「四德」（元、亨、利、貞）配佛身的「四德」（常、樂、我、淨），又以「五常」（仁、義、禮、智、信）去配佛的「五戒」（不殺生、不偷盜、不邪淫、不飲酒、不妄語），把佛教的理想境界、道德規範和儒家的德性、德行等同了起來。

　　再如典型的中國化佛教宗派禪宗，它在融合傳統思想方面表現尤為突出。禪宗不僅不提倡念經拜佛，甚至還可以呵祖罵佛，鼓吹「不立文字」、「教外別傳」。主張性淨自悟，認為在日常生活的一舉手一投足之間就可以實現成佛的理想。這種理論顯然是融匯了道家的自然主義、玄學家的得意忘言理論，並受其曠達放蕩、自我逍遙生活方式的影響。

　　佛教與中國傳統文化相融匯的中心是心性論。天臺宗、華嚴宗和禪宗都以心性論作為本宗的理論核心，而傳統思想中的心性論也是個重要問題。對傳統思想來說，心性問題就是探索人性的善惡，是有關個人修養乃至國家安定的大問題。對佛教來說，心性問題即是關乎成

佛的根據問題。早在晉宋之際，竺道生即開始探討人格本體即心性問題。他把人的本體與人類自身的本性等同起來，把本體論和心性論結合起來，大講佛性即是成佛的根據。到了唐代，天臺宗在傳統的人性善惡觀念的影響下，也以善惡為中心講佛性，認為佛和一切眾生心中都具有先天的善惡之性，人的後天修行也有善惡之分。天臺宗還把止觀學說與儒家的人性論相調和，說：「夫三諦者，天然之性德也。……含生本具，非造作之所得也。」（湛然：《始終心要》）說空、假、中三諦是一切眾生自然具有的「德性」，從而把佛教的修行實踐說成是類似儒家的窮理盡性，也就是復原人的本性的理論學說和實踐功夫。至於禪宗，更以講心性為其主要宗旨。它所講的心性特徵即是性淨自悟。實際上就是儒家性善論的翻版。自悟、頓悟都與竺道生的頓悟成佛說一脈相承。據贊成竺道生學說的謝靈運解釋說，頓悟是綜合了儒佛兩家的長處而提出的。他說，釋迦牟尼的長處是注重「積學」，短處是主張漸悟。孔子不然，長處是注重「頓悟」，短處是不講「積學」。頓悟正是取了儒佛兩家之長。

後來，明代著名佛教學者真可說：「學儒而能得孔氏之心，學佛而能得釋氏之心，學老而能得老氏之心……且儒也，釋也，老也，皆名焉也，非實也。實也者，心也。心也者，所以能儒能佛能老者也。……知此乃可與言三家一道也。而有不同者，名也，非心也。」（《紫柏老人集》卷 9）這就是說，他認為儒佛道所不同的只是名稱，相同的是講心，講本心，極為明確地指出「心」即思想意識是三教成就理想人格的共同根據，強調三教都以「不昧本心」為共同宗旨，都以「直指本心」為心性修養的共同途徑。真可的這番話標示了佛教在心性論問題上與儒家、道家是融匯為一了。

佛教與傳統文化的融匯在道德倫理問題上也表現得相當突出。相關內容已在前面有所述及，這裡就不詳述了。

　　我們再從佛教諸神某些形象地位的改變來考察，也不難發現，佛教為適應中國人觀念、願望是如何在諸神形象的塑造上不斷創新重建的。釋迦牟尼是佛教的教主，在印度佛教中享有至高無上的地位。然而在中國人的心目中，卻遠不如觀音、地藏、文殊和普賢四大菩薩更受青睞。他們四位在中國佔有四大名山，其實際地位確在釋迦牟尼之上。為什麼會出現這種現象呢？這恐怕就要從中國人的觀念、社會心理來解釋了。成佛，是極好極高的理想目標，但究竟有多少人能成為佛呢？對絕大多數人來說這是可望而不可即的。因此釋迦牟尼佛在人們心目中就顯得可敬而又遙遠，高攀不上。而四位菩薩由於職能的原因，更接近老百姓，特別是觀音菩薩尤其受普通百姓的崇奉。哪裡有困厄她就出現在哪裡，對人不分貴賤高低，而且隨求隨到。這樣的菩薩與百姓的關係遠比釋迦牟尼要密切、親切得多。人們渴望來世有個好報，但人們更為關注的是先解決現實生活中的戰亂、貧窮、饑餓等問題。因此能為人們解除苦難的大慈大悲觀音菩薩就以其不可取代的地位扎根於尋常百姓的心裡，她在婦女心目中的地位尤其崇高。因為婦女除有一般的苦難還有特殊的不幸。「不孝有三，無後為大」。沒有生育能力和沒有生男孩的婦女，她們的唯一希望就寄託在觀音菩薩身上，祈求觀音菩薩能幫助解決這一難題。就這樣，在中國的宗法制度和傳宗接代觀念的影響下，隨著佛教的流傳，大約到了唐代，按照人們的願望，本是中性的觀音形象就被塑成女性，她的重要職能是為人們送子了。再如，五代十國時出現的布袋和尚也很能說明佛教是如何適應社會心理改變佛教諸神形象的。中國佛教早期是流傳彌勒信仰，約在唐代，彌陀信仰取代了彌勒信仰，但彌勒是未來佛，於是佛教禪宗又創造出一個布袋和尚。禪宗《景德傳燈錄》卷 27 載：「明州奉化縣布袋和尚者，未詳氏族、自稱名契此。形裁腲脮，蹙額皤腹，出語無定、寢臥隨處。……示人凶吉，必應期無忒。」勾畫出了布袋的形

象和性格特徵。寺院中的布袋和尚形象多為袒胸露腹，肥頭大耳，慈祥善良，笑容可掬，一副寬容大度、腹中行舟的神態。有的塑像旁還配以對聯，如「大肚能容，容天下難容之事；開口便笑，笑世上可笑之人」（北京潭柘寺、廣州六榕寺）。不論是布袋和尚的形象還是像旁的對聯，都注入了現實生活的內容，可以說是中國佛教按照中國人民的喜好和理想對彌勒形象的改造，是中國化了的彌勒佛，體現了佛教對中國傳統的社會心理的融合。也就是佛教融合中國傳統文化從而使自身發生重構的表現。

二

佛教是以哲學、信仰觀念為核心的多層次、多形式的綜合性文化。經過與中國傳統文化的交涉，佛教在中國化的同時，又通過自身文化的強大滲透力，反過來對中國傳統文化產生了極其廣泛而深刻的影響。

佛教對中國傳統哲學的影響是多方面的。佛教作為解脫之學，歸根到底也是以哲學為其理論基礎的。佛教在人生論、心性論、宇宙論及認識論諸方面對傳統哲學的充實和發展是不能忽視的。如對玄學和理學的思想內容和思維方式的影響就十分突出。

魏晉玄學家們熱衷於探討有無、言意和動靜等問題，當時佛教學者僧肇撰《不真空論》，對與玄學相呼應的般若學三派（本無派、心無派和即色派）的性空理論作了分析批判。指出本無派過於偏重於「無」，無視事物的「非無」一面；心無派只是指出對萬物不起執著之心，沒有否定客觀事物的存在；而即色派只是說物質現象沒有自體，不是自己形成的，還沒有認識到現象本身就是非物質性的。僧肇認為這三派都不得要領。他運用佛教中觀學的相對主義方法闡述世界

的空無，認為萬物是非有非無，亦有亦無，有無雙遣，有無並存、合有無以構成空義。僧肇在《物不遷論》中所闡發的動靜相即觀點，在《般若無知論》中闡述的不知即知觀點等，從客觀上說也是對魏晉玄學的基本問題作了總結，把玄學理論推向一個新階段。

佛教對宋明理學的深刻影響更是大家所公認的。這主要表現在四個方面。其一是對儒家要旨的確定起了促進作用。一些涉及儒家心性修養的典籍如《孟子》、《大學》和《中庸》被突出出來，再與《論語》相配合，合稱為「四書」。四書為儒家的要典，既用來與佛教相抗衡，又成為封建統治階級科舉取士的初級標準書。其二是推動了儒學學術旨趣的轉移。宋明的新儒學和過去的儒學風格不同，已不只側重社會政治倫理、少言性命之學，轉而重視修心養性，成為性命之學了。其三是佛教各宗派都強調眾生的本性是清淨、覺悟的，只是被妄念浮雲所遮蔽，為各種情欲所窒礙罷了。宋代理學家受這個觀點的啟發提出人有「義理之心」和「物欲之心」的說法，即天理和人欲的對立。理學家的人生哲學和道德學說依據的是《大學》的著名公式：「古之欲明明德於天下者，先治其國；欲治其國者，先齊其家；欲齊其家者，先修其身；欲修其身者，先正其心；欲正其心者，先誠其意。」同時又吸取了禪宗的「直指本心」論，以人格的自我完善為齊家治國的出發點；又以遵循包括天地、君臣、父子、夫婦、長幼的「天理」為自身人格完善的唯一途徑。這樣一來，就如同成佛的信仰是佛教徒的內在要求一樣，儒家的德道倫理也由外在的規範轉化為內心的自覺要求，人欲由一種自身的自然需要變成了外在的罪惡淵藪。佛教所講的人心的本性是與萬物的本體相統一的，理學家在這種觀點的影響下，也把心性論和本體論統一起來，從人生本原和宇宙本體的結合方面加以論說，把封建倫理觀念上升為宇宙的規律、本體。其四是理學家還吸收了佛教禪定的修煉模式，提倡主靜、主敬，以為習靜

才能去私欲，合天理，打通小我與大我的關涉，與大我（天地宇宙）相通，以與天地合其德。可以這樣說，佛教的心性學說為理學的心性論鋪設了理論基石。

佛教的倫理道德與中國封建宗法社會嚴格的等級制度和儒家的綱常名教本是嚴重對立的，由於佛教採用了比附融匯的態度，不僅在消除對立方面作出努力，而且還突出宣傳忠孝觀念，對於忠孝道德觀念深入人心、積澱為厚重的社會心理起了輔助作用。佛教的道德標準是大慈大悲、利己利他。特別是大乘佛教極力鼓勵佛教信徒要奮發精進，勇猛無畏，提倡救苦救難，普度眾生，必要時，甚至捨己救人。這種觀念在歷史上曾產生過正反兩方面的影響。在近代，章太炎、譚嗣同等一批民主革命的先驅竭力宣揚佛教的道德觀念，藉以改造國民道德，激勵人們為民主革命而獻身，推進國家、社會的進步。他們都十分推崇佛教「自貴其心」的思想，注重培養自強自尊的品格；他們提倡「頭目腦髓，都可施於人」的無私奉獻精神。章太炎、譚嗣同等還將佛教的「我不下地獄，誰入地獄」當作人生信條和座右銘，以此要求自己隨時為解救民眾的苦難而赴湯蹈火。譚嗣同就是懷著「我自橫刀向天笑」的大無畏精神，面對敵人的屠刀，視死如歸。當然，大乘佛教的普度眾生、人人成佛是一種美麗的虛構，然而為追求這虛構所需要的執著、犧牲精神是值得肯定的。

佛教與中國傳統文化結合最密切的領域恐怕當屬藝術了。佛教的傳播、佛教的存在都離不開藝術，離開了藝術活動，它就失去了存在的魅力。同時，佛教藝術的傳入和發展也為中國傳統藝術增添光彩，帶來了活力，成為傳統藝術園地中一枝奇葩。

佛教建築是佛教藝術的重要代表。如古老的石窟寺，有舉世聞名的敦煌、雲岡、龍門三大石窟。石窟寺的造型和格局大都以印度風格為基礎，在長期的演變過程中，又不斷吸收中國民族風格和特點形成

為中國式的石窟。又如佛塔建築最早起源於三國時代，多為木塔，後改為以磚砌塔。其形式除部分為印度式，多採用中國傳統的閣樓式樣，形成可供憑眺的閣樓式寺塔建築。至於寺院建築，最古老的是東漢明帝時在洛陽建造的白馬寺，這是以當時官府建築的形式佈局而建造的。佛教的建築點綴了祖國的山河大地，為多嬌的江山增添了色彩，也為中國的建築藝術提供了可供借鑒的範例。佛教建築吸取了傳統建築藝術，傳統建築藝術也不斷接受佛教建築的影響而豐富發展自己。例如中國古代建築普遍採用的台基為須彌座式，就來源於印度佛教建築。據佛經說，須彌山直插雲霄，以它為中心，外有八大山八大海環繞，整個世界有如圓形。須彌山頂有 33 個天宮，是帝釋天的居所。所謂須彌座就是仿須彌山形的座台，取其高妙堅固的意義。雄偉壯觀的天安門城樓就是建在 2000 多平方米的漢白玉的須彌座上的。奠基於須彌台座上的建築風格幾乎成為我們民族建築藝術的獨有形式了。

佛教繪畫是佛教藝術的又一枝奇葩。佛教繪畫藝術成就在中國繪畫史上佔有光輝的一頁。早在梁代就有善畫佛像的張僧繇，他創造了筆法簡練的「張家樣」，被讚譽為「筆才一二，而像已立焉」，在南北朝後期影響很大。另外還有北齊的著名佛畫家曹仲達，他創立了「曹家樣」，他繪畫的特點是衣服緊窄下垂，與印度笈多王朝的雕刻風格頗為近似，後成為唐代盛行的四大風格之一。唐代的吳道子創立了「吳家樣」，其特點是衣頻寬博、飄逸感強，更具濃重的中國風格。「曹家祥」與「吳家樣」風格迥異，相映成趣。佛教的壁畫更是異彩紛呈。唐代佛教寺院壁畫的光輝燦爛自不必說，而佛教石窟壁畫更是令人眼花繚亂，目不暇接。敦煌莫高窟的壁畫可謂石窟壁畫之最。這些作品的題材多取自佛經故事，如淨土變相壁畫絢麗多彩，畫師們把人們嚮往的西方極樂世界畫成視覺可觸的具體形象，具有濃郁的生活氣息，給人以可望而又可即之感，縮短了極樂世界與現實世界的距

離，以激發人們往生淨土的熱情。

佛教的繪畫及石窟壁畫的藝術水準都達到了極高的水準。構圖之嚴謹，色彩之絢麗，形象之優美，神態之逼真，令人有呼之欲出的感覺。畫師們巧奪天工的技巧，不獨影響了當時的繪畫風格，也為後人留下了一份極其寶貴的遺產，它不僅給人以審美的情趣和享受，也為繪畫創作提供了藝術源泉。

佛教音樂也是佛教藝術的重要組成部分。佛教認為，音樂有「供養」、「頌佛」的作用，是宗教儀式中不可缺少的。佛教音樂傳入之初稱為「梵唄」，即是用印度曲譜詠唱經文，歌頌佛德。約在三國時，「改梵為秦」，開始用中國本土的音調來配唱經文，逐漸形成了中國的佛教音樂。由於中國地域遼闊，各地方言獨具，地方的民間音樂及風俗習慣的不同，推動中國佛教音樂在形成創作過程中，又呈現出各種不同的風格。佛教音樂如佛教繪畫一樣，也是在唐代進入極盛期，佛教音樂家輩出，在創作、演唱上達到了相當高的水準，且影響了中國傳統音樂的走向。佛教每逢慶典時要演奏佛曲，以示對佛的禮敬及供佛愉樂。隨著佛教得到唐最高統治者的扶持，佛曲也深入到宮廷內部，成為宮廷音樂的一種。據《樂書》記載，唐代樂府曲調中就有 26 首佛曲，供朝會宴饗和外出遊行時使用，佛教樂曲影響之大可見一斑。另外，當時甚至還有些傳統樂曲被改編為佛曲。可以說在唐代上至宮廷下至民間瀰漫著的佛曲，影響改變了當時的傳統音樂唐大曲、唐散樂、唐戲弄、唐雜曲等的風貌。佛教音樂在流傳過程中給傳統音樂帶來了生機，豐富充實了傳統音樂，至今我們還會在某些民間樂曲中聽出絲絲縷縷的佛教音樂的韻味。

佛教對中國文學的影響和滲透是全面的、持久的。首先不少佛典本身就是文學意味很濃的作品。有的佛經敘事性非常突出，像故事一樣娓娓道來，情節曲折動人。例如姚秦時鳩摩羅什翻譯的《維摩詰

經》，敘述的是維摩詰的故事。傳說維摩詰是中印度毗舍離城的長者，佛陀釋迦牟尼的在家弟子。他雖身在俗塵，然對大乘佛教教義的理解遠在出家人之上。佛經說他常常稱病，問是什麼病，乃云：「以眾生病，是故我病。」佛陀想派弟子前往探望，弟子們紛紛推託不敢前往。後來佛陀指派了弟子中最機敏的文殊師利菩薩去問疾，維摩詰乘此機會就與文殊師利講論佛法，揭示空無等大乘義理。佛經採取問答形式，對話生動簡練，人物形象栩栩如生。佛經中還有不少寓意性極強的經文，如羅什譯的《妙法蓮華經》卷 2 的《比喻品》中火宅之喻，可說是一則非常優美的寓言。經文將眾生居住的塵世喻為大火熊熊的火宅，啟發人們認清現實之苦，快快脫離火海。此外如《百喻經》、《楞嚴經》文學色彩也都很強。不能不提及的還有佛經中的詩歌。佛教初傳時，佛經不少為詩歌體。有的是長篇頌贊，有的是偈語。即使在敘述式的佛經中，詩偈也比比皆是。這些詩偈音韻和諧，朗朗上口，便於記憶和流傳。可以說，佛典的流傳，不論在文學創作的內容與形式方面，還是在文藝理論方面都產生了廣泛而深遠的影響。

　　唐代的說唱文學之一變文來自於佛教的「俗講」。唐代的寺僧，為宣傳佛教義理，使艱深的義理通俗化、大眾化，往往採用既說又唱的形式吸引聽眾。這種形式稱為俗講。俗講僧對佛經故事總是要加工再創作一番，以迎合聽者的興趣。加工過後的講唱底本就是變文。這種為人們喜聞樂見的形式逐漸走向民間，變文的內容也由佛經故事發展為民間故事或歷史上為人們崇敬的英雄人物事蹟，從而形成了唐代民間文學的新樣式——變文。佛教的俗講還對後世的其他說唱文學如宋代的鼓子詞，明清兩代的寶卷、彈詞等的形成也發生了直接的影響。

　　佛典的流傳，還鼓舞了晉、唐小說的創作，並為後來的古典小說如《西遊記》、《三國演義》、《金瓶梅詞話》和《紅樓夢》等提供了大量的故事情節和思想內容，也為中國文學創作帶來了新的意境、新的

文體和新的命意遣詞方法。佛教還豐富了古代文學批評的理論。例如佛教中的「言語斷道」說、「頓悟」說、「妙悟」說、「現量」說和「境界」說等都被引進到對詩歌等文學創作的欣賞、評論之中。總之，佛教對中國文學的影響是不容忽視的，沒有佛教，中國漢代以後的古代文學將是另一番面貌。

社會心理是一種普遍存在的潛在意識，是不見於文字表述的內在觀念。佛教傳入中國以後，對中國社會心理產生的潛移默化影響非常之大。例如佛教帶來的因果報應理論與中國傳統的報應觀念相融合就給人們造成了巨大的心靈震顫。人們一方面要對付現實中的種種困厄，另一方面又要為死後的命運而憂心忡忡，百般焦慮。即使是身居廟堂之上的封建統治者也如普通百姓一樣，都面臨如何使自己死後免於地獄之苦的問題。於是「惡有惡報，善有善報，不是不報，時候未到」的觀念長期積澱在人們的心裡。為了尋求好報，又形成了寬容、容忍、忍讓、忍受甚至忍辱的心理狀態。從某種角度說，因果報應說對人們的言行產生了巨大的約束力。中國傳統觀念認為，自己今生今世的壽夭禍福都與上輩乃至祖輩的善惡有關，而佛教說是與自己前世作業相關，人們現實的命運都是自身前世作善作惡的結果，從而推動了人們向善去噁心理的形成。又如佛教講的大慈大悲、普度眾生、利己利他、好善樂施、熱心助人、同情貧弱，對人們心理也都產生了一定影響。

佛教在流傳過程中對其他教派或民間宗教也產生了重大的影響。首先是在佛教刺激下產生了道教。道教理論貧乏，又想與佛教一爭高低，就轉而大量仿照佛經來編造道教的經典。如《洞玄靈寶太上真人問疾經》就來源於《法華經》。《太上靈寶元陽妙經》是根據《涅槃經》改編而成的。《太玄真一本際經》深受佛教《般若經》有關空論的影響。甚至在《道藏》中還有一些題目屬於佛教的著作，如《曇鸞

法師服氣法》、《達摩大師住世留形內真妙用訣》等，明顯地含有佛教的內容。還有一些道教的改革派，他們為了推動道教的發展，轉而向佛教求援，大量吸收佛教教義。例如北魏的著名道士寇謙之，他在改革天師道時就引進了佛教的六道輪回說，並且還模仿佛教的儀軌和修行方式，提倡立壇宇、積功德、持戒、誦經等。南朝齊梁時的著名道士陶弘景，開創了道教的茅山宗。他主張佛道雙修，親受佛戒，建立佛、道二堂，輪番朝禮。金初王重陽創立全真道，他主張三教合一，把《道德經》和佛教的《般若波羅蜜多心經》以及儒家的《孝經》同列為主要經典。這一切都說明佛教對道教的影響之大。

佛教對民間宗教的影響也非常深遠，可以毫不誇張地說，宋以來的民間宗教幾乎都受到佛教的影響。舉民間宗教中最大的白蓮教來說，白蓮教是南宋僧人慈昭（茅子元）在當時流行的淨土結社的基礎上創立的新教派，追求的終極目標也是西方極樂世界，崇奉的主神是阿彌陀佛，擁有一大批有家室的職業教徒，稱為白蓮道人。在元代勢力極強，又由於內部紛爭，形成各種派別，到清代時，白蓮教的支派已多達上百種。其中重要的支派有大乘教、弘揚教、黃天教、龍天教和無為教（羅祖教、羅教）等。這些教派成分複雜，宗旨不一，有的攀附上層統治者，有的與下層群眾結合反對朝廷統治，對社會生活影響很大。其實，白蓮教的重要思想就淵源於佛教淨土宗，很多方面是與淨土宗相似的。

佛教對中國民俗的影響也是廣泛而深入的。首先是寺院的飲茶之風普及到了民間。由於坐禪的需要，唐代以後飲茶成了山寺僧人的重要生活內容。許多寺院自己種茶，自己焙製。名山、名茶、名剎幾乎是三位一體。直至現在還被人們喜愛的碧螺春茶，原名水月茶，就是洞庭山水月院山僧首先製作的。烏龍茶的前身是福建武夷山的「武夷岩茶」，宋元以來以武夷寺僧焙制的最為聞名。唐代的陸羽雖然不是

佛教徒，但一生來往於寺廟間，他遍遊名山古剎，親自採茶、製茶，
總結了寺僧的茶道經驗，寫出了世界上最早的一部有關茶的專著《茶
經》。宋代著名的浙江余杭徑山寺，經常舉行茶宴，參加者不獨有僧
人，還有施主、香客。邊品嘗，邊評比，稱為「鬥茶」。唐代的一些
寺院還設有茶堂，專供禪僧研討佛理以及招待來訪的賓客。有的寺院
在山門前設有「施茶僧」，為過往的香客、遊人施放茶水。唐代封演
在《封氏聞見記‧飲茶》中說：「（唐）開元中，泰山靈岩寺有降魔師
大興禪教，學禪務於不寐，又不餐食，皆許其飲茶。人自懷挾，到處
煮飲。從此轉相仿效，遂成風俗。」這段記載充分說明了寺院飲茶之
風如何擴及民間的情況。

　　現在大家喜喝臘八粥的習俗，追究起來也與佛教有關。佛教把農
曆十二月初八這一天認作為佛祖釋迦牟尼的成道日。自宋代開始，佛
寺於是日向社會供應自製的糜粥。粥的原料除五穀雜糧外，還有紅
棗、杏仁、核仁、栗子、花生等，口味特殊，營養豐富。影響所及，
從朝廷到地方喝臘八粥成風。所不同的是，民間喝臘八粥是慶祝五穀
豐登，驅災避邪，對於封建統治者則是另一番意義了。

　　佛教的節日名目繁多，對民俗影響不小，臘八節只是其一。再如
民間的元宵燈節也是從佛教演化而來。佛教把火光視為佛的神威，認
為燈火的照耀能現佛的光明，破人世的黑暗，摧眾生的煩惱。所以把
燈作為佛、菩薩像前必不可缺的供具。據說，釋迦牟尼示現變神、降
伏神魔這天正是東土的正月十五日。為紀念佛祖的恩德，於是日舉行
燃燈大法會以示佛法大明。在佛教的影響下，從唐代起，就盛行元宵
燈節了。此外，現在傣族人辭舊迎新的潑水節，藏族地區的薩格達瓦
節、轉山節也都是受佛教節日影響而延續下來的。

　　上面我們簡要地論述了中國傳統文化對佛教的制約和佛教對傳統
文化的影響。

　　從這兩種文化的交涉中我們可以得出什麼看法呢？

　　第一，佛教與中國傳統文化是古代東方中印兩大國家的兩大文明體系，對人生、社會、宇宙等問題都作出了系統的、有深度的說明，這兩大文化體系互有短長，旗鼓相當，當彼此產生交涉、相撞時，我們可以看到兩者採取相互選擇的立場，尋找彼此認同的契合點，以適應社會的政治、經濟、文化的需要。這是兩種文化的歷史選擇，兩種文化交涉的真正本質。

　　第二，佛教與中國傳統文化交涉的基本形式是融合。顯然兩者有過某些思想衝突、鬥爭，但都不是主流，也不是經常性的。雖然有過最高統治者運用政治權力禁止佛教，但過後往往是佛教很快復蘇和興盛，只有唐武宗滅佛對佛教的打擊沉重，但禪宗也更衍化出五家七宗。兩種文化交涉的歷史是彼此交涉融匯的歷史，宋以後更形成兩種文化合流的滔滔長河。歷史表明，兩種文化的融合，意味著新文化的創造。融合不是一方吃掉另一方，也不是兩種文化的簡單湊合，而是雙方的優劣高低的互補，是各方調整自我，也就是新整合、新創造。從思想層面考察，佛教與中國傳統文化的融合結出了兩大果實，創造了兩種新的思想體系：禪宗和理學。禪宗是中國僧人在傳統文化和思維定勢即深層的民族心理的支配下，改造印度佛教的結果；理學則是儒學吸收和融合佛、道思想的新形態，而且禪宗的禪學與宋明理學也都是重視心性之學，它們的共通之處是很多的。

　　第三，在佛教與中國傳統文化的融合過程中，兩種文化，有的因素被肯定，有的因素被否定；有的因素影響、滲透對方，有的因素則被對方所否定、壓倒，這其間的原因是什麼呢？我想以下幾點是有決定意義的：一是看是否符合封建統治者的要求、利益；二是能否更有效地滿足社會不同類型人群的精神文化生活的多層次的需要，包括對於生死的終極關懷等的心理需要；三是具有理論思維的高度、深度，

能推動和深化人們對人生與宇宙的認識。看來具有其中一種條件的文化因素就能在融合中處於主動，佔有優勢，並產生強大的影響。

（原載《炎黃文化研究》增刊號，1994）

談談佛教與中國民俗

　　佛教自漢代傳入我國以後，不僅對我國的倫理道德、哲學、文學、藝術等方面給予了影響和滲透，而且與各類民俗也有著廣泛的聯繫，甚至有的民俗簡直就是中土與印度佛教的混血兒。正是隨著佛教的流傳，我國的民風民俗在不斷充實、變化，佛教氣息、佛教色彩日見鮮明濃郁。佛教對我國民俗方面的影響，方面之多，範圍之廣，程度之深，恐非千言萬語所能詳盡，這裡只從幾個方面略述其皮毛而已。

一　佛教信仰與民風葬俗

　　說起佛教對我國民俗方面的影響，最主要的方面怕是在民間信仰觀念上帶來的變化。早在佛教傳入之前，我國就有了天上、人間、地下的三維空間的概念。人們普遍認為，天上有個天帝，它是至高無上的神，最具權威，嚴正無私，它時時刻刻在俯視人間，行使著獎善罰惡的權力。一些有權威的祖先神也客居在天上，誰做了壞事，他們都能看得清清楚楚。而地下是鬼類待的地方，極其陰森恐怖，人死了會變鬼，鬼也有識別善惡的能力，既能報答恩情，也能報仇雪恨，會把活人的魂勾了去。佛教傳入後，宣揚因果報應理念，認為人們作善事會得善報，作惡事會得惡報，因果關係是宇宙的法則，因果報應是人生命運不可抗拒的鐵的規律。

　　佛教的因果相應、六道輪回觀念不脛而走，改變了中國人的生死

觀念，並使民間習俗發生重大的變化，出現了信仰佛教的熱潮。修建寺廟，塑造佛像，建造佛塔，燒香拜佛，吃齋誦經成為普遍的風氣。在我國許多地區，無論是都市或鄉村、平原或山野，普遍建有佛寺。歷史上的長安、洛陽、開封、太原、北京、南京、蘇州、杭州等地都曾佛寺林立，盛極一時。我國佛教徒對觀音、地藏、文殊、普賢四大菩薩尤為尊奉，分別將他們安放在環境清幽的普陀、九華、五台、峨嵋四大名山上。普通的百姓對四大菩薩中的觀音菩薩更懷有發自內心的崇敬。為什麼會這樣呢？據佛典說，觀音菩薩是以救苦救難為本願，當你遇到困厄之時，只需要在口中誦念他的名號，觀音菩薩就會立即作出回應，根據聲音判斷出你的方位，然後前來搭救。觀音菩薩如此慈悲，這自然就打動了苦難重重的平民百姓的心，把他視為生命的保護神。對觀音崇拜的狂熱，不僅表現在造像之多，出現了十面觀音、千手觀音像，而且還將觀音菩薩這個男性菩薩改變為女性菩薩，日久天長，又成為能給人們送子的菩薩娘娘了。這自然是非常符合中國「不孝有三，無後為大」的傳統觀念，符合人們求子心切的心理需求。此外，阿彌陀佛也是人們信仰的一個熱點。

由於佛教信仰的普及，長期以來佛教寺院（廟）就成為民間信仰的中心。「初一十五廟門開」，每月的這兩天，善男信女相攜而來，尤其是婦女、老太太們懷著無比虔誠的心情，帶著香燭到佛像前燒香禮拜，求神問卜。一些寺院每逢佛教節日也向社會開放，人們便紛紛去「趕廟會」，拜佛誦經，祈求消災祛難，保佑平安。後來又有一些老百姓乘此機會帶上自家的土特產品、自製的日用雜物、手繡剪紙之類的民間工藝品等設攤叫賣。屆時也有民間藝人玩雜耍，獻絕活。孩子們最喜歡的各種風味小吃也搞得火火熱熱。廟會和集貿活動、文化娛樂連袂攜手，發揮了特殊的經濟和文化功能。歷史上，河南開封的相國寺，每月要開放五次。舊時北京的隆福寺每月初九舉行廟會。四面

八方，百姓雲集，熙熙攘攘，好不熱鬧。廟會活動幾乎成了普通人家生活中最有趣、最引人的一部分。

佛教的因果報應、輪迴轉世說的流傳，使人們普遍對地獄懷有恐懼之感，在世的人總希望親人死後不要墮入地獄受盡折磨。這種觀念又帶來了喪葬習俗的重大變化。佛教輪迴觀認為，人從死亡的一剎那始，到再次受生的一瞬間止，這中間稱為「中有身」。「中有身」最多只存在七七四十九天。在這個階段裡將根據死者生前所作的善惡行為決定轉生的方向，於是出現了七七四十九日的誦經祈福的習俗。

至於死者遺體的處理方式也受佛教影響不小。我國大部分地區的民俗是講「歸土為安」的，人死了，埋在地下，修座墳。佛教實行的火葬，一般把骨灰（舍利）裝進瓦罐，找個認為風水好的地方埋下。大僧人還要築龕建塔安放骨灰。佛教這一規定，民間也不斷效法。有的寺院還為俗人提供方便，推廣火葬，幫助火化俗人死者。佛教紀念死者，寄託哀思，常以掃佛塔來表示。這種方式也逐漸被民間所仿效。我國傳統的祭祖活動是在祠堂宗廟裡進行的，後來也出現了掃墓活動。時至今日，我們仍沿襲著這一習俗，懷念親朋，祭奠先烈。清明時節掃墓成為一種普遍的民間風氣。

二　佛教活動與民間節慶

我國不少地區的民間節慶與佛教活動是密切相關的。到目前為止，我國從歷史上沿襲下來的民間節日名目繁多，不同民族又有各自不同的節日。例如說中元節、臘八節、藏族的薩格達瓦節、傣族的潑水節，幾乎都是佛教傳入後形成的節日。讓我們簡要介紹一下。

佛教有一個制度，就是每年陰曆的七月十五這一天，僧人都要對自己一年來的言行進行懺悔，或檢舉其他僧人的不端，稱為「自恣

日」。這一天還同時舉行「盂蘭盆會」。「盂蘭盆」是梵語音譯，一般認為是救助倒懸之苦的意思。七月十五這一天，各寺院拿出百味幹鮮果品，各類飲食供養十方的自恣僧。以此善舉使現生父母及七世父母得以超脫苦難。在我國最早舉行「盂蘭盆會」的是南朝的梁武帝。每逢七月十五設「盂蘭盆會」，施放食物於各寺院。此後蔚然成風，上自王公大臣，下至普通百姓，到了這一日，紛紛前往寺院貢獻各類雜物。至唐代更是盛況空前。唐代宗把「盂蘭盆會」就設在宮廷之內，所供奉的器物也更加莊嚴豪華。當時長安各寺廟的供奉也非常隆重。花蠟、花餅、假花，滿堂生輝。佛殿前鋪設豐富的供養，全城人也到各寺隨喜貢獻，以修功德。大約到了宋代，「盂蘭盆會」又與道教的中元節相結合，並逐漸為之取代。有的地區老百姓認為，七月十五這一天，地獄大開其門，大鬼、小鬼一時出動。於是民間舉行各種活動，施主到寺廟供奉錢財米糧，和尚也集中誦經。有的人則帶上果品到荒郊野外祭奠祖墳，把紙鬼紙船和燈一起點燃，放在河裡順水漂去，叫做放河燈。中元節又叫鬼節，它的一系列活動都是為了超度亡靈，消災免禍，祈求鬼神保佑，闔家平安。目前臺灣地區仍十分重視中元節，當地佛教界正在醞釀，把這一天定為僧寶節。

我國民間現在仍保留著喝臘八粥的習慣。其實這臘八粥的來歷也與佛教有關。據佛典說，臘八這天（陰曆十二月初八日），是佛祖釋迦牟尼的成道日。釋迦牟尼出家後，一直過的是雲遊四方的苦行生活。一天，由於饑餓困頓，昏倒在地，幸遇一牧羊女，她用隨身帶著的雜糧和採來的果品，用泉水熬煮成粥湯，並給釋迦牟尼一口口喂下。釋迦蘇醒過來後，就到附近的尼連河裡洗了個澡，又坐在蓽缽羅樹（後稱菩提樹）下閉目打坐，終於在臘月初八這天悟道成佛。後來佛教便把這天稱為佛祖成道日。各寺院也效法牧女煮粥以示紀念。臘八粥的主要原料多以五穀雜糧為主，輔以紅棗、杏仁、核桃仁、栗

子、花生仁等，甘甜爽滑，有滋補功效，在寺院的影響下，民間也逐漸有了煮臘八粥的習慣，鄉鄰好友互相饋贈品嘗，增添了生活的情趣。後來祭佛祖的意義逐漸淡化以至消失了，主要意義變成為驅邪避疫，歡慶豐收。

我國雲南西雙版納傣族人的重要傳統節日是新年，俗稱「潑水節」。這個節日的形成也與佛教傳入直接有關。根據小乘佛教上座部的傳說，西曆的四月十五日是佛祖的誕生日，也是他的成道日和涅槃日。又根據佛教所說「佛生時龍噴香雨浴佛身」的說法，傣族人也在這前後三天裡潑水慶賀。人們先是擁入佛寺為家人祈禱，然後用浸著鮮花的清水為佛洗塵，再捧起洗過佛的清水洗自己的雙眼、面頰，最後用手或樹枝撩水彼此洗塵，互相祝福。從寺院出來，人們又走向街頭，用桶、臉盆盛水，互相潑灑，追逐嬉戲，互相洗禮、祝願，高潮迭起，極為熱烈。

在西藏地區，人們信奉的是藏傳佛教，俗稱喇嘛教。他們慶祝佛祖成道日是在西曆的四月十五日舉行「薩格達瓦節」。屆時，拉薩人傾城出動，帶著自製的酥油茶和各種酥油食品，先到布達拉宮後面的龍王潭裡，乘著牛皮船悠悠泛舟。夜幕降臨時分，就在龍王潭的林子裡搭起一座座帳篷，盡情歌舞，通宵達旦。四川康定地區的藏民有「轉山節」的習俗。為了慶祝佛祖的成道，他們在四月初八這天紛紛騎馬上山，縱橫馳騁，盡情抒發對佛祖的虔敬之情和節日的歡愉情懷。

三　佛教生活與飲食習俗

最後談談佛教在飲食方面對民俗的影響。影響最明顯也最深刻的有兩方面，一是素食，二是喝茶。原來印度早期佛教並沒有禁止僧人吃葷，只要是自己沒有親眼看見、親耳聽見或者懷疑是特地為出家人

而殺生的肉都可以吃。後來大乘佛教認為食肉就是殺生。南朝梁武帝
信仰大乘佛教，我國佛教徒吃素就和梁武帝直接有關。他根據《梵網
經》和《涅槃經》等大乘經文，提出佛教徒要愛惜生靈，禁戒酒肉。
他認為吃肉就等於殺生，是違背「不殺生」戒條的。此後和尚吃素成
為了戒規。一般在家信佛的人也以吃素律己。影響所及，每逢初一、
十五，或在年節不動葷腥，逐漸在民間形成為一種風氣，也有人甚至
常年吃素。和尚不能吃葷，寺院就想方設法在素食方面不斷研究開發
出新品類，尤其以豆製品為主料的素食，真是花樣翻新，也頗多美味
佳餚。

「天下名山僧占多」，「好茶出在我山中」，名山多寺廟，名山出
名茶。茶與僧相伴成趣，聲名與共。喝茶是寺院生活中的一項重要內
容。寺院一般都設有「茶堂」，這是專門用來討論佛教義理，招待八
方施主賓客，品嘗名茶的地方。類似現在的會議室、會客室，但冠以
茶字，說明了喝茶是缺不了的。有的寺院還設有「茶鼓」，每到喝茶
時，擊鼓為號。寺院裡有「茶頭」，專司燒水煮茶工作。此外還有
「施茶僧」，每日站在寺門前為進香的人或過往者免費供給茶水。有
的寺院還常常舉行品茶活動，邀請僧人來共同品評名茶，叫做「茶
宴」。

不少寺院有自己的茶場，能自製名茶。現在人們喝的「碧螺春」
茶，原來叫「水月茶」，是江蘇洞庭山水月院的山僧最早焙制的。人
們喜喝的烏龍茶，在宋元以後，以福建武夷寺僧人製作的為上乘。可
以這樣說，許多名茶最早幾乎都是從寺院傳出來的。現在講究喝茶的
人多願用紫砂壺，這種壺的發明者就是明代江蘇宜興金沙寺的一位老
僧。唐代有個叫陸羽的人，他遍遊名山古剎，對茶道深有研究，撰寫
了世界上最早的一部《茶經》，其內容不少來自於寺院種茶、製茶、
飲茶的經驗總結。

　　寺僧喝茶是生活中的重要組成部分，是僧人宗教生活的一種調劑。寺院的喝茶之風也流行到民間，形成為中國人普遍的習俗，直到今日。

（原載陝西省軒轅黃帝研究會主辦《華夏文化》創刊號，1994）

佛教與中國古代人生哲學

　　佛教作為異質文化而融入中國傳統文化的廣泛領域，成為古代儒、道、佛三大文化系統之一，並在中國古代社會生活中發揮了巨大的作用。在哲學領域，佛教為中國古代宇宙論、人生論、認識論充實了新內容，作出了獨特的理論思維貢獻。本文將從以下十個方面簡要地論述佛教對中國古代人生哲學增添的新思想、新活力。

一　人的構成

　　佛教認為人是胎生的，由色（身體）、受（感受）、想（想像、表像）、行（意念、意志）、識（認識作用、意識）五蘊構成。蘊，積聚的意思。色指物質，就人來說即是身體。受、想、行、識同屬於精神活動、心理現象。五蘊可歸結為色（身）、心二法。佛教認為，整個宇宙的萬事萬物，也可歸納為色、心二法，即物質與精神二類。色又由「四大」構成，四大指地、水、火、風，也即堅、濕、暖、動四種性能，是印度古代所說的構成一切物質的元素，是聚集而成的大種，故稱為「四大」。四大又分兩類，就身體言稱為「內四大」，就自然界言稱為「外四大」。心，作為精神主體，具有主動的分別力和主宰的支配力，是慮知的根本，眾生的慧命，真實的自我，成佛的關鍵。色（身）、心相比較而言，心在佛法中佔有更為重要的地位。

二　人的本質

　　佛教對人的生命本質所作的最根本的判斷是「空」。如上所說，佛教認為人是五蘊積聚而有，是因緣和合而成，故此推論出，人本無實在的自性，是「無我」，也叫做「五蘊非有」，也就是「空」。展開一點說，就物質方面的身體來說，人的身體（色）是由四大和合而有，本無實性。四大不調，百病叢生；四大離散，身軀壞滅，這就是所謂的「四大皆空」。就精神方面的受、想、行、識來說，受、想、行、識也都是對境而生，是因緣和合而有，並非實有，是空。所以佛教認為，人的本質是五蘊非有，人是空的。

　　佛教的基礎理論是緣起論，認為萬物都是因緣和合而成，是和合體，是一種關係，也是一個過程，生滅是無常的，由此可說，一切事物都是無主宰、無實體、無自性的，也就是空。這也就是佛教的「緣起性空」的根本學說。空是佛教對一切事物本質的事實判斷，也是對人的本質的事實判斷。華嚴宗學者宗密在《原人論》中就說：「此身但是眾緣似和合相，元無我人。」但是，在佛教內部對於心識是否實有也有不同的說法，如因果報應承受主體是空或是有，就是一個有爭議的理論問題。東晉南禪領袖慧遠主張「形盡神不滅」論，而般若中觀學者鳩摩羅什卻持相反看法，主張「形神俱滅（空）」說。

三　人的本原

　　人產生的原因是什麼？生命究竟從何而來？什麼是人的真正本原？這也是佛教學者十分關注的問題。佛教「十二因緣」的教義認為，人是自身思想行為的產物，人的生命源於人的認識無知、思想糊塗（「無明」），人的生命流轉起於無明。後來佛教瑜伽行派把世界萬

物的本原歸結為「一心」，主張「唯識所變」，從而把人的本原歸結為「心」、「識」。在這種唯識思想基礎上，中國佛教天臺、華嚴、禪諸宗又以眾生共同具有的真心（自心、本心）為世界萬物的本原，也是人的真正本原。宗密在所著《原人論》中，批評儒、道主張的人類是由天地和元氣產生，由虛無大道生成養育的學說，強調「本覺真心」才是人類的本原，也是人人都能成佛的內在的超越根據。

四　人的本性

人的本質是就整個生命性質而言，人的本性是指人心的本質、屬性，主體意識的本來性質、品質。人心的本質是染的還是淨的？迷的還是悟的？惡的還是善的？這是涉及眾生成佛的基本問題，包含著心理學、人性論、道德論和認識論的多重內容和意義，是佛教人生哲學中內涵豐富、極富特色的部分。一般來說，印度佛教主張心性本淨說，早期佛教基本上認為心的本性是清淨無染的。部派佛教的大眾部也主張心性本來清淨，認為煩惱雖能覆蔽、汙染心性，但這是後天的客塵煩惱，不是心的本來性質。說一切有部則立心性淨不淨各異說。大乘佛教繼承心性本淨說，並與其他心性思想交融，以闡明成佛的可能性問題。中國佛教的主流則主張心性本覺說。本覺指本有的覺性、覺悟，心性本覺是說人的本性就具有智慧的德性、悟性，眾生若能發心修持，喚醒覺性，就能轉迷為悟，成就正果。自南朝以來，中國佛教主流還把覺性與佛性等同起來，大力闡揚佛性論，以論證眾生成佛的超越根據。一些佛學大師宣揚「一切眾生皆有佛性」，強調佛性為一切眾生所共有。有些佛教宗派還就佛性是本有還是始有以及佛性的具體類別，作了不同的論述。天臺宗還提出這樣的學說：佛性既是客觀的普遍原理，又是眾生的普遍心靈，佛性是原理與心靈的合一。禪宗則在眾生皆有佛性的思想基礎上，提倡明心見性的頓悟成佛說。

五　人的定位

　　人在宇宙中的地位如何，是一切宗教都不能回避的問題。佛教認為，眾生由於迷悟、凡聖的不同，分別存在於十個界域（「十法界」）中。十法界從低到高，依次為地獄、餓鬼、畜生、阿修羅、人、天、聲聞、緣覺、菩薩、佛十個類別、等級。前六類均處於迷妄的界域，是凡夫，稱為「六凡」，後四類處於覺悟的界域，是聖者，稱為「四聖」。前六界遍滿痛苦，處於輪回轉生的痛苦流轉之中，即所謂的「六道輪回」。後四界則已遠離煩惱和痛苦，超越了生死輪回。從十法界來看，人類屬於凡夫，地位不高。但佛教又強調在六道輪回中，人身有如盲龜浮木，最為難得。佛教解釋說，人是「止息」、「忍」的意思，在六道中真正能止息煩惱、意念，忍受痛苦生活的莫過於人。人又有記憶力強、勇猛精進、清淨梵行三種殊勝，為其他五道眾生所不及。人若能積善修福，就能升天，乃至由凡轉聖。但人若惡習不改，續造惡業，也會下墮為畜生、餓鬼乃至入地獄受懲罰。可見，佛教認為，人是六道升沉的樞紐，是眾生中最有可能成就佛道的。從這方面看，地位又不算低。

六　人生的價值

　　「苦」，在佛教中是指身心感受到逼迫而呈現的痛苦。佛教的原始出發點和根本思想是「一切皆苦」，認為眾生對一切存在的普遍感受是苦，而對人自身的痛苦感受則尤為強烈。如，人的生、老、病、死就是每個人生命的普遍的苦相。又如，冤家對頭，狹路相逢；相親至愛，天各一方；求而不得，得而復失；等等，如此這般都是苦。佛教講的苦雖多種多樣，但歸結起來不外是身感之苦和心感之憂二類，

而其間最深刻最無奈的苦是「無常苦」，是生命無常給人的精神帶來的逼迫性、焦慮性的痛苦。世俗人認為的很多快樂，如古人說的久旱逢甘霖、他鄉遇故知、洞房花燭夜、金榜題名時，都令人十分快樂。但是佛教認為，樂只是苦的特殊表現形式。為什麼這樣說呢？佛教認為，樂只是暫時的，樂的失去是更大的痛苦。一切事物都是無常的，人生有不測之風雲、旦夕之禍福，包括世俗社會中的任何快樂都逃不脫「無常」二字的支配。由此，佛教認為苦的直接原因便是有「生」，生命是苦的開端和受苦的實體，沒有生，便沒有苦，人生的意義、價值是痛苦，要解脫痛苦就要「無生」，即超越生死輪迴，進入佛國境界。

七　人生的法則

佛教還以有因必有果、有果必有因的法則來闡釋緣起論的道理，說明世界萬物的相互關係，強調世界萬物都依因果法則而生滅變化。佛教把這種因果法則應用到倫理方面，則構成善有善報、惡有惡報的報應理論。佛教因果報應理論是把因果律、自然律、道德律結合起來以指導、規範、制約人的行為。佛教認為，因果報應是支配社會人生的鐵律。

因果報應理論包含有「十二因緣」說和「業報」說。「十二因緣」說是早期佛教極其重要的思想，是以十二個互為因果的關係構成為一個系列，來說明生命從何而來，又往何處而去，生命為什麼會輪迴，又是如何輪迴的。十二因果關係的條目是：（1）無明（無知），（2）行（意志），（3）識（認識），（4）名色（身心），（5）六入（眼、耳、鼻、舌、身、意六種認識機能），（6）觸（接觸），（7）受（感受），（8）愛（佔有欲），（9）取（執著），（10）有（生命存

在），（11）生（出生），（12）老死（衰老、死亡）。這十二項的因果關係是，前者為因，後者為果，依次相推，由無明始，輾轉而有生命的誕生，由生又引至老死；身體死後，從無明開始又重複另一期的生命流轉，就這樣，生生死死，死死生生，輪回不已，苦不堪言。

佛教的業報理論，宣揚善惡的業因必有相應的苦樂果報。「業」，行為，一般又分為身、口、意，即行動、語言、意識「三業」；還分為「不共業」（個人的業）與「共業」（社會共同的業）二類。業作為因，必然招引果，由此業又由行為而成為一種產生作用的力量，這種由行為招引果的力量，稱為「業力」。業報就是由業力而來的果報。業有善、惡、無記（中性）三種性質，善惡行為的業力必然招感相應的苦樂果報。善惡不同的行為業力，決定了果報的不同性質和兩種前途：來生上升或下墮，輪回流轉或還滅解脫。佛教還依據有因必有果和果報自作自受等法則，提出了「三世因果」說，認為現世的貧富窮達是前世所造業的報應，而今生的行為亦必招感來世的罪福報應。

八　人生的覺悟

佛教是教人們解脫痛苦的宗教，它強調眾生要從根本上拔除痛苦，求得幸福，就要由迷妄轉為覺悟。佛作為十法界之首，就是覺悟了的人，是自覺、覺他、覺滿的覺者。那麼，什麼是佛教所說的覺悟，覺悟什麼呢？覺悟就是徹底體驗宇宙人生的真實，體悟最高的真理，表現最高的智慧。這最高真理就是緣起性空，就是空理，就是中道實相。佛教認為，宇宙人生都是因緣和合而起的，都無自性、無自體，因而是空。緣起就是空，這空也是「假名有」。若能了解空有不二，即合乎中道。而中道也就是實相，就是最高真理。中國佛教主流還把最高真理與人心本性結合起來，轉而強調體知、覺悟心的本性，如禪宗就教人覺悟自性，頓悟成佛。

九　人生的理想

　　這裡所講的理想是指理想境界。佛教為了教人虔誠修持，覺悟成佛，還大力宣揚「涅槃」和「淨土」等理念，作為人生的終極歸宿和理想境界。所謂涅槃，其本義是熄滅煩惱、寂滅無染的境界，後來大乘佛教又賦予「常、樂、我、淨」四種德性，「常」指恒久不變，「樂」指快樂幸福，「我」指自由自在，「淨」指清淨無染，佛教把涅槃境界描述為與現實痛苦世界截然相反的美好的理想王國。淨土是菩薩、佛所居的清淨無汙染之地。淨土有多種，重要的有彌勒菩薩居住的兜率天宮和阿彌陀佛居住的西方極樂淨土等，特別是後者最為重要。據說這個淨土位於我們所處的西方，中間要經過十萬億個佛國土才能到達。與西方淨土等彼岸世界不同，中國佛教主流還提倡唯心淨土觀念，認為一切萬有都是一心的開展，淨土也是一心的呈現，強調信徒應該積極修行，心中有佛，創立心中的淨土，建設內在的清淨世界。

十　人生的修持

　　佛教還詳盡地論述了眾生提高覺悟、實現理想的途徑和方法，確定個人修持的內容為「戒、定、慧」三學，後又擴充為菩薩行的「六度」。

　　三學是佛教徒必須修習的三種最基本學問。戒，是抑止邪惡，積習行善。戒條是規範佛教徒行為的規則，分五戒、八戒、十戒、具足戒四等，依次進於完備階段。如在家信徒所要遵守的五條禁戒是不殺生、不偷盜、不邪淫、不妄語、不飲酒。定是安定身心，止息念慮，集中精神。慧是如理思維，體悟真實，增長智慧。六度是佈施、持戒、忍辱、精進、禪定、智慧。相對於三學而言，增加了佈施、忍辱

和精進三項。佈施是以自身的財力、智力和體力去救助他人。忍辱是忍受各種痛苦，使身心安穩，以利於成就佛道。精進是勇猛勤策，毫不懈怠，努力上進。

從以上佛教人生哲學的內容來看，很多是中國古代儒家、道家等學者很少論及或幾乎沒有涉及的，古代佛教人生哲學豐富了中國人學和中國人生哲學的思想庫藏，其理論貢獻是重要的、巨大的。

首先是補缺作用。例如，佛教講空，講苦，雖然在理論上並不圓滿，但是應當承認，它的確揭示了人的本質和人生的價值的一個方面，並且恰恰補充了中國古代固有哲學的空白。佛教有關死亡哲學的豐富內容，對中國古代重生哲學的補缺作用也是十分顯然的。

其次是拓展作用。例如，佛教對心性問題從多方面進行了具體細微的論述，佛教對倫理道德的目標、準則、規範、機制等所作的相當圓滿周密的論證和論述，拓展並深化了中國古代的心性哲學和道德哲學。

再次是啟示作用。例如，佛教關於人在宇宙中的地位，就整個理論框架來說是我們難以完全認同的，但它所包含的破除人類中心主義和樹立眾生平等的觀念，無疑是有積極作用的。又如，雖然佛教因果報應理論的社會作用複雜多重，但是它作為維繫人類社會秩序的一種原理（非指具體內涵），作為人們自覺實行道德規範的合理思想基礎，是有重要意義的，這已為歷史和現實生活所證明。

最後，佛教人生哲學適應了中國社會一部分人的精神需要，這是它之所以能融入中國古代哲學的根本原因。這種適應性是否完全過時了呢？應當說還沒有。佛教在民間社會的現實作用就說明了這一點。

（原載《詮釋與建構》，北京，北京大學出版社，2001）

佛教與中國文化[1]

一　小引：探討的範圍、方法和視角

　　「佛教與中國文化」的關係，是一個龐大而複雜的問題。在論述之前，有必要明確一下探討的範圍、方法和視角。

　　我們知道中國佛教是印度佛教與中國社會實際相結合的產物，是印度佛教的新發展。探討「佛教與中國文化」，既要分析印度佛教與中國文化的關係，又要分析中國佛教與中國文化的關係。大體上可以這樣說，在隋唐時期以前，重點是印度佛教與中國文化的關係，隋唐時期以後重點則在中國佛教與中國文化的關係。

　　「中國文化」，是中華民族全部物質文明與精神文明的成果，是一個極其博大豐富的總體。中國文化有它自身的演變歷程，有其過去、現在和未來。就探討「佛教與中國文化」的已有關係而言，「中國文化」其實相當於「中國傳統文化」，本文所論的中國文化就是指中國傳統文化。文化的中心或重點是思想，尤其是學術思想，由此中國傳統文化通常是指以儒、道、佛三大思想系統為代表的文化，我們也是在這種意義上運用中國傳統文化這一概念的。在中國傳統文化中，儒、道是本土的固有文化，而印度佛教則是外來的異質文化。中國佛教的情況較為複雜，它屬於根植中國的本土文化，除具有中國人的價值觀念和思維方式的固有特性外，同時也含有外來佛教的異質

1　本文係在香港中文大學崇基學院成立50周年校慶演講稿的基礎上整理而成。

性。這樣，相對於印度佛教來說，儒、道文化是中國本土文化、固有文化；相對於中國佛教而言，儒、道文化則是中國傳統文化中的不同系統，儒、道、佛同為中國傳統文化的組成部分。

中國佛教是由漢語系、藏語系和巴利語系（上座部）三支佛教匯合而成，擁有的佛教典籍最豐富，教派最齊全，是 13 世紀印度佛教被消滅以後，保存佛教最完整的典型代表。探討「佛教與中國文化」，應當分別就漢傳佛教與漢族等傳統文化、藏傳佛教與藏族等傳統文化、上座部佛教與傣族等傳統文化進行分析研究，然後再加以歸納，進行綜合研究，得出相應的結論。但由於多種原因，本文要著重探討的是漢傳佛教與中國文化中儒、道文化的關係，以下的論述都將圍繞這一重心展開。

關於佛教與中國文化關係的研究範圍，大致可從以下五個方面展開：

（一）佛教與儒、道文化的關係

打個比方，中國傳統文化猶如一條大河流，其上游是儒、道兩個支流的匯合，在中游處又有佛教支流匯入，與大河的原有水流相互激蕩，奔向遠方。在歷史長河中，儒、道、佛三種思想，構成三角關係，即佛對儒、道，儒對佛、道，道對儒、佛各有不同的關係，並在互動中發展。探討「佛教與中國文化」的關係，應當一方面探討佛教對儒、道的關係，另一方面探討儒、道對佛教的關係。而本文著重探討的是佛教對儒、道的關係。

（二）佛教與中國文化不同層面的對應關係

文化通常由物質、制度、思想三個層面構成，這三個層面大體上相當於文化形態的外、中、內三層結構。佛教與中國文化的三層結

構，互相對應，最易發生互動交涉的關係。如佛教物質層面上的寺院建設、寺院經濟等，制度層面上的沙門敬不敬王者、服裝和穿著方式等，以及靈魂的存滅、果報的有無等思想層面，均曾與中國文化發生糾葛、論爭，乃至衝突，這三種不同層面關係的性質、形式以及結果是並不相同的。

（三）佛教與中國文化具體形態的關係

相對於政治、經濟、軍事而言的文化，有哲學、倫理學、文學、藝術等多種具體形態。佛教傳入中國以後，與中國文化的多種具體形態發生交涉，推動了中國哲學、倫理學、文學、藝術等的發展，探討佛教與多種具體文化形態的關係，對於了解具體文化形態的發展具有重要的意義。

（四）佛教與中國文化的迎拒關係

佛教與中國文化的關係大約有相通與不相通、相容與不相容、互補與互斥等幾種類型。如佛教與儒家以及唐代以來的道教在心性上是相通相容，乃至是互補的，在生死觀上則佛教不單與儒家的觀點不同，與道教的長生不死說更是對立的，但三家在人生理想目標上又是相近、相通乃至可以相容的。探討諸如此類不同類型的關係，有助於深入了解佛教和中國文化變遷發展的根源。

（五）佛教與中國文化交涉的歷史動態關係

佛教作為傳播者，中國文化作為受容者和對佛教的制約者，雙方在歷史演變中互動，雙方的關係隨著歷史發展而變化。佛教在傳入、興盛、創宗及其以後的不同階段，與中國文化的關係呈現出不同的歷史特點，從歷史的動態視角探討佛教與中國文化的關係的演變，有利

於把握兩者互動關係的歷史規律。

我們認為在探討方法方面，應重視以下幾點：第一，中國國情
（包括自然環境、社會政治、經濟、文化、生活等）鮮明、有力地制
約了佛教的傳播及其與中國文化的關係，並使印度佛教演化為中國佛
教。中國佛教與印度佛教的根本宗旨是一致的，但兩者又有不同的特
質。如上所述，中國佛教的根在中國，中國佛教是中國僧人立足於民
族文化，吸取印度佛教思想，熔鑄重整、綜合創新的成果。從中國社
會環境和文化背景去考察佛教與中國文化的關係是我們研究的重要原
則。同時，我們也充分肯定思想對適應、改變社會存在的積極作用。
由於本文將從佛教的角度去探討與中國文化的關係，因此將著重論述
佛教之所以能與中國文化發生種種交涉的內在思想機制。第二，運用
比較學的方法，重視分析印度佛教、中國佛教與中國文化的異同，探
求彼此交涉時何以發生衝突，何者又得以融合，以及如何又由衝突而
走向融合的。第三，運用文化發生學的方法，注意研究中國僧人是如
何融合佛教與中國文化，而提出新的教義，創宗立教，使印度佛教轉
軌為中國佛教，並總結其成功的經驗。

綜上所述，我們把本文視角確定為：以佛教為主，從佛教出發，
去探討佛教與中國文化，也即與中國傳統文化的關係。著重探討印度
佛教是如何與中國本土的固有文化相交涉的，又是如何在與中國固有
文化的衝突與融合中逐步中國化的；印度佛教，尤其是中國佛教是怎
樣充實和豐富中國文化的；並總結佛教與中國文化交涉又有什麼樣的
成功經驗。我們認為，這不單有助於了解外來佛教與中國文化交涉的
歷史、事實、規律與特點，也有助於通過總結異質文化交流的經驗，
進一步推動中外文化交流的展開。

二　佛教與中國文化發生交涉的內在思想機制

　　佛教傳入中國內地時，中國本土文化已十分繁榮，儒、道等思想體系在社會生活中發揮了巨大作用，並積澱為社會心理和民族心理。佛教與儒、道等本土文化，是宗教與非宗教兩種不同性質的文化，在理論思維上互有高下。一般說來，外來文化與本土文化以及兩者的文化元素之間具有相通不相通、相容不相容、互補互斥的錯綜複雜的關係。佛教在與中國傳統文化的撞擊、交涉過程中，與中國文化發生聯繫的機制主要是佛教思維，其內容和形式就是價值觀念和思維方式。這是佛教與中國本土文化發生交涉的重要根源，也是佛教滲透、轉化為中國傳統文化組成部分的重要原因。

　　佛教價值觀念的主要內容是人生解脫論。佛教認為一切事物都是由多種原因和條件構成並處於不斷變化、流動的過程中的。人生也是如此。人有生老病死的自然變化，有對自由、幸福、永恆的強烈追求，有從自我出發的無窮欲念。由於與不斷變化的客觀現實相矛盾、相衝突而不能得到滿足，因此人生是痛苦的。中國僧人說，人的臉形就是「苦」字形，是副苦相：眼眉是草字頭，兩眼和鼻子合成十字，嘴就是口字。佛教還認為，人要根據生前的行為、表現，死後轉生為相應的生命體，這叫做「生死輪迴」，輪迴是無休止的。這樣人就陷於不斷的生死輪迴的痛苦深淵中。佛教認為，人的理想、目標是解除痛苦、超脫生死輪迴，就是「解脫」。解脫的境界稱為「涅槃」，涅槃梵語原意為「火的熄滅」。涅槃作為佛教所求的一種解脫境界，是通過佛教修持，熄滅、超越一切欲念、煩惱、痛苦和生死輪迴而達到的理想境界。人生現實是痛苦的，這是現實性；人生理想是涅槃，這是超越性；人活在現實社會中，又要超越現實生活得解脫，就是要由現實性轉化為超越性，從而達到更高的主體性──理想人格。

應當承認，佛教對人生所作的價值判斷有其一定的合理性。人生確有歡樂的一面，但也有痛苦的一面，佛教看到了人生的痛苦，是符合現實的。佛教強調人生是痛苦，這是現實生活的深刻反映，表達了人的心靈深處的基本憂慮，這也是人的一種覺醒、自覺，對於人們清醒認識人生是有一定意義的。特別是對於在人生歷程中遇到困難、挫折、磨難、不幸的人，更會引起他們的贊同與共鳴。佛教的價值觀念表現了人生的內容，人們在贊同佛教價值觀念後就會產生出一種積極的，甚至熱烈的情感，從而獲得心靈的撫慰和心理的平衡。人是有精神的，人的精神世界是平衡的整體。若人的精神長期失衡得不到調節，人也就失去為人的支撐。佛教的價值觀念為一些人的現世生活與出世願望提供基本信念，具有平衡心理的功能。

中國傳統文化中儒家的價值觀是重視人類在宇宙中的地位，稱人和天、地為「三才」，且有鮮明的人格意識，如云：「三軍可奪帥也，匹夫不可奪志也。」（《論語·子罕》）重視獨立的意志、人格，提倡剛毅觀念，強調自強不息。但是儒家又竭力主張等級制度，宣傳濃厚的等級思想。儒家肯定人生是快樂的，主張「自樂其樂」、「樂天知命」。孟子說：「反身而誠，樂莫大焉。」（《孟子·盡心上》）道家的價值觀念和儒家不同，具有強烈的批判意識，對現實不滿。與此相應，道家以個人的自由超脫為人生理想，個人不受約束，也不損害社會。莊子更提出「逍遙遊」的觀念，認為任何事物都不能超越自己本性和客觀環境，主張人要各任其性，消解差別，超然物外，從而在精神上產生一種超越現實的逍遙自在境界，成為「神人」。佛教傳入後產生的道教則主張經過修煉得道，使形神不滅，超越生死，變幻莫測，成為「神仙」。道教是樂生、重死、貴生的，認為人生活在世上是一件樂事，而死亡是痛苦的，人們應當爭取長生不死，起碼要盡其天年。儒家是入世的，道家帶有出世的傾向，道教是出世的，佛教也

講出世。在價值觀念上，佛教與儒家是對立的，與道家則有相通之外，既同又異，主張超越現實是同，超越的途徑、方式和目標不同是異。儒家更注重生，孔子說：「未知生，焉知死？」（《論語・先進》）而佛教認為生死事大，講生也講死，特別重視人的「來世」。生和死是人生的兩個對立面，是一個十分嚴肅的整體人生觀問題。儒家重視生，是一個方面，佛教重視死也是一個方面，兩者可以互補。道教追求的長生不死，成神成仙，事實上不可能。佛教講有生必有死，在理論上比道教圓滿，更具有思想吸引力。

佛教的思維方式內容豐富，類別頗多，其中的直覺思維、否定思維和具象思維等，與中國傳統文化的思維方式，既有相同性，又有相異性，既有相容性，又有不相容性，這也是兩者發生聯繫的重要機制。至於中國佛教學者運用綜合圓融思維來判別、安排印度佛教各派教義和不同經典的關係、地位，則是和深受中國傳統的整體、綜合思維的影響直接有關的。這一點留待本文最後一部分「佛教與中國文化交涉的成功經驗」再申述。

直覺思維是佛教的基本思維方式。這是因為佛教是一種人生解脫論，其宗旨是對人生的終極關懷，追求人生的最高理想境界。按照佛教說法，這種境界大體上有三類：成佛進入佛國世界；對人生和世界的本質的最終認識、把握，如悟解一切皆空；對人類自我本性的最終認識、返歸，如體認人的本性清淨。這三類境界雖側重點不同，但同時又是可以統一的。這些境界具有神祕性、意向性、整體性、內在性等特徵。一方面可以滿足某些人的精神需要，另一方面也決定了這種境界的把握是非邏輯分析的直覺思維。佛教的直覺思維方式極為豐富，主要有禪觀，要求一邊坐禪，一邊觀照特定的物件；現觀，運用般若智慧直接觀照物件，並合而為一；觀心，返觀自心，顯示本性，這也是內向思維；禪悟，中國禪宗提倡在日常行事中，排除妄念，體

證禪道。這些直覺思維方式具有直接切入性、整體契合性和神祕意會性等特徵。中國儒家和道家也都重視追求人生的最高理想境界，強調把握天道、道或理，所以，也重視和運用直覺思維。如老子提倡「玄覽」，莊子主張「坐忘」，孟子主張「盡心、知性、知天」，張載主張「體悟」。這種思維方式的相同性、相容性，有利於佛教與中國傳統文化的共存。同時，佛教與中國本土文化的直覺思維方式的內容又有很大差異。佛教直覺思維是追求對人們現實生命的超越，終極目的是超越人成為佛。儒家和道家的直覺思維是對現實生活的超越，或追求理想人格，或追求精神自由，帶有平實性。這些相容性、不相容性，又為佛教與中國本土文化帶來互斥，也帶來互補。魏晉以來迄至近代，佛教哲學與中國傳統哲學的長期相互激蕩、交滲、影響，充分表明了這一點。

否定思維是佛教所特有的重要思維方式。佛教追求超越現實的人生理想境界，除了運用直覺思維外，還運用否定思維，以否定現實的真實，讚美肯定理想。這種否定思維是奠定在相對性的原理和以破為立的方法論的基礎上的。佛教的基本哲學學說是緣起論，認為世界上一切事物和現象都是因緣（條件、原因）和合而成，都是互為因果、互相依存的，都是相對的、變化的，並由這種相對性、變化性說明事物沒有永恆實體，沒有主宰，是空的。與緣起論相應，佛教還提倡以破為主，甚至是只破不立的思維方法，強調主觀上對世界破除淨盡是成佛的基本條件，甚至就是成佛的理想境界。在中國本土中否定思維沒有得到充分的運用和發展，儒家講現實，不重玄想和否定。道家雖有批判意識，但它的順應自然觀念仍然是肯定思維的運用。道教多虛幻怪誕，但它肯定人的形神不滅，成仙得道。佛教的否定思維方式具有兩重性，它在否定人和事物的客觀真實存在的同時，也否定人和事物的主宰性、永恆性，並揭示了名稱、概念和事物之間的差異、矛

盾。佛教的否定思維方式受到儒家等本土文化的排拒，但卻為具有強烈宗教意識和宗教需要的人們所接受，一些佛教學者並運用於哲學、道德、文學、藝術等領域，從而又豐富了中國傳統文化的思維方式。

形象思維也是佛教的重要思維方式，這是與佛教的宗教特質直接相關的。佛教既是人們受自然力和社會關係的壓抑的表現，也是對這種壓抑的超越，它所追求的理想境界和彼岸世界是排除卑俗的欲求、汙濁的功利的。與之相應，它所描繪的人類應當超脫的地獄、餓鬼等是充滿罪惡和痛苦的。這兩種帶有強烈反差的世界，極易使信徒或引生美感，或引生恐怖感，或抒發虔誠的情感。佛教為了以情動人，使信仰者進入既定境界，就需要有豐富、奇特的想像，浪漫、神異的意象，需要豐富多彩的藝術去描繪佛國境界和地獄苦難，描繪佛、菩薩的法術威力，高僧大德的靈異事蹟，這就要充分運用形象思維。佛教的形象思維既是具象思維，又是意象思維。具象思維是一種對特定的具體形象的反復、專一的思維活動，意向思維是一種內心的意想活動，在意想中形成各種形象，這兩種思維是相連相通的。

佛教運用這些思維方式構成佛、菩薩、羅漢與佛國樂土、地獄、餓鬼以及高僧與法術等形象或境界，而且用於宗教修持實踐。比如，小乘佛教禪觀的不淨觀、白骨觀，就是專以人身或白骨為物件進行觀照活動，以排除欲念，不執著自我為實有，體悟「人無我」的佛理。再如密教，尤其是它的意密是以大日如來為觀想對象。又如佛教觀想念佛的思維方式，教人集中思維觀想阿彌陀佛的美妙、莊嚴，以生起敬仰、嚮往之心，並說眾生因如此虔誠而會由阿彌陀佛接引到西方極樂世界。如此等等。

佛教的形象思維具有自由無羈的聯想、想像的性質，也是自身豐富的完美潛在力的藝術展現，為中國傳統文化，尤其是為文學藝術提供了大量的想像、意象。中國儒學、道學文化也都具有豐富的形象思

維，在審美情感和表現方法等方面與佛教都有驚人的一致之處，但是它們的浪漫性、想像力遠遠不如佛教，也沒有人類最高潛在力的神化，沒有出世、超世的宗教審美價值。佛教對於中國傳統文學藝術的豐富和發展起了巨大的作用。

三　佛教與中國文化交涉的過程與方式

佛教傳入中國以後，就一直與中國文化相互擊撞、相互激蕩，演成外來文化與本土文化波瀾壯闊、錯綜複雜的交涉關係史。作為傳播主體的佛教，與中國文化的交涉，採用了調適與比附、衝突與抗衡、融匯與創新等基本方式，通過這些方式基本上凸顯出了佛教的思想性格及其與中國傳統文化交涉的特點。這三種基本方式還大體上表現了佛教與中國文化交涉的三個歷史階段。這樣，也為論述方便起見，我們便把本文第一部分所述佛教與中國文化關係研究範圍五個方面中的（一）、（二）、（四）、（五）四個方面結合起來，組織在一起來論述。

（一）調適與比附

這在佛教傳入前期比較突出。漢代時，佛教在宗教哲學觀念上依附道術、道學，到了魏晉則主要依附於玄學。在政治倫理觀念上，佛教一直迎合儒學。佛教通過翻譯、釋義、著述和創立學派等不同途徑迎合、比附中國固有的文化。佛經是佛教的主要傳播媒介。由於中印語言文字的不同，就需要翻譯，而了解印度語言並非易事，譯經者往往用道家等術語翻譯佛經。如將佛教譯為「釋道」，佛教的最高理想境界「涅槃」譯為「無為」，本體「真如」譯為「本無」，其實無為與涅槃、本無與真如的含義是有很大差別的。又如用「五陰」翻譯構成人的五類因素就含有陽尊陰卑的貶義。再如佛教中涉及的人際關係和

倫理道德的內容，像主張父子、夫婦、主僕之間的平等關係，就與儒家道德學說相悖。漢魏晉時代譯者通過選、刪、節、增等手法，將譯文作了適應儒家綱常名教的調整，從而減少了佛經流傳的阻力。

與譯經密切相關，還有一個理解佛經、解釋經義的問題。東晉時的佛教學者創造出一種「格義」方法。史載：「雅（竺法雅）乃與康法朗等，以經中事數，擬配外書，為生解之例，謂之格義。」[2]「格義」就是用《老》、《莊》等著作（外書）去比擬、解釋佛經義理的條目名相（事數），以量度（格）經文正義。因初學佛的人對佛教思想並不了解，而對本土文化思想則有一定認識，用本土文化思想去解說佛理，觸類旁通，使人易於理解，當然也有牽強附會、背離原意的情況。佛教學者還通過著述來把佛教與中國本土的宗教信仰文化觀念附會、等同起來。如我國早期闡述佛教義理的著作《理惑論》，就把佛教視為「道術」的一種，說：「道有九十六種，至於尊大，莫尚佛道也。」[3]佛教是九十六種道術中最高的一種。該書還把佛比作中國傳說中的三種神：一種是道家所講的「修真得道」的真人；一種是神仙家所說的「恍惚變化，分身散體」、法術多端、神通廣大的仙人；一種是「猶名三皇神、五帝聖」的神人、聖人。[4]該書還批判那種把佛教的佈施等修持與「不孝不仁」對立起來的觀點，強調佛教的修行是完全符合「仁」和「孝」的。

晉代佛教般若學六家七宗[5]，即解說空的六七個學派，實際上也是用魏晉玄學比附般若學的結果。佛教般若學的主旨是講空，破除人們對一切事物的執著。魏晉玄學的中心是本體論問題，探索本末有無

2　《高僧傳》第4卷，《大正藏》第50卷，347頁。

3　《中國佛教思想資料選編》第1卷，13頁，北京，中華書局，1981。

4　參見上書，3-4頁。

5　參見《湯用彤全集》第1卷，174-207頁。

的關係。兩者主題不同,但可以相通。般若學者深受中國文化思想的影響,依附玄學,用玄學本體論去看待般若學派,以為玄學的「無」就是般若學的「空」,實際上玄學家的無是指無形無名的絕對本體,般若學的空是針對無自性、無實體而言,中國般若學者所講的空,是與印度般若學所講的空即否定事物實體性的觀點大相徑庭的。當時一些般若學者不單援用玄學來解說佛學,而且言談舉止也力求仿照名士風度,東晉孫綽在《道賢論》中就以竹林七賢配佛教七道人。亦可謂竹林叢林,競相輝映。

(二)衝突與抗衡

東晉以來佛教經典翻譯日益增多,流傳更趨廣泛,與中國文化的矛盾日益暴露,也更趨明顯;同時由於佛教寺院經濟的壯大,佛教僧侶涉足政治,形成了佛教與統治階層的直接現實利益衝突。佛教與中國文化的衝突,集中表現在佛教與儒家、道教的關係上,衝突的領域主要是哲學思想、政治倫理觀念和儒、道、佛三教地位高下幾個方面。

在哲學思想方面,佛教和中國哲學的衝突,主要是「生死」、「形神」之辯和因果報應之辯。佛教主張人有生必有死,在沒有超脫以前,生死不斷迴圈,陷於輪回苦海之中,只有超脫了生死才能進入理想境界(涅槃)。一般地說,佛教是反對靈魂不滅的,但它的輪回轉生和進入涅槃境界的主體,在儒家看來就是靈魂,就是一種神不滅論。儒家也持有生必有死的自然觀點,但不贊成轉生說和靈魂不滅論,所以後來釀成了分別以梁武帝和范縝為代表的神不滅論與神滅論的大論戰。與生死形神問題相聯繫,佛教宣揚因果報應論,認為人的善或惡的思想言行都是因,有因必有果,有業就有報應。這種報應有現報、生報(來世受報)和後報(在長遠的轉世中受報)三報。一些儒家學者抨擊這種思想:「西方說報應……乖背五經,故見棄於先

聖。」[6]但是，儒家提倡祖先崇拜，鼓吹「神道設教」，佛教和儒家的善惡觀念又可相通，從而因果報應論又成了儒家倫理道德的輔助工具。這樣，無論是生死形神之辯，還是因果報應之辯，爭論的結局不是一方壓倒另一方，而是各持己說，彼此存異。

在政治倫理方面，主要是「沙門應否敬王」之爭，其實質是禮制問題，是涉及君權與神權、佛教與儒家名教的關係問題。佛教出家沙門見到包括帝王在內的任何在家人都不跪拜，只是雙手合十以示敬意，與中國傳統禮制相悖，因而逐漸形成了與封建皇權和儒家名教的尖銳矛盾，不斷出現沙門應否向帝王跪拜的爭論。在爭論儒、道、佛地位高下方面，主要表現是老子化胡之爭。這一爭辯是佛道兩教之爭的重大歷史事件，也涉及儒、道、佛三家的地位問題。佛教與儒道的衝突、鬥爭，通常都是採用撰文筆戰和朝廷殿前辯論的方式，其中有的涉及深刻的思想內容，有的則是宗教的成見。值得注意的是，道教徒曾借用信仰道教的皇帝的最高政治權力打擊佛教，這就是歷史上著名的三武滅佛事件——北魏太武帝、北周武帝和唐武宗的毀佛運動。這三次滅佛事件尤其是北魏太武帝和唐武宗滅佛事件，雖有其深刻的政治、經濟原因，但又都和佛道兩教的矛盾相關。

（三）融匯與創新

佛教傳入中國以後，一直與中國本土文化相融合，這種融合是全面的持久的，尤其是隋唐以來，融合的勢頭更大，吸取中國本土思想而創立的中國化的佛教宗派，大大改變了佛教的面貌。以下是佛教融合中國本土文化的方式和重點。

提倡圓融方式。佛教傳入中國內地面對著強大的中華民族文化，

6　何承天《報應問》，《廣弘明集》卷18，《四部叢刊》影印本。

出現了如何對待儒道的問題。從總體上來說，佛教一直採取調和融合
的態度。如《理惑論》就包含了儒、道、佛三教同源的觀念，南朝梁
武帝也宣導三教同源說，唐代以來佛教學者如神清在《北山錄》中力
主三教一致的說法，到了唐宋之際更形成了三教合一的思潮。為了與
中國本土文化相融合，有的佛教學者推崇《法華經》中的《方便品》，
提倡方便法門，運用各種靈活方便教化眾生。有的佛教學者突出《華
嚴經》的圓融無礙（無矛盾）思想，宣揚各種事物、現象都是無矛盾
的。有的宣傳佛教的無上菩提之道與儒、道無異，且高於儒、道。張
商英的《護法論》以藥石治病為喻，說：「儒者使之求為君子者，治
皮膚之疾也；道書使之日損，損之又損者，治血脈之疾也；釋氏直指
本根，不存枝葉者，治骨髓之疾也。」還有說佛教治心，道教治身，
儒教治世的。這種「方便論」、「無礙論」、「合治論」，為佛教融合中
國本土文化提供了理論的根據，也表現了佛教的內在的調適機能。

　　吸收儒道思想，創建新宗派。這主要是天臺、華嚴和禪諸宗。如
天臺宗學人吸收道教的丹田、煉氣的神仙等說法，作為本宗的修持方
法，主張先成仙而後成佛。華嚴宗學人竭力吸取《周易》思想和儒家
道德，作為本宗思想體系的內容。禪宗學人也是在道家的自然無為、
玄學家的得意忘言和儒家的心性學說的薰陶和影響下，創立以「不立
文字」、「教外別傳」和「性淨自悟」為宗旨的宗派。這些宗教還都和
中國儒道兩家重視心性修養的歷史傳統相協調，以心性論為宗派學說
的重心，著重闡發心性理論，從而又反過來豐富了中國傳統的心性
思想。

　　突出宣傳佛道儒道德的一致性。佛教和中國本土文化的矛盾最集
中的表現就是與儒家忠孝觀念的對立。面對這種道德觀念的對立，中
國佛教運用各種手段加以調和。早期漢譯佛經，就通過刪節經文來避
免和儒家倫理觀念發生衝突。後來佛教著重強調「五戒」與儒家「五

常」的一致性。到了唐代，僧尼已拜父母，後來又對皇上稱「臣」而不稱「貧道」。中國佛教還有《父母恩重經》，宣揚應報父母養育之恩，又注疏《盂蘭盆經》，該經講釋迦牟尼的弟子目連入地獄去救餓鬼身的母親的故事，被中國僧人視為佛教的「孝經」。寺院還要在農曆七月十五日舉行盂蘭盆會，以追祭祖先。宋以來一些佛教學者撰文宣揚孝道，強調戒就是孝。如名僧契嵩作《孝論》十二章，闡發持戒就是行孝，為父母修福，由此，又論定佛教最重視孝，遠比儒家更崇孝道。這都是佛教求得與當時社會道德相協調的鮮明表現。

適應社會的心理，重塑諸神的形象和地位。佛教傳入中國後，日益適應中國的觀念、願望、習慣、趨向，重新調整、塑造佛教諸神的形象。如中國佛教突出尊崇的觀音、地藏、文殊、普賢四大菩薩，在中國人心目中地位實在釋迦牟尼之上。尤其是大慈大悲的觀音菩薩被奉為能解除眾生現實苦難的大救星而極受中國人的崇敬。由於中國的宗法制度和傳宗接代的觀念的影響，約自唐代以來觀音菩薩的形象就由中性變為女性，送子成為她的重要職能之一。地藏菩薩由於被奉為保佑風調雨順、五穀豐登的神，也極受農民尊崇。至於阿彌陀佛是由於能接引眾生到西方極樂世界過極其美好幸福的生活，即能滿足人們對未來的追求，也極受中國人的歡迎。諸如此類的神，有的成為佛教名山主奉的「本尊」，有的是佛教某一宗派崇奉的主神，在中國佛教中受到特殊的崇拜，這都是佛教融合中國文化，從而使自身發生重構的表現。

上述佛教與中國文化的交涉方式與過程，向人們昭示以下帶有規律性的現象：整個佛教與中國文化交涉的過程，就是通過相互激盪，逐漸走向彼此融合的過程。佛教對中國文化的迎合、比附，可以說是一種外在的融合，經過衝突、抗衡而後的融合、創宗，可以說是一種內在的融合，整個交涉是由外層融合進入內層融合的過程。佛教與中

國文化的衝突、抗衡，在整個交涉史上並不占主要篇章，而且除了生死和因果報應問題以外也缺乏理論意義。佛教傳入中國以後，一直是自發或自覺地尋求與中國文化的結合，它與中國文化的衝突、抗衡也是被動的，是守衛性的，除了佛道兩教鬥爭以外，佛教幾乎很少向中國本土文化發動進攻性的挑戰，佛教在中國傳播並進而成為中國傳統文化的一部分，其原因之一就在於它的融合機制。與印度佛教重分析、重理論系統不同，中國佛教重綜合、重思想的圓融。外來文化與本土文化相結合，是文化交流的成功之路。綜合、圓融，進而創新，是中國佛教成功之路。

四　佛教對中國文化的充實與豐富

　　佛教本身也是一種宗教文化，是以信仰——哲學觀念為核心的多層次多形式的立體文化，是包含各種文化形態的綜合文化。佛教在中國流傳過程中，通過自身文化的優勢和特點呈現出對中國文化的強大滲透力，並對漢以來整個中國文化發生了極其廣泛和深刻的影響，進而使自身融入中國各類具體文化形態之中，充實與豐富了中國文化。
　　以下舉十個方面的例證，略作說明。

（一）佛教與哲學

　　佛教作為解脫學，歸根到底也是以哲學為理論基礎的。佛教的世界觀和人生觀是其整個思想體系的核心。佛教哲學豐富和發展了中國古代哲學，並與中國固有哲學合流，成為古代傳統哲學的一部分。佛教哲學的影響，表現在人生論上，提出人生價值是痛苦，人生本質是空的命題，並以因果報應說為支配人生的鐵的法則，成為了對儒、道人生哲學的補充。在心性論上，南北朝尤其是隋唐時代的佛教多講心

性之學，對於人的本性、欲望、煩惱等的性質和轉換問題，作了細緻的闡發，極大地影響了唐以來中國哲學的方向，也是佛教對古代哲學的最大發展。在宇宙論上，佛教不單提出現象和本質皆空的學說，還著重闡發了以個人的意識和共同的「真心」為本體的學說，豐富了中國古代唯心主義本體論。在認識論上，佛教以其神祕直覺思維方式、主體與客體的關係學說，以及強調主體、自我意識和主觀能動性的學說，豐富了中國古代的認識論，並在倫理道德和文學藝術領域發生了深刻影響。

此外，這裡還應當指出佛教對玄學和理學的思想內容、思維方式和學說取向的深刻影響。魏晉玄學家探討有無、言意和動靜等問題，各執一端，相持不下。佛教學者僧肇立著，闡述非有非無、不知即知、動靜相即的觀點，客觀上對玄學的基本問題作了總結，把玄學理論推向了一個新的階段。東晉以來，張湛《列子注》顯然受佛學影響，文中玄學與佛學趨於合流，玄學的顯要地位也為佛學所取代。佛教對於理學的影響，是大家公認的，應當說這種影響是全面、深刻的。從學術的角度來看，主要是隋唐佛教大講心性之學，大談修持方法，對儒道造成了強烈的刺激，推動了儒學形態諸方面的變化。第一，促進了儒學要典的確定。一些涉及心性修養問題的典籍，如《孟子》、《大學》和《中庸》，與《論語》相配合，合稱「四書」，作為儒家要典，以與佛教相抗衡，並長期成為封建統治階級科舉取士的初級標準書。第二，推動了儒學學術轉移。宋明新儒學——理學和以往儒學風格不同，不是側重社會政治倫理、少言性命之學，而是重視修心養性的性命之學。第三，影響理學思維方式的轉換。佛教心性學說著重講人的本性與欲念對立，本性清淨、覺悟，欲念汙染、迷惑，應當去掉情欲妄念，恢復本性。這種本性與欲念對立的思維方式為理學家所吸取，轉化為天理與人欲對立的概念，「存天理，滅人欲」成為理

學家的核心思想。第四，促使理學修養方法的確立。佛教的止觀學說，直指本心觀念，即觀心、禪定的方法，也為理學家所效仿，形成了主靜、主敬的修養方法。禪宗與理學是唐宋時代儒、道、佛三教融合而成的兩大思想文化成果。

（二）佛教與倫理道德

如上所述，佛教倫理道德與中國封建宗法社會的等級制度和儒家綱常名教存在著嚴峻的對立。儒家學者從維護儒家禮儀和中國傳統習俗的立場出發，指責佛教僧侶的剃髮出家、不結婚生子、見人君無跪起之禮、施捨家庭財產等，是不孝、不忠、不仁、不義的表現，佛教對此一直採取調和的立場，以協調兩者的關係。中國佛教通過比附融合、撰文論證以及確定有關宗教儀式，突出宣揚忠孝等儒家觀念。如宋代名僧契嵩說：「夫不殺，仁也；不盜，義也；不邪淫，禮也；不飲酒，智也；不妄言，信也。」[7]把佛教的「五戒」比作儒家的「五常」。契嵩又大力闡揚孝道，稱：「夫教，天之經也，地之義也，民之行也。至哉大矣，孝之為道也夫！」[8]強調孝是天經地義的大道。契嵩還崇揚中庸之道，說：「中庸之道也，靜與天地同其理，動與四時合其運。」[9]中庸與天地同理，與四時合運，是宇宙的真理與法則。佛教傳入中國以後，隨著因果報應、業報輪回思想的深入人心，為父母追祭冥福，請誦經作法事的僧侶擔當孝道使者的活動在社會上廣泛流傳。凡此，對於孝道觀念的強化，積澱為社會心理，都起了重要作用。

佛教的基本道德標準是去惡從善、慈悲平等、利人利己，這些觀念不但充實了中國的倫理道德學說，而且也發揮了穩定社會的作用。

7　《考論・戒孝章第七》，《大正藏》第52卷，661頁。

8　同上書，600頁。

9　同上書，667頁。

在近代，佛教倫理道德還曾為一批先進人物如林則徐、魏源、龔自珍、康有為、梁啟超、譚嗣同、嚴復、章太炎等，作為改造社會道德乃至改造社會的工具，它顯示出的積極作用是不能不承認的。在當代，佛教的大乘戒行、無我利人的精神、去惡從善的德行，以及人間淨土的行願等，都是能與現實社會相協調，並有助於推動社會發展的。

（三）佛教與文學

　　和宗教與藝術的關係一樣，宗教與文學也有不解之緣。自由無羈、豐富熱烈、奇詭神異的聯想、想像和意象都是宗教和文學不可或缺的內在機制。佛教對中國文學的影響是全面的、長期的，給中國文學帶來了內容和形式兩方面的巨大推動和變化。佛教典籍中如《維摩經》、《法華經》、《楞嚴經》和《百喻經》等，本身也是瑰麗多彩的文學作品，向為文人所喜愛。又如《本生經》是敘述佛陀生前的傳記文學，《佛所行讚》是長篇敘事詩。這些佛典的譯出，不但創造了融冶華梵的新體裁──翻譯文學，而且為中國文學的創作帶來了新的意境、新的文體和新的命意遣詞的方法。佛教典籍促進了中國晉、唐小說的創作，並為後來的古典小說如《西遊記》、《三國演義》、《金瓶梅詞話》和《紅樓夢》等的創作提供了故事情節和思想內容。佛教的俗講、變文，也直接推動了後來的平話、寶卷、彈詞、鼓詞、戲曲等通俗文學藝術的形成。佛教禪宗詞錄也對後來的民間文學作品發生影響。佛教不但對我國古代文學產生過重大影響，而且還深刻地影響到我國古代文學理論批評。如佛教的「言語道斷」說、「頓悟」說、「妙悟」說、「現量」說和「境界」說，以及「以禪喻詩」──用禪宗的一套禪理來論述詩的創作、欣賞和評論，就是這方面的突出表現。可以說，沒有佛教的影響，中國漢代以後的古代文學將是另一番面貌。

（四）佛教與語言

印度聲明學（訓詁和詞彙學）影響漢語體系的發展，因明學（認識論和邏輯學）則影響到邏輯思維的發展。佛教文化是漢語文化源之一，它推動了漢語語言方法論的變化。漢字是以音節為單位的象形文字、表意文字，南朝時人在佛教梵聲的影響下，把字音的聲調高低分為平上去入四聲，用於詩的格律，推動了音韻學的前進和律體詩的產生。在注音方式上，東漢以來盛行將直音改用反切，這也可能與受梵文拼音的影響有關。至於在唐末僧人守溫制定 30 個字母的基礎上，在宋代形成了「36 個字母」——漢語語音的 36 個聲母，以及分析漢語發音原理及發音方法的學科「音韻學」，更是梵語語音體系漢語化的產物。還有佛教音義之書，由於保存了大量久已失傳的古代字韻和其他文史典籍，又為古籍的輯佚、校勘、訓詁提供了寶貴的資料。在語法學方面，佛教對漢語的句法結構產生了潛在的影響，如佛教著作判斷句用「是」來承接主賓語，句末不再用「矣」、「焉」、「也」、「耳」等語氣詞。佛教還為中國文學語言寶庫增添了新的詞彙。佛教成語占中國漢語外來成語的 9/10。而且許多佛教用語逐漸演化成日常用語，如世界、實際、方便、平等、知識、相對、絕對等。至於出現姓氏、人名、地名的佛教化，更反映出佛教對漢民族心理和文化意識的深入滲透。

（五）佛教與藝術

這是佛教與中國文化關係最密切的領域之一。宗教與藝術在價值觀念、思維方式、情感體驗和表現手法等方面是相似、相近和相通的。宗教需要通過自身的審美潛在力的藝術展示來顯現自身的存在，佛教也需要藝術，沒有藝術活動它就不能存在。漢魏以來，佛教在建

築、美術和音樂等方面都取得了輝煌的成就，使中國藝術大放異彩，進入嶄新的階段。佛教建築主要是寺塔，這是隨佛教的傳入而發展起來的。最古老的石窟寺，其中舉世聞名的如敦煌、雲岡、龍門三大石窟，都是根據印度佛教造型藝術，糅合中國民族形式建造的。又以今天漢族地區 124 座全國佛教重點寺院來說，如洛陽白馬寺、登封少林寺、南嶽福嚴寺、廣州光孝寺、韶關南華寺、蘇州寒山寺、揚州大明寺、泉州開元寺等，都是各有建築特色的有上千年歷史的名剎古寺，五臺山的南禪寺、佛光寺是至今保存完整的古代木結構寺院，寺內彩塑精美絕倫。中國的佛塔的建築大約起源於三國時代，除了印度式的，多為中國式樣，採取中國原有閣樓形式，建成可供憑眺的樓閣式建築。藏傳佛教的寺廟，一般都有龐大的建築群，體現了藏族古建築藝術的特色和漢藏文化事例的風格。佛教美術主要是繪畫、雕塑，也是隨佛教的傳入而發展為具有中國民族的風格和特色。早在梁代，以善畫佛像名世的張僧繇，是佛畫中國化的開創者和推動者，創立了筆法簡練的「張家樣」，在南北朝後期影響很大。北齊佛畫家曹仲達創立了「曹家樣」，其特點是衣服緊窄，與印度笈多王朝的雕刻風格相近。唐代吳道子創立的「吳家樣」，其特點是衣頻寬博，飄飄欲仙，突出了濃重的中國風格。佛教的壁畫也很著名，敦煌莫高窟和麥積山石窟都保存有壁畫，這些作品色彩豔麗、輝煌燦爛，具有極高的審美價值。佛教音樂也是佛教藝術的重要方面。佛教認為，音樂有「供養」、「頌佛」作用，在舉行宗教儀式時都要用音樂——聲樂和器樂。佛教音樂傳入中國內地稱為唄。由於漢梵語音不同，曲調難以通用，約在三國時佛教音樂就「改梵為秦」，用中國的音調來配唱經文，形成了中國佛教音樂。中國地域遼闊，佛教音樂在創作過程中，由於各地方言、地方民間音樂和風俗習慣的差異而形成了各種各樣的獨特風格。唐代進入鼎盛時期，佛教音樂家輩出，在創作、演唱、演奏上都

達到了很高水準。佛教音樂對中國民間說唱音樂、音韻學、樂律、音階、音型、音調和字譜學的發展，都產生了重大影響。

（六）佛教與科學

宗教與科學屬於不同領域，佛教與自然科學有其對立的一面，也有其統一的一面。佛教徒的物質生活、宗教實踐和宗教宣傳，使佛教在醫學、天文和印刷術方面作出了卓越的貢獻。佛教與醫學的聯繫不是偶然的，佛教的寺廟多集中在遠離都市的山區，寺廟僧人形成相對獨立的社會實體，需要有和尚兼任醫生專門醫治疾病。佛教講樂善好施、普度眾生，濟世治病也是寺院的一大功能。中國佛教寺院有的設專科，有診堂、藥室，為患者治病。如浙江蕭山竹林寺女科，歷史悠久，聞名遐邇，一度門庭若市。唐代寺院立的福田院或悲田院，就是養病院。宋代政府的安濟坊（救濟機關）置官醫，也往往請僧人擔任。現在有的藏傳佛教寺廟還設有專門學習醫學的經學院。我國敦煌石窟壁畫和藏經洞遺書中，保存了大量的醫學史料，遺書中有近百件醫藥文書，其中有已知的我國最早的一幅有關口腔衛生的繪畫，還有不少久已失傳或書目上未見記載的醫書，都是彌足珍貴的。唐代名僧鑒真，也是一位名醫，相傳著有《鑒真上人祕方》，他將中國的醫藥以及建築、雕塑介紹到日本，增進了古代中日文化交流。佛教與天文學的聯繫也不是偶然的，人類的生產和生活都與季節變化密切相關，而季節變化和天象直接相連，所以古代都重視對日、月、星等天體現象的觀察。由此各國也都流行占星術，以觀察星辰運行、人事禍福。還依據天象編制曆法作為計算年、月、日的時間系統。唐高僧一行，也精通曆法和天文。他與人同制黃道游儀，用以測定恒星的位置和研究月球的運動；又與人根據實測，在世界上第一次測量出子午線一度的長度。他還訂有《大衍曆》，這是當時一部先進的曆法，施行了29

年，並對後來歷法家的編曆產生了很大的影響。敦煌遺書中保存著兩
幅星圖，其中一幅是世界上迄今為止發現的最古老的，還有曆、日、
天文圖等文獻資料和繪圖，對於研究古代天文學史具有重要的價值。
印刷術被稱為「文明之母」，雕版印刷和活字印刷都為我國首創。佛
教不僅推動了印刷術的進步，而且它保存的大量古代印刷品，為研究
印刷術的演變提供了寶貴的實物例證。例如現存世界上第一部標有年
代的雕版印刷品，就是唐懿宗咸通九年（西元 868 年）王玠為父母祈
福所刻的《金剛經》，經卷完整無缺，雕刻精美，印刷清晰，表明絕
非雕版印刷初期的印本。自宋太祖最初雕印《大藏經》而後 1000 多
年，先後有 20 餘次刻本，完整地體現了宋以來印刷術的前進歷程。
佛教對造紙也是有貢獻的。有的寺院植楮樹，取皮，浸以香水（香
料），製造經紙，用以抄寫佛經。如唐代法藏在《華嚴經傳記》卷五
《書寫》中就有僧人造紙的明確記載。

（七）佛教與道教

　　道教為了宣傳教義與佛教爭高下，大量仿照佛經編造道教的經
典。如《洞玄靈寶太上真人問疾經》就源於《法華經》，《太上靈寶元
陽妙經》是據《涅槃經》改編而成，《太玄真一本際經》是深受《般
若經》空論影響的產物。在《道藏》中還有一些題屬佛教的著作，如
《曇鸞法師服氣法》、《達摩大師住世留形內真妙用訣》等，也包含了
鮮明的佛教內容。一些著名道士改革道教、推動道教的發展，其內容
之一就是吸收佛教思想和方法。例如北魏著名道士寇謙之，改革天師
道，主張六道輪回就是引佛入道，還模仿佛教儀節和修行方式，提倡
立壇宇、積累功德、持戒修行、誦經成仙等。南朝齊梁時著名道士陶
弘景，開道教茅山宗，是南朝道教上清派的代表人物。他主張佛道變
修，親受佛戒，建佛、道二堂，輪番朝禮。金初王重陽創立的全真

道,主張三教合一,以《道德經》、《般若波羅蜜多心經》、《孝經》為
主要經典。他還學習佛教的規定,創立道教的出家受戒制度;又學習
佛教的參禪、止觀法門,發展內丹修煉,不搞外丹。如果說,宋明理
學是儒道佛融合的產物,那麼道教全真派雖也受儒家思想影響,但主
要是道佛融合的產物。全真道在北方影響頗大。

(八)佛教與民間宗教

佛教對民間宗教的影響極為深遠,可以說宋以來的重要民間宗教
幾乎都與佛教有關。民間宗教中最大的教派白蓮教就淵源於佛教淨土
宗,並混合明教教義而成。南宋僧人慈昭(茅子元)在流行的淨土結
社的基礎上創立新教門,稱白蓮宗,即白蓮教。此教也崇奉阿彌陀
佛,以往生西方極樂世界為目標。師徒傳授,宗門相屬,並形成了一
大批有家室的職業教徒,稱白蓮道人。白蓮教一度被視為「事魔邪
黨」,後在元代勢力極盛,不久隨之發生分化,以致宗派林立,迄至
清代,白蓮教的支派竟多達百餘種。白蓮教的重要支派有大乘教、弘
陽教、黃天教、龍天教和無為教(羅祖教、羅教)等。白蓮教各派的
成分複雜,有的攀附上層、取悅朝廷,有的與下層群眾結合,發動武
裝起義反對朝廷。自宋至清,不僅影響了民間信仰,而且在社會生活
中也發揮著重大的作用。

(九)佛教與民間習俗

佛教的傳入和佛教徒的生活帶給中國民間習俗的影響是十分廣泛
和深遠的。首先,在飲食文化方面,印度佛教戒律規定僧尼不准吃
葷,不是指禁食肉食,而是指禁食蔥、蒜等氣味濃烈的刺激性較強的
食物。南朝佛教信徒梁武帝蕭衍根據佛教禁戒殺生和《大般涅槃經》
等的教義,提倡茹素,並在漢族僧尼中普遍實行。這種素食制度推動

蔬菜、水果和食用菌的栽培和加工，包括豆製品、麵筋製品業和制糖業的發展，並形成了淨素烹飪流派。素食對人民的飲食結構和身體健康影響極大。由於坐禪養神的需要，寺院飲茶成風。種茶、製茶、品茶、飲茶是山寺僧人的重要生活內容。名山、名茶、名剎幾乎是三位一體。寺院的飲茶風氣，極大地促進了民間飲茶習俗的普及。此外，佛教以農曆十二月初八為佛祖釋迦牟尼的成道日，自宋代開始，佛寺於是日供應臘八粥。這是民間臘八節喝臘八粥習俗的由來。其次，在節日文化方面，民間元宵燈節就從佛教法會演變而來。佛教視火光為佛的神威，謂燈火的照耀，能現佛的光明，破人世的黑暗，推眾生的煩惱。所以燈是佛像、菩薩像前的供具之一。據傳，佛祖釋迦牟尼示現神變、降伏神魔是在東土正月十五日。為紀念佛祖神變，是日舉行燃燈法會，以表佛法大明。在佛教法會的影響下，從唐代起，元宵張燈漸成民間習俗。另外，漢地佛教每逢農曆七月十五日舉行盂蘭盆會，以超度先靈，後演成民間的中元節，屆時以各種形式祭奉祖先。還有佛教紀念佛、菩薩的誕生日、成道日，也演化為廟會和民間信仰節日。如按照佛教傳說，農曆二月十九日是觀音菩薩誕生日，漢族地區普遍舉行盛大的觀音廟會，十分熱鬧。至於藏族和傣族地區，佛教節日和民間節日更是融為一體了。再次，在葬儀方面，人死後不僅要請和尚誦經修福，超度亡靈，而且宋元明代火葬習俗的流行也受佛教葬儀的影響。相傳釋迦牟尼逝世後實行火葬，其舍利安置在塔中。佛教沿襲這種做法，僧尼逝世後一般都實行火葬，中國漢地佛教也是如此，中國火葬起源很早，但火葬的流行是受佛教的影響，時至今日也有在家佛教徒死後送到佛寺火葬和安置骨灰的。

（十）佛教與社會心理

社會心理是一種普遍存在的潛意識，是不見文字著作表述的內在

概念。佛教對中國社會心理所造成的最大影響是報應觀念。佛教宣傳
因果報應理論，強調「未入業不起，已作業不失」，人們的現實社會
地位和各種遭遇都是自身前世作善惡業的結果，今世所作的業將決定
來世的命運。這種理論和中國固有的報應觀念相融合，長期積澱在人
們的心裡，形成了深沉的善有善報、惡有惡報的觀念，為約束自身的
言行，奉行去惡從善的道德準則奠定深厚的思想基礎。此外，佛教提
倡忍辱以求得好報，帶來了容忍、寬容、忍辱、忍受、忍讓的心理影
響。佛教講普度眾生、佈施，也生髮出同情心情、助人精神，而這些
心態和精神對於維護社會的穩定和人際關係的和諧是有積極作用的。

五　佛教與中國文化交涉的成功經驗

　　佛教與中國文化的交涉、會通、融合而逐漸實現了中國化，中國
文化也部分地佛教化，從而充實和豐富了中國傳統文化的內涵，形成
為中華文化生命的共同體，促進了中華民族文化的發展。這是不同民
族、國家的不同文化自由交流的成功範例，是具有悠久歷史文化的中
華民族吸取外來文化的成功範例，也是亞洲乃至世界人類文明史上的
光輝篇章。佛教與中國文化的交涉，包含了豐富而深刻的經驗，其中
成功的基本經驗，大致有三項。

（一）立足於本民族文化

　　佛教在中國傳播，首先是要使中國人接受基本教義。這就要求在
傳播時適應由中國本土文化培育出來的中國人的國民性格和心理結構
（佛教稱為「應機」），進而提升其精神素質與精神境界。這就有一個
出發點與立足點的關係問題，在中國傳播佛教是出發點，推動中國文
化建設則是立足點。這種立足點的定位，決定了處理佛教與中國文化

的關係時要立足於中華民族文化及其建設，積極吸取、融化佛教文化。中國佛教學者正是自覺不自覺地基於民族文化的立場，一直重視運用漢文、藏文譯出佛教經典，從西元 2 世紀至 15 世紀共譯出漢、藏經論達萬卷之多，有力地推動了佛教民族化，也極大地豐富了中國文化。又有中國古代高僧大德，如法顯、玄奘、義淨等人，跋山涉水，歷盡艱辛，遠赴印度學習、取經，其目的就是回國建設佛教的新文化。唐玄奘在印度留學時，其學問、學識、學養已在包括其師文戒賢在內的印度全部佛教僧侶之上，印度朝野和教內教外也強烈懇求玄奘留在印度，但玄奘毅然決然回國，在當時都城長安組織譯經，弘揚佛法，創立佛教宗派，這是吸收外來文化，以建設本民族文化的成功實踐，是中國僧人堅持民族文化立場的突出典型。

（二）重視學術理論研究

學術研究和文化創新是中國佛教的優良傳統，也是中國佛教不斷發展的內在動力和歷久不衰的重要生命力。

佛教典籍浩瀚，內涵豐厚，思想深邃，經過中國佛教高僧大德長期持續的譯經弘法、注釋撰述，佛學成為了一門專門學問，並與儒學、道學鼎足而三。中國社會的知識階層一般也把佛教視作為一種學術思想學習鑽研，且有所得。經過社會知識份子的研究，又使佛學思想廣泛滲透到思想文化各個方面，進而使中國佛教在思想文化領域裡的影響持久擴大。

學術研究是文化創新的基礎，文化創新是學術研究的結果。中國佛教高僧大德通過學術研究，不斷取得新成果，獲得新創造，從而推動了佛教的發展。例如，隋唐時代高僧大德重視佛教學術研究，各自獨立判別印度佛教經典的高下，選擇某類經典為本宗崇奉的最高經典，結合中國的固有思想，加以綜合融通，進而創造出新的宗派。以

中國化色彩最為鮮明的天臺、華嚴和禪諸宗來講，天臺宗重視《法華
經》，宣導方便法門，並融合中國固有的「萬物一體」觀念，建立實
相說。華嚴宗人法藏闡揚萬事萬物圓融無礙的思想，宗密更把儒、道
思想納入佛教思想體系，以闡明人類本源的學說，為華嚴宗人生解脫
論提供理論根據。禪宗依佛教和儒家的心性論，並吸收道家的自然主
義思想，提出「不立文字，教外別傳，直指人心，見性成佛」的宗
旨，更是充分地表現了文化的獨創精神。隋唐佛教宗派的創立，極大
地推動了中國佛教的空前繁榮與向前發展。又如，近代太虛法師等人
根據佛教重人生解脫的原理，結合時代特點和現實狀況，創造性地提
出「人間佛教」的理念，作為佛教實踐的指標，對於佛教在現代的發
展具有重大的指引意義。當前海峽兩岸的中國佛教界，都一致推行人
間佛教，而且取得了顯著的效果。凡此都表明中國佛教重學術、重文
化創造的優點，表明佛教與中國文化不斷交涉融合的活力，也表明佛
教與中國文化的成功交涉，對於中國佛教的命運和發展產生的重大
意義。

（三）運用綜合創造性思維方法

佛教在中國流傳及中國化佛教的形成，這其間中國佛教學者發揮
了決定性的作用。中國佛教學者通常都在早年學習儒、道典籍，深受
中國固有文化，尤其是先秦文化的薰陶，具有中國國民性格和中華民
族精神。在這方面，綜合性思維方式為中國佛教學者提供了融合不同
文化，推進文化創新的思維方法，而中國儒、道等思想文化內容，又
為中國佛教學者提供了文化融合的豐富思想資源。例如，道家《莊
子》提出從「道」的觀點來看，一切事物都是平等無差別的，是一體
的思想；儒家《中庸》強調「中和」，要求人們隨時選取適應的標
準，隨具體情況採用適當的方法。這類綜合思維方式實際上成為中國

佛教學者確立佛教與中國文化關係的原則和方法。中國佛教與印度佛教的重大差別點在於，印度佛教重分析，重理論系統的分明，重自家經論的堅守，並具有強烈的排他性，與「外道」是敵視、對立的，並一直處於激烈鬥爭的狀態中。中國佛教則重綜合，重各自的判教，不重理論系統的分明，而力求思想的圓融。有的中國佛教學者還把儒、道學說納入判教視野之中，而且絕大多數中國佛教學者也都普遍重視融合儒、道的思想。這其間實有可能透露出印度佛教趨於滅亡和中國佛教久傳不衰的內在原因。

（原載《21 世紀的宗教展望》，香港，
香港中文大學崇基學院，2001）

研究國學離不開印順著作和理論

印順法師對佛教的貢獻可以概括為兩個方面。

第一，梳理和闡釋了印度佛學思想。印順法師不受傳統佛教派別觀念的影響，對印度佛學、印度佛教，包括早期佛教、部派佛教、大乘佛教，作了全面、客觀的研究，對中觀學派的研究尤其深入。他還創造性地把印度大乘佛教分判為「性空唯名」、「虛妄唯識」和「真常唯心」三大系，提出了一個新說，成一家之言。

第二，發展和豐富了中國佛教思想。中國化佛教的最大創造，是禪宗和人間佛教。印順法師在這兩方面都有推進和發展。他的《中國禪宗史》闡述了印度禪到中華禪的演變、發展及牛頭宗在中國禪宗史上的地位，特別是對慧能禪宗的形成、分化和統一作了精闢的論述，其最大的理論是對《壇經》「性」的學說的闡釋。他拈舉出《壇經》「性」的概念和「見性成佛」的命題，並作了透徹的解釋。他揭示出成佛的本原、生命的本原在於性，性既是內在的又是超越的，性不異於一切法，又離一切法的相。印順導師發展了他的老師太虛法師「人生佛教」的思想，提出了人間佛教。其特點一是更強調人本，強調不講鬼神，也不講天化、神化；二是更重視現實，更關心現實人間的苦難。

不能不提的是，印順法師的三個精神很值得我們學習。

第一，重理性的精神。印順法師送給我的那套《妙雲集》裡面夾了一張紙，上邊有他的一段話：「深信三寶應從正見中來，以正見而

起正信，乃能引發正行，而向於佛道，自利利人，護持正法。」信仰
佛教，首先要有正確的見解，才能有正確的信仰，然後有正確的行
為，如此才能護持正法。這體現了他的高度理性精神。

第二，重批判的精神。他對熊十力《新唯識論》的討論，對胡適
關於神會和《壇經》的討論，以及對教內的歐陽竟無、王恩洋，和他
的學友默如法師，乃至他的老師太虛大師的討論，都表現出了他重視
理論的辨析和批判、依法不依人的追求真理的精神。

第三，重現實的精神。他在《妙雲集・序目》中強調「在佛教的
發展中，認清我們所應承受的佛法的特質，正常的積極的部分，以適
應時機，救濟苦難的現代」。這充分表現了他重現實的精神。

我想是不是可以得出這樣的看法：我們要研究、了解現代中國佛
教和當代中國佛教文化，不能離開印順的著作和理論；我們要研究當
代中國的國學（中國化的佛學也是國學的一部分），也離不開印順的
著作和理論。

（原載《中國社會科學報》，2009-12-01）

中華文化思想叢書 A0100059

中國佛教與傳統文化　下冊

主　　編	方立天	
特約編輯	王世晶	
發 行 人	陳滿銘	
總 經 理	梁錦興	
總 編 輯	陳滿銘	
副總編輯	張晏瑞	
編 輯 所	萬卷樓圖書股份有限公司	
排　　版	林曉敏	
印　　刷	維中科技有限公司	
封面設計	斐類設計工作室	

出　　版　昌明文化有限公司

桃園市龜山區中原街 32 號

電話　(02)23216565

發　　行　萬卷樓圖書股份有限公司

臺北市羅斯福路二段 41 號 6 樓之 3

電話　(02)23216565

傳真　(02)23218698

電郵　SERVICE@WANJUAN.COM.TW

大陸經銷

廈門外圖臺灣書店有限公司

　　電郵　JKB188@188.COM

ISBN 978-986-496-367-6

2019 年 1 月初版二刷

2018 年 3 月初版

定價：新臺幣 440 元

如何購買本書：

4. 劃撥購書，請透過以下郵政劃撥帳號：

　帳號：15624015

　戶名：萬卷樓圖書股份有限公司

5. 轉帳購書，請透過以下帳戶

　合作金庫銀行　古亭分行

　戶名：萬卷樓圖書股份有限公司

　帳號：0877717092596

6. 網路購書，請透過萬卷樓網站

　網址　WWW.WANJUAN.COM.TW

大量購書，請直接聯繫我們，將有專人為您

服務。客服：(02)23216565 分機 10

如有缺頁、破損或裝訂錯誤，請寄回更換

國家圖書館出版品預行編目資料

中國佛教與傳統文化 / 方立天著.-- 初版.--

桃園市：昌明文化出版；臺北市：萬卷樓

發行, 2018.03

　冊；　公分.--(中華文化思想叢書)

ISBN 978-986-496-367-6(下冊：平裝)

1.佛教史 2.中國文化

228.2　　　　　　　　　　　107003920

本著作物經廈門墨客知識產權代理有限公司代理，由中國人民大學出版社授權萬卷樓
圖書股份有限公司出版、發行中文繁體字版版權。